樊勝 ◎ 著

利率是金融市場中最重要的變量之一，
利率的變化對整個金融市場乃至整個經濟生活都有著不容忽視的影響。
深入研究利率市場化進程中風險管理的問題，
不僅具有深遠的理論意義，
更是商業銀行謀求生存發展的現實訴求。

利率市場化進程中商業銀行利率風險管理（第二版）

財經錢線

中文摘要

利率是金融市場中最重要的變量之一，利率的變化對整個金融市場乃至整個經濟生活都有著不容忽視的影響。因為管制利率在經濟金融領域中所具有的優勢逐漸隨著市場經濟的發展而消失，所以利率自由化的呼聲逐漸高過了利率管制政策的辯駁。利率應由市場力量來決定，已逐漸成為當今經濟生活中的一個共識。隨著中國加入WTO以及相關的對外開放承諾的逐步履行，利率市場化也從學者們爭論的文章中走進了貨幣管理當局的日程表。目前，利率市場化正在作為金融領域漸進式改革中的重頭戲在中國大地上演。隨著市場力量對利率的決定作用日漸表現出來，由此帶來的不確定因素正在對計劃經濟模式轉型而來的國有商業銀行和新興的各股份制商業銀行產生巨大的影響，並深刻地改變著商業銀行的生存環境和行為準則。因此，深入研究利率市場化進程中風險管理問題，不僅具有深遠的理論意義，更是商業銀行謀求生存與發展的現實訴求。正是在這樣的大環境下，本書對利率市場化進程中商業銀行的利率風險管理進行探討。

本書以利率市場化改革為研究背景，以利率形成機制的演變與利率變化模式的動態發展為主線，從商業銀行的視角，探討利率風險管理方法的發展歷史和現實狀況，通過對利率市場化改革的規律探討及發展歷程的分析，力圖找出利率市場化改革的某些規律，以便為今後的發展路徑作指導。這樣的發展路

徑必定會對利率的期限結構和風險結構產生獨特的影響。利率的變化，尤其是未預期到的利率變化，使商業銀行的資產負債業務暴露在利率風險之中。因此，對利率變化規律的深入研究是進行利率風險管理的前提和基礎。所以，我們對利率的期限結構和風險結構理論進行回顧，並就中國的情形進行了實證研究。在對利率的變化規律進行深入研究的基礎上，根據當前利率市場化進程的特點，考察利率對商業銀行資產的影響。具體而言，就是用所得到的利率基本信息來考察商業銀行的貸款定價問題，並將貸款的風險因素和貸款中的隱含期權納入貸款利率定價模型中，進而考察利率市場化進程的逐步推進對商業銀行的投資融資行為的影響。最后探討如何將價差期權的思想運用到商業銀行利率風險管理中，從另一視角探討商業銀行的利率風險管理。

本書分為九章，大致可以分為三個部分：第一部分包括第二章和第三章，是對利率風險管理的理論回顧和對中國利率市場化改革實踐的回顧，展示中國利率風險管理的背景；第二部分包括第四章和第五章，回顧利率期限結構的有關理論、模型和利率的風險結構，並就中國的情形進行實證研究，為利率風險管理做好基礎工作；第三部分包括第六章到第八章，具體探討了在利率市場化逐步推進的背景下，商業銀行的利率風險管理的具體實施和應用。首先是研究商業銀行最主要的資產——貸款的定價及風險管理問題，其次是從商業銀行的整個投資融資業務的角度去探討利率市場化的影響，最后是借助金融工程的思想來探討利率風險的管理。第九章是對整個文章的一個簡短總結。

在第一章導論部分對選題和研究方法以及主要創新點簡單概括之後，第二章探討了商業銀行風險管理的歷史與現實。首先對當前商業銀行身處的複雜多變的金融環境進行了分析，政府為應對金融環境的變化而解除對利率的管制，導致利率風險凸顯，使得商業銀行進行利率風險管理成為必要。接著回顧了

商業銀行利率風險的度量模型，利率風險的現代管理工具以及中國的利率風險管理的現狀，指出隨著中國利率市場化的漸進性改革，利率風險將成為商業銀行日常風險管理的一個重要組成部分。

第三章回顧了中國利率市場化改革逐步推進的過程，探討了改革路徑選擇背後的邏輯，改革歷程中所體現的特點，力圖對中國的利率市場化改革路徑選擇給出一個相對合理的解釋，進而對未來改革之路的發展演變進行了展望，指出中國利率市場化改革仍將是政府主導下的有次序的改革，而改革的速度則取決於經濟的承受能力以及成本收益的權衡，不排除在適當時機可能會採取果斷的最後一跳。

第四章探討了利率期限結構，首先對利率期限結構的理論進行回顧，其次是對表徵利率期限結構的收益率曲線的構造方法進行梳理，並針對利率期限結構所揭示的宏觀經濟變量的信息，對現有文獻的研究成果進行了回顧。在此基礎上，根據中國推進利率市場化改革的現狀，對中國的利率期限結構進行實證研究。實證結果表明中國的利率期限結構基本上是和主流觀點一致的。利率具有正的期限溢價，由於市場分割，交易所國債市場和銀行間市場的利率存在明顯差異。

第五章則是對利率風險結構的研究。現有研究主要是考察具有違約風險的企業債券的信用風險溢酬。這雖然將風險結構的研究範圍縮小到一個具有可操作性的層面，但是，對影響利率的因素，遠不止信用風險這一個方面。因此，嚴格說來現有文獻並不是真正意義上的對利率風險結構的研究。本書認為，應從企業自身的獨特風險出發，來研究各種風險對利率的綜合影響。因此，本書嘗試從企業債券自身過去的交易信息中提取其風險方面的信息，以此來考察利率的風險結構。

從第六章開始，利用第四章和第五章得到的關於利率結構的信息，對商業銀行的利率風險管理進行探討。由於到目前為止，商業銀行的負債業務，除通過同業拆借市場獲得所需資金

的方式外，存款等主要方式所涉及的利率尚未放開。因此，我們首先考察商業銀行的資產業務方面的風險管理問題，主要考察商業銀行貸款的定價及風險管理問題。在第六章中，本書嘗試利用經風險調整的資本收益率（RAROC）模型對貸款定價的方法進行改進，指出RAROC模型主要考慮貸款風險，卻忽略了貸款業務中所隱含的期權會對商業銀行貸款的未來現金流產生影響。因此，我們借鑑債券定價的期權調整幅差模型（OAS模型），將經風險調整的資本收益率RAROC模型和OAS模型結合起來，試圖給出貸款定價的一個更精確的方法。

第七章則研究銀行整個的投資融資行為在利率市場化進程中受到的影響。研究發現，隨著利率市場化漸進改革的推進，對存貸款利率逐步解除管制的過程改變了商業銀行的投資和融資決策行為。商業銀行在應對政府的管理政策時表現出一定的行為異化，特別是在中國商業銀行目前的預算軟約束問題還比較嚴重的情況下，更是如此。

第八章嘗試利用價差期權的思想來看待商業銀行的利率風險管理問題。通過對商業銀行投資融資行為中存在的利率差異的分析，用價差期權的思想來幫助風險管理者進行科學決策。

第九章對全書的研究作了簡單總結，並指出需要進一步研究的問題。

本書的主要創新之處在於：

第一，通過對利率市場化改革漸進性特徵的研究，將利率風險管理的研究與利率市場化進程的階段性影響密切結合起來，探討中國利率市場化過程中利率風險管理的獨特性，並站在商業銀行的角度，探討利率市場化對其投資融資行為的影響。

第二，現有對中國的利率期限結構研究的文獻，要麼採取靜態估計方法割裂了其動態演進中的內在聯繫，要麼分別對交易所國債市場和銀行間市場單獨考察，忽視了不同市場之間所反應的共同信息。本書將交易所國債市場和銀行間市場中的利率聯繫起來考察，得到了一個既反應整個市場的總體信息，又

能量化分割市場中利率差異的利率期限結構模型，更真實地反應了收益率曲線。

第三，對利率的風險結構進行了實證研究，更全面地考察了利率的風險結構，國內對此的研究還很欠缺。

第四，嘗試對單項業務如貸款定價進行改進，將 RAROC 模型和 OAS 模型結合起來，在考察貸款業務風險性的基礎上，研究隱含期權對貸款定價的影響。

必須承認，對於商業銀行利率風險管理而言，中國當前階段的匯率制度改革、匯率決定機制的變化以及由此帶來的匯率波動性加大，必然會對利率產生重要的影響，本書對此沒有作深入的探討，這是后續研究所必須考慮的問題。此外，雖然本書嘗試將價差期權的思想運用到商業銀行利率風險管理活動中，但只是粗淺探討，且未曾付諸實踐，還需要更深入的理論探討與實踐檢驗。

Abstract

Interest rate is one of the most important variables in financial market. Changes of interest rates have significant effects on the whole financial market as well as our daily life. The point of view of interest rate deregulation becomes main stream along with the interest rate regulated - policy lost its advantage. Now, it is common sense that interest rate should be decided by market force rather than by the officer in planed economy. Along with the entrance of WTO and promise to open to the world step by step, interest rate deregulation now becomes part of agency of monetary administration in China.

At present, interest rate deregulation has altered the commercial banks' living environment and their behavior. So, it is very important to research on the interest rate risk management deeply during the process of interest rate liberalization. This article analyzes the features of interest rate deregulate process in China and discusses the issue of commercial banks' interest rate risk management.

In this article, based on the background of interest rate deregulation, and by the standpoint of commercial banks, the author reviews the history and reality of interest rate risk management and try to find out the logic of interest rate deregulate process so that one can preview the future development. Such development path should impact on the term structure and risk structure of interest rates. After review the theoretical and empirical research of the term structure and risk structure of interest rates, utilizing the information get from the structure of the interest rates, this paper discusses the issue of pricing loan by combining the risk factors and embedded implicit options of loan. Then, the author discusses how the promotion of interest rate liberalization impact on the decision of investment and finance of commercial banks. At the end of this article, the author discusses how to imply the idea of spread options to the interest rate risk management of commercial banks and provides a new angle to interest rate risk management.

This article includes three parts. Part one includes chapter one and chapter two, which reviews the theory of interest rate risk management and the interest rate liberalization reform in China. Chapter three and chapter four are the second part, which research the term structure and risk structure of interest rates empirically. Part one and part two form the basis of the third part, which is the application of interest rates' structure. The rest of the article, that is, from chapter five to chapter seven compose the third part and chapter eight is conclusion and something needs further discussion.

After discussing the methodology applied in this article and some innovation points in preface, in Chapter one, the author reviews the development path of interest rate risk management and the reality of risk management in China. Firstly, Chapter one analyzes the complicated and unstable environment in which commercial banks lie. And government's liberalization of interest rate exposes the commercial banks to interest rate risk. Then Chapter one analyzes the measurement model of interest rate risk as well as some interest rate derivatives. Also in Chapter one the author discusses the interest rate risk management situation in China and points out that interest rate risk management will be one part of commercial banks daily management activities.

In chapter two, after review the historical development of interest rate liberalization, the author draws the characteristics of the interest rate reform, tries to find out the underlying logic of reform and gives a reasonable explain to the path of interest rate liberalization in China. The author also points out that the interest rate reform is directed by government, while the speed of reform relies on the affordability of economy and trade-off between cost and return of reform.

In chapter three, the author reviews the theory and methodology of modeling interest rates term structure and provides some empirical evidences of term structure of interest rates in China. The empirical results suggest that the Chinese term structure of interest rates consistent with the mainstream idea of positive term premium. The empirical results also show obvious difference of the yields between government bond markets and interbank market.

Chapter four gives some empirical evidences of interest rates risk structure curve instead of credit spread. The author tries to measure the corporations' risk by their own past trade information to research the risk structure of interest rate.

By the information getting from chapter three and chapter four, the author try to price the commercial banks' loan by combining RAROC Model with OAS Model. Then, the author provides a more accurate price of loan. Unfortunately, confined by data scarce, the author does not give actual application.

In chapter six, the writer further discusses the commercial banks' behavior of investment and finance during the process of interest rate deregulating. The author show the interest rate reform does affect the behavior of commercial banks and lead to unexpected behavior, especially when commercial banks faced with serious SBCs (soft budget constraints).

Chapter seven discusses the possibility about how to improve the performance of interest rate risk management by utilizing the basic idea of spread options. The Chapter views the interest rate difference between savings and loan, different interest rate by different finance channel and different interest rate of different investment means as spread. Then try to apply the idea of spread options to manage the interest rate risk of commercial banks. The last chapter gives conclusion and some issues waiting for further research.

目 錄

第一章　導論　*1*

　1.1　選題背景及研究意義　*1*
　1.2　研究的理論　*2*
　1.3　研究方法　*2*
　1.4　研究的主要目標　*3*
　1.5　主要貢獻　*3*
　1.6　結構安排及邏輯主線　*4*
　1.7　不足之處和有待進一步研究的問題　*5*

第二章　商業銀行利率風險管理簡要回顧　*6*

　2.1　商業銀行利率風險日益顯現　*6*
　　2.1.1　金融環境突變，金融風險凸顯　*6*
　　2.1.2　解除利率管制，釋放利率風險　*8*
　　2.1.3　利率風險管理日益受到重視　*9*
　2.2　商業銀行利率風險管理的回顧　*13*
　　2.2.1　利率風險的定義和特性　*13*
　　2.2.2　商業銀行利率風險的表現形式　*14*
　　2.2.3　商業銀行利率風險度量模型　*15*
　　2.2.4　國外商業銀行利率風險管理實踐　*22*
　　2.2.5　中國商業銀行利率風險管理現狀　*32*
　2.3　利率市場化對中國商業銀行的風險管理的影響　*36*

2.4　國際經驗的借鑑　38
2.5　存在的問題　39

第三章　中國的利率市場化進程　41

3.1　利率市場化的理論爭論與各國的實踐　41
　3.1.1　利率市場化理論——金融約束論和金融深化論　41
　3.1.2　各國利率市場化改革實踐　43
　3.1.3　中國利率市場化的現實選擇　45
3.2　中國利率市場化進程回顧及特點　47
　3.2.1　中國利率市場化改革思路與改革次序安排　47
　3.2.2　中國利率市場化改革相對滯后的一個解釋　49
　3.2.3　中國利率市場化進程簡要回顧　50
　3.2.4　中國利率市場化改革的特點　59
3.3　對今后利率市場化改革的展望　62
　3.3.1　改革的主導力量　62
　3.3.2　改革的速度　63
　3.3.3　利率市場化改革的總體進度　63

第四章　利率的期限結構　66

4.1　引言　66
4.2　利率期限結構——文獻回顧　67
　4.2.1　三種主要的利率期限結構理論　68
　4.2.2　利率期限結構模型　70
　4.2.3　利率期限結構的實證研究文獻　84
　4.2.4　利率期限結構所反應的宏觀經濟變量信息　89
　4.2.5　關於利率期限結構的簡單小結　93
4.3　中國的市場利率發展狀況　94
　4.3.1　中國的市場利率發展的兩個階段　94
　4.3.2　債券市場存在的問題　98
4.4　中國利率期限結構的實證研究　100

4.4.1　對中國市場利率特徵的簡單分析　*100*

　　4.4.2　模型設定——跳躍—擴散模型　*104*

　　4.4.3　實證研究　*108*

4.5　中國利率期限結構實證結果分析　*119*

　　4.5.1　交易所國債、銀行同業拆借和債券回購三個市場的分割　*120*

　　4.5.2　銀行間市場的統一趨勢　*121*

　　4.5.3　政府政策的影響　*122*

　　4.5.4　推進中國債券市場的進一步發展　*123*

第五章　利率風險結構　*125*

5.1　利率風險結構文獻回顧　*125*

　　5.1.1　利率風險結構的定義　*125*

　　5.1.2　影響利率的因素　*126*

　　5.1.3　利率風險結構曲線的作用　*127*

　　5.1.4　利率風險結構的有關文獻回顧　*128*

　　5.1.5　小結　*131*

5.2　利率風險結構的實證分析　*132*

　　5.2.1　模型設定　*133*

　　5.2.2　數據來源及處理　*133*

　　5.2.3　估計的結果　*134*

5.3　對利率風險結構實證結果的分析　*138*

　　5.3.1　關於利率的風險結構　*138*

　　5.3.2　中國的利率風險結構的立方圖　*140*

　　5.3.3　關於利率風險結構的一點說明　*141*

第六章　利用利率結構的信息對貸款定價　*142*

6.1　作為商業銀行主要業務的貸款　*142*

　　6.1.1　商業銀行的主要業務——貸款　*142*

　　6.1.2　當前通行的貸款定價方法　*144*

6.2 貸款的風險及隱含期權模型 145
    6.2.1 RAROC 模型 145
    6.2.2 期權調整利差 OAS 模型 150
    6.2.3 影響貸款收益率的因素 156
    6.2.4 貸款定價的模型 156
6.3 貸款定價的應用——對住房抵押貸款定價 157
    6.3.1 個人住房抵押貸款定價中存在的風險及其管理 157
    6.3.2 個人住房抵押貸款定價模型 162
    6.3.3 小結 163

第七章 利率市場化進程對商業銀行投融資行為的影響 165

7.1 利率市場化條件下的銀行投融資行為模型 166
7.2 利率市場化進程中銀行投融資行為的變化 170
    7.2.1 存款利率管制之下的銀行投資行為 170
    7.2.2 利率完全市場化后銀行的投融資行為 174
7.3 預算軟約束對銀行投融資行為的影響 175
7.4 結論 176

第八章 利用價差期權探討商業銀行利率風險管理 181

8.1 價差期權的有關研究 181
    8.1.1 價差期權的定義和一般特徵 181
    8.1.2 價差期權的定價 182
    8.1.3 關於價差期權的應用的文獻回顧 188
8.2 價差期權在商業銀行利率風險管理中的應用 190
    8.2.1 利率風險管理的久期和凸度方法與價差期權 191
    8.2.2 四種基本的利率風險管理工具與價差期權 192
    8.2.3 利用商業銀行業務中的利率差異進行風險管理 195
8.3 結論 199

第九章　結束語　*201*

9.1　主要結論　*201*

9.2　需要進一步探討的問題　*203*

參考文獻　*204*

附錄　*220*

第一章

導　論

1.1　選題背景及研究意義

　　現代經濟的核心是金融，而商業銀行則是金融業的核心，其產生歷史最長，在金融機構的發展中最具有代表性。商業銀行的風險在當今經濟環境風雲變幻、經濟全球化、自由化的大趨勢下越來越受到理論界和實務界的重視，尤其是利率風險，是商業銀行面臨的最重要的金融風險之一，甚至已經威脅到某些銀行的生存。國外對利率風險管理的技術已趨於成熟。而轉型期的中國，隨著改革開放的深入，利率市場化改革的推進，金融創新層出不窮。商業銀行的利率風險逐漸加大，對利率風險的識別手段、計量方法、管理技術的要求不斷提高。中國的漸進式改革既有轉型經濟的共性，也有其獨特的個性，在利率市場化進程中亦是如此。

　　有鑒於此，本書將利率風險管理放在中國對外開放進程中利率漸進市場化改革的大背景下來探討。首先通過對中國利率市場化的宏觀經濟背景的考察，探討利率市場化的路徑，分析其內在機理，考察對利率走勢的影響。分析並構建中國的利率期限結構和利率的風險結構，為利率風險管理奠定了基礎。其次是探討如何根據利率結構所提供的信息，對沒有交易價格的

商業銀行貸款定價，為商業銀行提高定價精度並更好地管理利率風險提供幫助。接著對利率市場化進程中商業銀行的投資融資行為進行了探討。最后，嘗試借助價差期權的思想從另外一個角度來考察商業銀行的利率風險管理。

通過分析考察在當前中國利率管制逐步放松、外資銀行戰略性進入國內市場的條件下，商業銀行在管理利率風險方面的機遇與挑戰，探索利率風險管理的創新。既有對具體業務的利率風險管理的分析，也有從銀行整個投資融資行為的角度對利率市場化影響的探討，為提高商業銀行的生存能力和核心競爭力提供幫助。此外，通過對中國利率市場化發展歷程的探討，探尋其內在特徵，為今后中國利率市場化的路徑選擇提供參考。

本書將商業銀行利率風險管理的研究放在利率市場化改革的大背景下來探討，分析利率漸進市場化改革的特徵，並將其貫穿於利率風險管理活動的始終。本書的研究既是對轉軌經濟學研究的一個補充，也是對商業銀行利率風險管理實踐的一次有益探索，具有重要的理論與實踐意義。

1.2 研究的理論

本書主要考察了利率的期限結構理論和利率的風險管理理論。

1.3 研究方法

本書採用規範分析與實證研究相結合的研究方法，結合歷史分析與比較研究，並探索數學方法與金融研究的有機結合。在分析研究中國利率市場化改革的歷史發展進程的基礎上，從實證研究的角度探討了中國目前相對分割的市場中利率的期限

結構和利率風險結構問題。嘗試對商業銀行利率風險管理進行創新性思考，並運用實證檢驗的方法對部分問題予以驗證。將理論研究與計量經濟學分析方法相結合。

所採用的研究手段結合了理論學習與實際調查。

1.4　研究的主要目標

在對利率的期限結構和風險結構研究的基礎上，探討商業銀行在利率市場化漸進改革這樣一個特定的轉型經濟時期利率風險管理的方法，希望有助於提高商業銀行風險管理能力和利用利率風險牟利的能力。

1.5　主要貢獻

本書的主要創新之處在於：

第一，通過對利率市場化改革的漸進性特徵的研究，將利率風險管理的研究與利率市場化進程的階段性影響密切結合起來，探討了中國利率市場化過程中利率風險管理的獨特性，指出中國的利率市場化走的是政府主導型的漸進改革之路。並進一步將關注的焦點集中在商業銀行，探討利率漸進市場化對其投融資行為的影響。

第二，現有研究中國利率期限結構的文獻，要麼採取靜態估計方法割裂了期限結構在不同時刻之間的聯繫，要麼只對交易所國債市場或銀行間市場單獨考察，忽視了不同市場之間所反應的共同信息。本書結合交易所國債市場和銀行間市場中所反應的信息對利率進行聯合估計，得到了一個既反應整個市場中所體現的信息又能量化分割市場中利率差異的利率期限結構模型，更真實地反應了收益率曲線。

第三，對利率的風險結構就中國的情形進行了實證研究，嘗試根據企業債券交易價格自身的信息來考察利率的風險結構。相對而言，國內對此的研究還比較欠缺。

第四，嘗試對商業銀行的單項業務——貸款定價進行改進，將 RAROC 模型和 OAS 模型結合起來，在考察貸款項目的風險性的基礎上，也考察了項目中隱含的期權對貸款定價的影響，從而給出了一個更準確的貸款定價方法。

1.6 結構安排及邏輯主線

本書可分為三個部分：第一部分包括第二章和第三章，是對利率風險管理理論的回顧和對中國利率市場化改革實踐的回顧，為中國的利率風險管理研究提供背景；第二部分包括第四章和第五章，研究了利率的期限結構和風險結構，為利率風險管理做好基礎工作；第三部分包括第六章到第八章，具體探討了在利率市場化逐步推進的背景下，商業銀行的利率風險管理的具體實施和應用。第九章是全書的結論和需進一步研究的問題。

本書研究的邏輯主線是：利率風險管理現狀——利率結構的基礎信息——利率風險管理的實際應用。在實際應用中，進一步按照：單個業務——整個銀行投融資行為——利率風險管理新視角的邏輯順序來考察。本書首先回顧了利率風險管理的實踐及中國的利率市場化改革的現實，展示本書的研究背景。接著探討利率風險管理所必備的關於利率結構的基礎信息，為商業銀行利率風險管理作好基礎工作。其次是探討商業銀行如何進行利率風險管理，從具體業務到全面分析。最后從新視角來探討商業銀行利率風險管理。

1.7　不足之處和有待進一步研究的問題

　　儘管本書對中國利率市場化進程中一系列問題進行了嘗試性的探討，但許多問題還需要繼續深入研究。在理論研究方面，對利率風險管理的新手段的探討，還只停留在觀念的介紹階段，沒有深入到銀行的具體風險管理實踐進行研究。在實證研究方面，由於中國市場化的階段性特徵的約束，造成了金融環境的限制，數據的缺乏，使得實證檢驗的工作做得不夠深入。此外，本書沒有將匯率制度改革對利率風險管理的影響納入研究的視野，這是今后對利率風險管理進行研究必須深入探討的問題。

第二章

商業銀行利率風險管理簡要回顧

2.1 商業銀行利率風險日益顯現

本節首先探討了整個宏觀金融環境的急遽變化而導致金融風險的增加，各國的應對策略是實行金融自由化，解除利率管制。而利率市場化又導致銀行的利率風險日益增加。利率風險管理日益成為銀行日常管理中重要的一環。

2.1.1 金融環境突變，金融風險凸顯

歷史上重大的金融事件總是以讓人心驚膽戰的方式出現在人們的面前。19世紀80年代，美國第一賓夕法尼亞銀行和大陸伊利諾伊銀行破產，20世紀90年代，英國的巴林銀行破產等，讓人們深切地感受到了金融風險的破壞性。不過，這些重大的金融事件並非只在那些成熟的市場經濟國家發生。20世紀90年代發生在東南亞的金融危機，讓我們意識到，金融風險已經離我們越來越近了。2003年下半年，儘管中國當時還實行比較嚴格的利率管制，眾多商業銀行因所持國債的價格大幅下跌而遭受巨額損失，也讓國人開始意識到，原以為與我們無關的利率風險，已悄然出現在我們面前。

隨著布雷頓森林體系退出歷史舞臺，國際經濟金融環境發

生著巨大變化。金融風險明顯增加，金融領域事故頻仍，甚至出現一些震驚世界的金融大事件，導致災難性的后果。審視歷史上發生的這些重大金融事件，可以看出，其發展的趨勢是事故發生頻率日益增高，其損失也愈來愈慘重。如果要深究這些金融事件發生的原因，就不得不談到我們如今身處的日益複雜的金融環境。

首先是全球經濟一體化。生產和貿易的全球化使得單個國家的產品生產、交換和使用不再局限於本國之內，單個發達國家對新興市場的直接投資和間接融資顯著增加，發達國家之間的相互投融資也明顯加強。歐洲市場的發展，全球的金融市場緊密聯繫在一起，金融市場的資金 24 小時日夜不停地運轉，資金迅速在全球範圍內調動成為可能。金融領域的競爭日益加劇，商業銀行等金融機構身處的環境變得動盪不安，金融風險正以一種狂飆突進的有時甚至是觸目驚心的方式闖進金融機構的經營管理者、監管機構乃至每一個人的生活中。

其次是技術進步，信息的傳遞效率大大提高。電子技術的發展，信息時代的到來，電子交易等新技術的採用，使得信息的傳遞效率極大提高。現代通信技術的發展已經打破了地域和政治的界限，現代計算機技術已經可以迅速地識別、度量、模擬、推銷各種風險，用於風險管理。

最后是金融創新層出不窮，金融管制逐漸淡出。自大蕭條以來到 20 世紀 70 年代末所採取的旨在確保金融機構安全和穩健的監管政策，卻越來越成為其發展的桎梏。商業銀行面臨著行業內外的嚴酷競爭，而金融監管又在相當程度上束縛了它們的手腳。為了規避風險、利用風險，同時避開監管，商業銀行的創新層出不窮，新的金融產品不斷湧現，新的風險管理方法不斷得到應用。這些金融創新使一些管理措施形同虛設，使得銀行業的監管者不得不重新考慮對銀行的管理方法。

因此，許多國家和地區，如美國、日本和歐洲，紛紛放松對銀行的管制。而管制的放松更進一步激發了金融創新。隨著

資本控製逐漸淡出和國際資本流動的增加，那些沒有放棄資本控製的國家在激烈的國際競爭中逐漸處於不利的地位。發達國家日益增加的國際金融導向使得許多國家放松了對銀行的管制，其國內的消費者不再滿意國內效率低下的銀行所要求的高價格，紛紛轉向別的國家，而這些國家，通過改變規模不經濟的範圍和規模，增強了競爭力。

政府放松對商業銀行的管制，一方面釋放了商業銀行的活力，激發了其金融創新的動力；另一方面又使金融風險不斷以新的方式出現，使得金融風險管理日益成為現代商業銀行經營活動中的重要部分。

2.1.2 解除利率管制，釋放利率風險

在政府管制與金融機構規避的「貓鼠游戲」中，政府逐漸以解除管制為政策導向，金融自由化的呼聲高過了管制的政策主張。在金融自由化浪潮中，利率市場化實際上成為了金融自由化的核心內容。利率是金融體系中的核心變量，也是市場經濟的基礎變量之一。

利率市場化對資源配置的效率有著十分重要的影響。利率市場化是指利率的生成機制、利率的傳導途徑以及利率的管理方式都通過市場來進行。利率的大小由市場供求決定。貨幣當局不再直接決定利率，而是通過市場交易的方式來間接影響利率的變動，達到管理經濟的目的。

利率管制的初衷是通過控製金融資產分配來提高銀行系統的安全以促進經濟的增長。發達國家自大蕭條以來形成的利率管制，到了20世紀70年代，其弊端逐漸顯露。隨著金融創新的發展，本意在通過存貸款利率管制加強銀行業安全性的政策，卻在事實上造成了銀行業經營狀況的惡化。非金融機構異軍突起，搶占灘頭，證券市場迅猛發展，為人們提供了頗具吸引力的利率，導致大量存款資金流向證券市場。金融「脫媒」的出現，更加惡化了銀行業的經營狀況。對此，金融監管當局為了

維護銀行業的競爭力，保障銀行體系的安全，防止出現金融危機，逐漸放松了對利率的管制。

發達國家由於利率管制反而使銀行業經營狀況惡化，不少發展中國家也出現結構性缺陷。發展中國家實行的利率管制政策，一方面，提供了一個相對穩定的利率，便於企業的生產經營決策；另一方面，低利率政策和信貸投向指導政策使得一些企業獲得大量廉價的資金，造成企業投資飢渴、高負債經營、風險承受能力低以及銀行的不良貸款增加。同時也使一部分資金需求得不到滿足，資源配置效率低下，造成經濟發展的結構性失調，投資效率較低，嚴重影響其經濟的長期增長。因此，利率市場化逐漸成為近30年來各國經濟持續發展的政策選擇。

2.1.3 利率風險管理日益受到重視

（1）重視利率風險的研究

早期的金融業所關注的主要是違約風險及自然災害所帶來的損失，利率風險並不是他們關心的問題。直到18世紀末19世紀初，政府發行的債券及一些受現行利率影響的債券的出現，利率風險的概念才被引入。但是，現代利率風險的概念以及對利率風險管理的需求，卻是在多年以後才真正出現。

對利率風險的度量也經歷了一個逐漸發展的過程，隨著計算機技術的發展，人們對利率風險度量所需成本逐漸降低，同時，利率風險的有效管理所帶來的潛在收益越來越大，因此，利率風險的度量手段也日益發展。20世紀中期，隨著金融市場的發展和中央銀行制度的完善，以及存款保險制度的建立健全，人們開始對利率風險進行度量。而通貨膨脹和計算機技術、軟件技術的發展，促進了20世紀60年代中期利率風險測度的迅速發展。在美國，從1966年的住房融資危機開始，在其后10年間，市場價格、利率水平及其波動的非預期變化，以及資產負債表的複雜化，使得金融機構更加注意採用先進的利率風險度量方法。由於業務的性質和環境的改變（因為管制放松和利率

的高變動性）以及市場的演進（金融全球化以及新的競爭者的挑戰），出現了新的衡量方法（估計法和衡量法）來滿足金融機構的要求。20世紀70年代末至80年代初，出現了突破性的方法，即低成本的模擬模型。這一時期，利率風險度量的廣泛應用激發了軟件的開發。資產負債管理軟件在處理更加複雜的資產負債表表內和表外項目時更加全面，在利率風險測度上的應用也日益廣泛。從20世紀80年代早期到中期，資產負債管理模型在這一過程中不斷進步。利率風險的衡量能力也隨時間而增長，從缺口報告發展到風險收入評估和風險股權市場價值的評估。20世紀80年代末，利率風險度量滿足了監管機構的需要。主要是儲蓄機構公報13號（Thrift Bulletin 13，TB—13）的嚴格法規要求。儲蓄監管者於1989年早期發布這一公報。20世紀90年代早期，為了給儲蓄機構提供標準的利率風險衡量方法，監管者創造了自己的利率風險評估模型。到了20世紀90年代中期，由於資產負債表日益複雜，銀行等金融機構也採用市場價值作為衡量利率風險的重要組成部分。

會計規則在推進利率風險衡量上也發揮了一定作用。財務會計準則委員會（FASB）的兩項要求使幾乎所有的金融機構引入了市場價值概念進行利率風險衡量。FASB107號文件要求，金融機構每季度以市價為基礎，報告了資產負債表 FASB115號文件所提出的要求，對投資組合的某些特定部分採用市價定價方法。

複雜多變的金融環境也使利率風險管理日益受到重視。20世紀70年代后期，隨著金融監管當局逐步放松了利率管制，商業銀行的利率風險凸顯出來。複雜多變的金融環境導致了利率大幅度波動，而且其變化難以預測，嚴重影響了銀行的利息收入。儘管金融創新使非利息收入連年增加，但利息收入仍是銀行總收入中的重要部分。而20世紀80年代以來發生的一系列金融事件，使人們認識到管理利率風險的必要。這些事件包括20世紀80年代早期新興市場的債務危機，1987年和1989年的

股市崩盤，美國儲蓄貸款協會的倒閉浪潮，使得西方銀行業普遍開始重視對利率風險的防範和管理。目前，利率風險管理逐漸成為商業銀行日常管理的一部分。

為了規避風險，利用風險，金融創新層出不窮。然而，金融風險事件仍然頻頻發生。繼20世紀90年代初的銀行失敗，垃圾債券和美國市政債券也出現巨額虧損，長期資產管理公司出現危機，這一系列的重大金融事件促使各大銀行紛紛加大在風險管理上的關注力度。可以這樣說，金融創新並未徹底消除風險，它在控製風險的同時也創造出了一些新的風險。

與此同時，人們對風險的研究也日漸深入。包括對信用風險、利率風險、流動性風險、政治風險等的研究。人們甚至提出了多達20餘種風險。其中引起廣泛關注的是信用風險和利率風險。這些研究為金融創新提供了新的洞察力，也為利率風險管理提供了新的思想。

(2) 不斷提出新的模型管理利率風險

利率風險使商業銀行面臨兩類問題的困擾：①由於資金利率敏感度不一致，作為銀行主要利潤來源的利差頻繁波動而且難以控製。②由於銀行資產和負債的期限不匹配，在利率波動下，銀行的資產和負債的市場價值會隨著利率的變化而變化。作為剩餘索取權，銀行權益的市場價值也相應經常發生變動，與其帳面價值往往不一致。尤其是當銀行權益的市場價值降低時，帳面價值卻不能及時予以反應，隱藏著很大的風險。

為了更好地對利率風險進行管理，在金融理論界和實務界的共同努力下，西方銀行業及其他一些金融機構先後創立了利率的敏感性資金缺口模型 (sensitive funding gap model) 和久期模型 (duration model) 等。利率敏感性資金缺口模型主要通過主動地改變利率敏感性資金的配置，來實現商業銀行的目標淨利差。而久期模型則反應了市場利率變動時對資產和負債的市場價值的影響，從而反應銀行淨值的市場價格變化。

隨著對利率風險管理的深入進行，人們又提出了模擬分析

和 VaR 模型分析來對利率風險進行度量，以便管理利率風險。目前，已經有幾千家證券公司、投資銀行、保險公司、商業銀行、養老基金以及非金融企業採用 VaR 等模型來管理風險。人們進一步提出了「整體風險管理方法」（Total Risk Management），將風險管理中對金融資產價格變動的概率、金融資產價格等客觀度量與風險管理者的主觀偏好結合起來考察，以求達到兩者的動態最優均衡。

（3）機構設置表明對利率風險管理的重視

資產負債管理（ALM）在商業銀行中的重要性無論怎麼說都不過分。資產負債管理引入以來，其在銀行風險管理中的地位已經與信貸檢查不相上下。

在美國，銀行業的利率風險管理興起於20世紀70年代，為了規避利率波動的風險，成立了第一批資產負債管理委員會（ALCO）。隨著銀行和金融市場發生的翻天覆地的變化，資產負債管理委員會（ALCO）的視野已擴展到資產負債表內外。其使命已經轉換為通過資產負債表上的頭寸調整和機智地接受金融風險而獲得利潤。隨著存款戶變成了投資人，貸款變成了證券，在管理機構資本以獲取最好的回報方面，ALCO 起到了比較重要的作用。由於受到公司內部和政府監管方面的制約，ALCO 希望能建立一個與風險回報有關的有效邊界，動態地進行管理，反應公司對於風險和回報的偏好（唐旭，1999）[1]。經過30多年的發展，美國已經逐步形成了以資產負債管理委員會（ALCO）為核心的利率風險管理體制。

目前，國際上大型銀行一般都設立了獨立的風險管理部門，除了利用投資工具和衍生金融工具來改變利率風險敞口繼續由資金部負責外，其他有關利率風險管理的日常工作都是風險管理部負責。

---

[1] ［美］安東尼·G. 科因，羅伯特·A. 克蘭，杰斯·萊德曼. 利率風險的控制與管理. 唐旭等，譯. 北京：經濟科學出版社，1999（3）.

在中國，各商業銀行紛紛設立了資產管理部，專門負責管理商業銀行的風險。原來設立的資產管理部，其相應的職能也發生了變化，對利率風險的管理日益重視。

2.2 商業銀行利率風險管理的回顧

這一節首先定義利率風險，探討其特性，接著考察利率風險的表現形式，探討利率風險的度量模型，然后回顧國外管理利率風險的實踐，最后探討了中國的利率風險管理現狀。

2.2.1 利率風險的定義和特性

（1）利率風險的定義

利率風險是指由於市場利率變動的不確定性給金融機構帶來的風險。具體說就是指由於市場利率波動造成金融機構淨利息收入（利息收入—利息支出）損失或資本損失的金融風險。[1]對積極進行風險管理的商業銀行而言，利率風險就是由於未預期到的利率變化所帶來的淨利息損失或資本損失，導致銀行權益減少的風險。

（2）利率風險的特性

對整個銀行業而言，利率要受到政府管理當局的外生性影響，利率風險具有系統性。但是對銀行的某個經營業務而言，其利率風險也具有非系統性的一面。

系統性的利率風險是與系統因素有關的。這主要是由於政府對利率的直接或間接的調控以及一些影響全局的因素，比如經濟中生產效率的變化、GDP增長率的變化等導致利率普遍變動，形成系統性的利率風險。本質上，這種風險可以對沖，但是不能完全分散化。對銀行部門來說，系統性的利率風險就是

---

[1] 鄒宏元. 金融風險管理. 成都：西南財經大學出版社，2005.

一般利率水平的波動。此外，貨幣相對價值的變化也會給銀行帶來系統風險。銀行業對這種系統風險十分重視。多數銀行都試圖估計這些特定風險對銀行業績的衝擊，希望對沖這種風險，以減輕對不可分散化因素的波動敏感性。尤其是利率風險，商業銀行總是希望度量並管理這樣的風險，以減少利率波動對自己的傷害。

對銀行的某個業務而言，某些利率風險又具有獨特性，具有非系統性的特點。這樣的風險是可以對沖、分散、規避或通過保險等方式加以控製的。

2.2.2　商業銀行利率風險的表現形式

利率波動必然給金融機構帶來風險。對於未預期到的市場利率波動，金融機構可能沒有對這部分利率變化進行必要的處置與管理，造成其淨利息收入的損失或資本損失，從而導致金融風險。對商業銀行而言，利率波動會導致銀行資產組合價值的變化。當然，承擔風險是銀行的一部分重要工作，但是過多地承擔風險可能威脅到銀行的收益及資本基礎，甚至導致災難性的后果。

利率風險的表現形式是多種多樣的，根據巴塞爾委員會的分類，有以下四種類型：重定價風險、收益率曲線風險、基準風險和期權風險。

(1) 重定價風險

重定價風險是指由於銀行資產與負債到期日不同（對固定利率而言）或是重定價的時間不同（對浮動利率而言）而產生的風險，它是利率風險最基本最常見的表現形式。簡言之，就是資產和負債對利率重新定價的時間不一致而導致的風險。比如，當用短期存款不斷滾動來為一份長期固定利率貸款融資時，短期利率上升會導致后期的融資成本增加，貸款價值顯著減少。

(2) 收益率曲線風險

收益率曲線風險是指收益率曲線的形狀和斜率由於未預期

的移動而導致組合價值變化。比如，短期利率若比長期利率上升得更快，則會影響以短期存款來為長期貸款融資的盈利能力。

(3) 基準風險

基準風險是指由於計算資產收益與負債成本時，採用不同類別的基準利率，在期限相同的條件下，當兩者採用的不同類別的基準利率發生幅度不同的變動時，就產生基準風險。基準風險產生的條件是不同利率市場間相似期限的利率指數變動具有不完全相關性。比如，若某項貸款以美國的國債利率為基礎，而存款則是在 LIBOR 基礎上加點，那麼，當美國聯邦債券利率與倫敦同業拆借市場的利率變化不一致時，就會產生基準風險。

(4) 期權風險

期權風險是指資產、負債以及表外業務中涉及的期權價值發生變化引起銀行相關業務價值變化。銀行業務中嵌入期權的執行與否對該業務以及整個銀行的影響，包括存款業務的提前支取（不僅是活期儲蓄，定期儲蓄的提前支取也是一樣）、貸款的提前償還（比如房地產按揭貸款的提前償還）等。影響這些嵌入期權價值的市場利率的波動性變化以及關鍵金融市場的流動性發生變化，會引起期權的執行，相應地改變有關業務的價值，產生利率風險。

這四種風險是商業銀行面臨的利率風險的主要表現形式。在商業銀行經營管理過程中，一項業務可能涉及其中一種風險，也可能涉及幾種風險，對此必須仔細分析，積極加強管理。

2.2.3 商業銀行利率風險度量模型

要進行利率風險管理，必須對利率風險予以識別與度量，傳統方法主要有三種：重定價模型、到期日模型和久期模型。而最近則提出了模擬法和在險價值（VaR）模型。

(1) 重定價模型

重定價模型是以銀行的資產與負債的帳面價值為基礎，分析某一特定時間段內金融機構的利息收入和利息成本之間的重

定價缺口的現金流。該法主要是考察對利率變化敏感的資產和負債，利率敏感性資產和利率敏感性負債是指在考察期內即將到期或需重新確定利率的資產和負債。具體做法是將利率敏感性資產和負債按照不同的到期期限分別歸入不同的時間段，① 比如 1 天、1 天到 3 個月、3 個月到 6 個月、6 個月到 1 年、1 年到 5 年、5 年以上，然后計算各個時間段中的重定價缺口，即利率敏感性資產減利率敏感性負債，進一步分析利率發生變化后對資產和負債以及對重定價缺口的影響。在美國，聯儲要求銀行每個季度按這 6 個時間段來報告其重定價缺口。當然，銀行也可以根據自身管理需要對計算重定價缺口的時間段進一步細分。實際工作中計算銀行綜合缺口的常用工具是缺口分析報告。缺口分析報告通常分為兩種：一種是供銀行內部使用的，製作頻率高；另一種是向監管機構提供的，是為金融監管機構監控商業銀行利率風險而製作的。

　　重定價模型的優點是計算方便，直觀易懂。通過對不同時間段的重定價缺口以及累計缺口進行分析，管理人員可以很快確定風險頭寸，以便採取措施來化解風險。但它也存在以下不足：①以帳面價值為基礎忽視了利率變化對其市場價值的影響。②將敏感性資產和負債劃分為幾個時間段，顯得過於籠統，對資金的時間價值，對資產負債的重新定價的效應考慮得過於粗略。③重定價模型不考慮那些對利率不敏感的資產負債，但是這些資產負債可能存在資金（如部分本金或利息）回籠和提前償付的問題，這部分回籠資金面臨以當前利率而非原定利率再投資的問題。④忽視了表外業務所產生的現金流。當利率發生變化時，表外業務如期權期貨等衍生工具的價值會發生變化，也可能抵消掉一部分利率敏感性資產或負債。若對表外業務不予考慮，則可能導致偏誤。⑤資產和負債中具有隱含的嵌入期權，利率變動可能會對其價值產生影響，重定價模型不易識別

---

① 這裡需注意，考察的是剩餘期限而非其原始的期限。

這種嵌入期權的影響，所作處理也過於粗糙。

（2）到期日模型

到期日模型與重定價模型的一個主要區別就是考慮了利率變化對市場價值的影響。將各資產的到期期限按照其市場價值占全部資產市場價值的總和的比例加權，然后求和，就得到資產的加權平均期限。同樣，將負債的到期期限按其市場價值占全部負債市場價值總和之比加權然后求和，得到負債的加權平均期限。以資產的加權平均期限減負債的加權平均期限即為到期期限缺口。而利率變化會引起資產和負債的市場價值變化，從而影響期限缺口，最終影響所有者權益。

利率變化對於商業銀行的影響，可以通過期限缺口的大小與符號來表示其影響的程度和方向。當期限缺口為正的時候，利率上升導致資產價值的減少額大於負債價值的減少額，從而引起淨值的減少；而利率下降導致資產價值的增加額大於負債價值的增加，從而引起淨值的增加。如果缺口為負，利率變化導致的淨值變化則相反。那麼，基於期限缺口的風險管理即意味著，若將期限缺口保持為0或控製在一定的範圍內，則可減少甚至消除利率風險。

但事實並非如此。即便做到使資產負債的到期日完全匹配，也並不一定能消除利率風險，達到完全免疫的效果。這是因為：①到期日模型忽略了財務槓桿的影響。注意到負債的加權平均期限是以各負債業務的市場價值占負債市場價值總額的比重來加權的，若保持各負債業務的期限不變，而將負債業務的市值都增加一個相同的比例，比如15%，負債的加權平均期限是不會發生變化的，但財務槓桿發生了變化，所有者權益相對減少。由於財務槓桿不同，利率變化時受影響的負債業務的市值變化量也不一樣，導致所有者權益的淨值變化也不一樣，有可能出現淨值為負的情況，導致銀行破產。②沒有充分考慮資產或負債持有期內現金流發生的時間差異，忽略了現金流的時間價值。所以要達到對利率風險免疫，還需要考慮資產負債的平均壽命

即久期，而不是到期期限，就是要考察久期。

(3) 久期模型

久期（duration）也稱持續期。與到期日模型相比，久期模型還考慮了該期間內每筆現金流到期時間以及資金的時間價值。對久期，可以從幾個方面來理解它的含義：①從技術上講，久期是利用現金流的相對現值為權重的資產或負債的加權平均到期期限。②久期，也可以理解為收回貸款投資或負債所需要的時間。③因為 $\dfrac{\frac{dP}{P}}{\frac{dR}{1+R}} = -D$，所以，久期實際上度量了證券價格對利率（準確講是折現率）的彈性，即折現率每變動百分之一，證券價格變動的百分比。而負號則表示折現率與價格變動的反向關係。因此，久期越大，證券價格變動的百分比越大。但是，需要注意的是，給定即期利率的變化，久期較大的證券並不等比例的比久期較小的證券受到的影響大，因為短期證券的到期收益可能變化更大。久期度量了證券價格的利率敏感性。

所謂久期缺口，就是指銀行所持資產的久期和負債久期與負債資產現值比的乘積之差，用公式表示為：$G_d = G_A - kG_L$，其中 $k = \dfrac{P_L}{P_A}$ 為財務槓桿率。利率變動對銀行淨值的影響為 $\Delta E = -G_d \times P_A \times \dfrac{\Delta R}{1+R}$，它可以分解為三個部分：久期缺口 G_d、銀行規模 P_A 和利率的變化率 $\dfrac{\Delta R}{1+R}$。久期缺口越大，銀行規模越大，利率變化率越大，對銀行淨值的影響也就越大。

但久期缺口模型也存在著一些缺陷：第一，久期缺口分析可以將瞬間利率變化導致的風險免疫。但是，它假定利率在此之後保持不變，即假定利率期限結構曲線為一水平直線，這是與現實不符的。事實上，短期利率與中期長期利率並不相等，表現為利率期限結構曲線的各種形狀，而且短期利率通常較長

期利率波動性更大，隨利率的變化導致期限結構曲線的形狀也可能發生變化，可能產生利率收益率曲線變化的風險。Cox, Ingersoll和Ross（1979）等人提出了一個利率隨機變化的久期。第二，在實際應用中，要保持久期完全匹配可能是代價高昂的，不易做到。因此，銀行在許多時候不得不保留一定的久期缺口，承擔一定的利率風險。隨著利率不斷變化，利用久期來免疫實際上是一個動態的過程，不能一勞永逸。第三，關於利率風險的度量，由於利率與證券價格之間的關係是非線性的，久期模型只考慮了利率的一階導數對價格的影響，當利率變動幅度較小時，這樣的近似是可以接受的。但是，當利率變動較大時，只採用一階近似就會發生較大的偏誤，需要考慮二階（甚至二階以上的）變化對價格的影響，即需要考慮凸度的影響。第四，它對表外業務的利率風險的度量也是不充分的，比如期權風險，尤其是嵌入期權風險。因為它假定利率變動不會引起將來的現金流發生變化，對於含嵌入期權的證券，這個假定是不符合實際的。久期模型后來經過發展，出現了有效久期缺口和期權調整久期缺口。但是，它們的計算太困難，還要依賴於對利率變動預測以及提前支取等概率的主觀判斷，對數據要求很高，這些問題使得久期缺口的應用受到一定的限制。

（4）模擬法

關於利率風險的度量還有模擬法。模擬法是在歷史數據和當前數據的基礎上，對未來數據進行假定，並建立模型。模擬法假定未來利率變化情景，通過模擬來度量利率風險，是一種利用計算機技術來進行的動態前瞻性的風險管理方式。模擬法的優點是具有動態性和前瞻性，克服了久期模型中不現實的假定，通過模擬利率未來變化的路徑來度量商業銀行的利率風險，對具有嵌入期權的工具的風險也能度量。不足之處在於，模擬法的精度依賴於數據，包括所假定的數據的準確性、簡潔性，依賴於模擬方法的科學性。但是，精確的數據設定以及模擬方法可能需要的成本太高。期權調整OAS模型就是一種重要的模

擬法。

期權調整 OAS 模型是期權調整利差模型（Option adjusted spread model）的簡稱，其應用日益廣泛，是一種重要的利率風險度量方法。OAS 是指在根據隱含期權調整未來現金流之後，為了使債券未來現金流的貼現值之和正好等於債券當前的市場價格，基準利率期限結構需要平行移動的幅度。

OAS 模型運用期權定價的原理來為隱含期權的金融工具定價，度量隱含期權金融工具的利率風險。它考慮到了利率期限結構並非水平直線的實際，而且，對於具有隱含期權的債券，該模型還考慮到由於將來利率變動引起的隱含期權價值變化從而影響未來現金流的變化（陳蓉、郭曉武，2005）。

OAS 模型的一個重要的假設條件是市場是有效的，沒有無風險套利機會。這就意味著隱含期權金融工具的市場價格反應了隱含期權風險的存在。正是有了這一假設，才保證以金融工具的市場價格為標準，可以計算出期權調整差額。

OAS 模型的優點：第一，OAS 用一個數字給出了含權債券所蘊涵的風險，是含權債券未來超額收益期望值的直觀體現，這是其他方法所不能比的。第二，對基於相同的基準利率期限結構的不同含權債券，其 OAS 是可比較的。這大概是它在含權債券的定價和風險管理中日益受到重視的根本原因。第三，OAS 考慮了利率波動並在模擬未來各種可能路徑的基礎上計算得來，因而能比較充分地反應那些對利率敏感的具有不確定性的現金流，從而在模型中充分考慮期權的影響。

OAS 的不足之處：第一，OAS 具有嚴重的模型依賴性。計算它需要用到多個中間模型和參數，不同的模型往往得出不同的 OAS 值，降低了其可靠性及可信度。第二，OAS 是一個理論上的平均數字，從它的計算中可以看出它假定每條路徑上的 OAS 都是一樣的，這顯然不符合現實。第三，只要不是基於同樣的基準利率期限結構，組合中各債券的 OAS 不具可加性。第四，OAS 無法反應某些非利率風險驅動因素的影響。

(5) 在險價值（VaR）模型

在險價值（VaR）模型。VaR 是指在一定的持有期內, 在特定的置信水平下, 某一資產或資產組合 w 所面臨的最大潛在損失。它是市場正常波動情形下對資產組合可能損失的一種統計測度。在險價值從數學上講就是: $VaR = E(w) - w^*$, 而 w^* 是資產或資產組合在置信水平 $1-\alpha$ 下的最小值, 由 $1-\alpha = \int_{-\infty}^{w^*} f(w)dw$ 可以求出來, 其中 $1-\alpha$ 是給定的置信水平。[1] 從統計學的角度來說, w^* 也就是 α 的左分位點。$f(w)$ 則表示資產組合的概率密度函數。在實際應用中 VaR 有很多變種, 比如 $VaR = E(w) - w^*$, 或 $VaR = w_0 - w^*$, 前者表示在既定置信水平下資產價值低於均值部分, 而后者則表示低於預先設定的價值額（比如初始投資額）的部分。VaR 模型的一個關鍵問題是如何確定單個資產或資產組合價值的分佈函數。對於單個資產的分佈函數, 可以假設其服從正態分佈, 也可以根據其歷史運行狀況來確定其分佈, 以便確定 α 的左分位點。對於資產組合價值的分佈, 如果假設單個資產服從正態分佈, 則需要計算資產組合的價值所服從的聯合正態分佈函數, 或者通過模擬的方法得到聯合分佈函數。

相對於 OAS 等模型來說, VaR 模型的一大優點是能夠度量多種市場因素相互作用而產生的對單個資產價值或投資組合價值的影響。VaR 模型可以度量綜合風險, 而且可以簡單明瞭地給出一個具體的在險值。

但是, VaR 模型也同樣有多數模型所普遍存在的三類風險, 即模型風險、執行風險和信息風險。模型風險是指由於模型設定有誤等原因導致的風險, 因為任何模型都是在對真實世界的抽象和簡化假設的基礎上得到的, 所以風險管理者必須對模型所作假設及其局限性有清楚深刻的認識。具體而言, 多數 VaR 模型都是根據過去的歷史資料來估計考察對象價值的分佈, 其

---

[1] 比如我們可以取 95%, 也可以取 99%。

隱含的假設是過去會在我們考察的將來重演。或者，假定所考察的對象服從正態分佈，這樣的假設和經濟生活中很多變量所具有的尖峰厚尾特徵是不一致的，可能會導致對在險價值的低估。執行風險是指數學模型不能正確地在計算機上實現的風險，如果真的出現執行風險，則即使數據輸入正確，模型也符合現實，仍無法得到正確的結果。信息風險，是模型所依賴的數據無法完全準確地取得所造成的風險。VaR模型的運用建立在過去參數基礎上，但在中國，這方面的基礎還很薄弱，沒有多少歷史數據可資利用。此外，VaR模型提供的是在我們所設定的置信水平下可能發生的最大損失值，但這並不意味著極端情況不會發生。而VaR並沒有告訴我們極端值是多少。因此，在利用VaR模型度量利率風險的時候，往往要配合壓力測試一併考察。

採用這些模型來度量利率風險，其政策含義其實就是如何對測度量化的利率風險進行管理，從而達到免疫的目的。

2.2.4　國外商業銀行利率風險管理實踐

2.2.4.1　國外商業銀行利率風險的管理

利率市場化過程中，利率波動隨著利率管制的解除日益頻繁，政府的政策對利率變化的影響仍然很大，只是隨著全球經濟一體化的推進，貨幣當局並不能完全控製利率變化。往往是「樹欲靜而風不止」，這些因素增加了利率的波動性。因此，商業銀行必須進行利率風險管理。目前，金融機構的風險管理正在迅速演變成為一個覆蓋整個金融機構的統一的保護傘。

在現代美國銀行業歷史上，20世紀60年代以前，由於銀行監管機構的保護，美國利率較為穩定，利率風險一直不大嚴重。20世紀60年代晚期，隨著利率水平的上升和變動，由此帶來的一系列事件改變了銀行和儲蓄機構的競爭環境，並使得利率風險成為銀行業經營結構的一個永久性因素。然而，對利率風險衡量、監控和管理的明顯需求卻出現得比較晚。20世紀80年代

中期以來，由於技術進步和金融創新，風險管理技術的複雜程度大大增加。技術進步增強了公司將利率風險暴露最小化的能力，激發了金融產品創新的浪潮。在存款方面，不受管制約金融服務公司對銀行業展開了相當激烈的競爭。同時，出現了大量銀行業替代產品。在資產方面，銀行業面臨來自急速擴張的資本市場的競爭壓力，如投資等級和非投資等級的公司債券，商業票據的發行，非銀行金融服務的提供和非美國銀行的競爭，等等。所有這些變化迅速加劇了銀行業的利率風險，引起了銀行業積極探尋風險管理的方法。對於利率風險管理，主要有積極的和保守的兩種態度。保守的利率風險管理以避免利率波動造成淨利息收入大幅減少為主；而積極的利率風險管理目標則是雙重的，不僅要控製住利率風險敞口，而且要在可接受的利率風險限度內使淨利息收入最大化。大多數銀行的利率風險管理目標針對淨利息收入（NII）的利率敏感度，但也有不少銀行將資本的市場價值（MVE）納入利率風險管理的目標（賀書婕，2007）。

關於風險管理，Oldfield 和 Santomero（1997）認為，任何金融機構的風險可以分為三個可分離的部分：①可以通過簡單的商業運作來消除或避免的風險；②可以轉嫁給他方的風險；③必須在公司層面上積極管理的風險。

針對這些風險，國外商業銀行主要採取了以下的風險管理方法：

對第一類風險，商業銀行主要有三種做法：首先是標準化的程序、合約和手續以防止無效率的或是不正確的財務決策。其次是構建投資組合，通過借款者的分散化來避免任何單個借款人所遭受的損失對銀行產生致命性的惡果。這包括對單個借款人實行最高的借款限額，以防止風險過於集中。一些商業銀行還採取信用額度的管理辦法。最后是通過與公司管理層簽訂激勵相容的合約。每一種方法都要剔除與銀行提供的金融服務無實質意義的風險，或者吸收最佳數量的特定風險。

第二類風險是可以通過風險轉移技術來減輕甚至是消除的。具體而言，商業銀行即可通過對表內業務來進行風險管理，也可以通過遠期利率協議、利率互換、利率頂、利率底、利率套、利率期權等利率衍生產品來管理利率風險。

我們將其分為表內利率風險管理和利用表外的金融衍生工具來管理利率風險，它們有時是相互影響相互補充的。

（1）表內利率風險管理

可以簡單地說，表內利率風險管理實際上就是商業銀行根據前述模型所度量的利率風險，採取表內資產負債等業務調整的方式將利率風險轉讓、規避或者處理掉。通過前面對利率風險度量模型的分析研究，其在利率風險管理的實踐意義已很明顯。

①資金缺口管理。通過對重定價模型和到期期限模型分析比較，可以看出，這兩者所度量的都是資金缺口。在商業銀行的利率風險管理實踐中，這些模型的政策含義就意味著銀行須將資金缺口保持為0，以達到對利率風險免疫的目的。或者，商業銀行可以根據自己對未來利率走勢的研究判斷，採取積極的風險管理策略。即根據預測的利率波動，調整資產負債的結構、數量和期限，保持一定的資金正缺口或負缺口。比如，當預測利率向下傾斜時，則銀行應設法維持計劃期內的資金缺口為正；反之，如果預測利率曲線向上傾斜，則銀行應設法將計劃期內的資金缺口保持為負。

但在實踐中，資金缺口模型存在以下弊端：第一，銀行的資金缺口可能隨計劃期長短而發生變化。因此，計劃期長短、資金缺口的正負和利率走勢對淨利息收入有很大的影響。第二，對利率變動的預測是一個理論上沒有完全解決、實踐上容易出錯的問題。如果預測錯誤，保持的資金缺口不但不能減輕利率風險，反而會加重銀行的損失。而要將資金缺口保持為0，在實踐中往往也面臨著調整資金缺口過大的成本，或者在市場不完備的情況下，找不到合適的工具來達到0缺口的目的。

②久期缺口管理。久期缺口是資產久期和負債久期經財務槓桿率修正后的差額。利用久期缺口可以分析利率對商業銀行淨值的影響，其影響程度由久期缺口、銀行資金規模和利率變化程度共同決定。利率對商業銀行而言具有一定的外生性，其變化要受中央銀行的貨幣政策影響，銀行無法完全控製利率的變動。商業銀行利用久期缺口來管理利率風險，其方法很簡單，只需將久期缺口保持為0即可。如果商業銀行能對利率的未來走勢進行較為準確的預測，則可以採取更積極的利率風險管理策略，保留一定的缺口以在利率變化中獲利。但和資金缺口模型一樣，這樣做仍是有風險的。久期缺口可以用於單個項目和整個資產負債表的免疫。

久期缺口管理存在以下缺陷：第一，當銀行的某些資產或負債所涉及的現金流發生時間不確定的時候，久期的計算就會出現困難，也就會使久期缺口管理難於操作。第二，要找到具有合適的久期的資產或負債以使銀行的久期缺口為0，有時可能是代價高昂甚至是不可能的。第三，久期本身對度量資產和負債的市場價值之間的關係也是存在一定問題的。它假定利率與資產（和負債）的市價之間是線性關係，但實際卻是非線性的。這樣，當利率變動較大時，用久期來衡量利率變動對資產和負債市場價值的影響就不合適，也就達不到對利率免疫的效果。

此外，對利率風險進行表內管理還有模擬分析法和在險價值（VaR）分析法。它們是現代商業銀行利率風險管理所採取的新方法。模擬分析通過模擬利率的未來變化路徑來考察銀行所有的資產和負債及權益可能的行為變化模式，以便對利率風險進行管理。而在險價值（VaR）分析法則是利用統計學原理，考察在一定置信水平下可能發生的最大損失。[①] 通過對資產負債的主動管理，使利率風險所導致的在險價值保持在銀行可承受

---

① 關於最大損失的計算，銀行可以將其與均值比較，也可以與銀行自行設定的可接受的值比較。

的範圍內。這兩種方法各自也存在缺陷，主要是與它們對利率風險度量中存在的問題相關，比如對模型的依賴性和對數據的依賴性。

③資產證券化。資產證券化是指將一組流動性較差但預計能產生穩定現金流的資產，通過一系列的結構安排和組合，對其風險、收益要素進行分離和重組，並採取一定措施進行信用增級，從而將組合資產的預期現金流的收益權轉換成可出售和流通、信用等級較高的債券或收益憑證性證券，即資產支撐證券（ABS）的技術和過程。依據被證券化的資產的屬性又可分為良性資產證券化和不良資產證券化。資產證券化起源於美國，在市場經濟發達國家的金融發展過程中發揮了重要的作用。在20世紀90年代開始進入亞洲市場后，取得了迅速的發展。尤其是韓國和日本運用資產證券化技術將大量的銀行不良資產進行處置。

資產證券化有利於提高商業銀行資產的流動性，有效地改善了銀行的資產負債結構，提高銀行管理利率風險的能力。國際經驗表明，資產證券化能有效地改善銀行資產負債期限不匹配的問題。資產證券化可將資金供求雙方有效地連接起來，並有效地將銀行所不能承擔的風險進行剝離與轉移，使得其誕生以來對風險管理起到了相當的作用。

此外，銀行還通過打包出售、風險分配等方式，進行風險轉移。

以上為表內風險管理方法。其根本的作用在於優化資產負債結構，調整其對利率風險的敏感度及久期，以達到對利率風險進行有效管理的目的。而表外業務的發展，使得人們可以利用金融衍生工具來管理利率風險。

(2) 利率風險管理的衍生工具

①遠期利率協議。遠期利率協議（forward rate agreements, FRAs）是一種場外衍生品，指由交易雙方商定，在將來某一特定日期按照約定的貨幣、金額和期限進行協定利率與參照利率

差額的支付。通過遠期利率協議，合約雙方把未來某個特定時刻開始的某個預先約定時期內的利率鎖定。不管將來結算日的市場利率如何，投資者都可以通過收付當時市場利率與協定利率的利差來鎖定利率。遠期利率協議作為一種場外利率衍生產品，其條款靈活，期限可以定為3個月、6個月、9個月、12個月和18個月等，現已經成為防範利率風險的主要工具之一。實際上，遠期利率協議是一種套期保值和投機的利率衍生工具。由於它是場外衍生品，因此存在交易雙方的信用風險。對於遠期利率協議而言，在到期之前不存在任何現金支付，因此也不會在資產負債表中表現出來。

②利率期貨合約。利率期貨合約是一種場內衍生產品，是基礎資產的價格依賴於利率水平變動的標準化期貨合約。利率期貨包括短期國債期貨、中長期國債期貨以及歐洲美元期貨，等等。其期限品種多樣，流動性很高，廣泛用於各種利率風險的管理。利率期貨是期貨合約的一種，利用利率期貨合約可以有效地防範利率風險。由於期貨合約是一種標準化的遠期合約，採取每日盯市，期貨合約每天都進行清算，再加上保證金制度，所以期貨合約流動性高，風險較小。

③利率互換。利率互換（interest swap）也是一種場外衍生產品，指交易雙方在未來的一段時間內進行一系列利息支付的交換，期限通常在1~5年。其本金金額較大，一般達到上億元至數十億美元。雖然利率互換中的利息支付規模由名義本金確定，但典型的利率互換並不交換本金。在利率互換中，互換多頭方支付固定利率而收到浮動利率。通過利率互換，交易雙方實際上將固定利率與浮動利率進行轉換，從而達到規避利率風險的目的。比如，某商業銀行將收到固定利率，那麼它就可以通過成為互換多頭而將收到的固定利率轉換為浮動利率，反之也可以將浮動利率轉換為固定利率。

④利率期權。利率期權是指交易雙方在約定的期限內，以利率為交易對象，以事先確定的執行價格和數量進行看漲看跌期權

的買賣。期權的期限為3個月、6個月和9個月。利率期權一般都在交易所內交易,是一種場內衍生品。包括上限期權(interest－rate cap)、下限期權(interest－rate floor)和雙限期權(interest－rate collar)。

　　利率上限是指交易雙方商定在未來某一段時間內(或某一時刻),以一個協定的利率作為上限,當市場利率達到或超過該上限時,買方將有權從期權賣方獲得市場利率和協定利率的差額。這就使利率上限期權的買方將其利率鎖定在利率上限以下,因為一旦市場利率超過該上限,超過部分他可以從上限期權的賣方處獲得補償。而下限期權與上限期權類似,期權買方可以將利率鎖定在利率下限之上,一旦市場利率低於下限,他可以從下限期權賣方處獲得補償。利率下限期權可以用來控製利率下降的風險。而雙限期權則是上限期權和下限期權的組合,可以同時買入利率上限期權和賣出下限期權來得到。實際上是將賣出下限期權的收入來部分地或全部地為買入上限期權融資。雙限期權持有者可以將利率鎖定在一個合意的範圍內。

　　需要注意,由於場外交易往往採用非標準化合約,其流動性相對較弱,而且交易對手可能存在違約,因此風險更高。

　　利率風險可以通過利率產品,比如利率互換和其他衍生品來轉移;可以改變借款條件以改變其久期;銀行還可以通過買賣金融權益來分散風險或是集中管理風險。除非銀行有比較優勢來管理風險,或是希望保留那些隱含的風險。否則,銀行應該轉移掉這些可轉移的風險。

　　對第三類風險,商業銀行往往採取積極承擔的辦法,將風險在本銀行內部進行吸收。至少有兩種風險是銀行管理者需要吸收的(當然是指銀行業務所內生的風險),第一種是金融資產和活動具有隱含風險的特性,而它們又是十分的複雜,很難與第三方交換的。比如銀行持有複雜的專賣財產、資產,不存在相應的二手市場或者二手市場很稀薄。交換這樣的風險可能是困難的或是昂貴的,還不如對該風險進行對沖有利。第二種是

財產的預期收益和它的風險是可接受的。所有這些情況，風險都被吸收，需要有效的監督和管理。

而風險管理之所以會失敗，大致有以下三個方面的原因：第一，風險忽視。管理者沒有意識到其行為存在風險，尤其在引入新產品的時候。個別風險也許可通過對沖而消除，經濟中實際的整體風險可能並未發生變化。第二，管理者沒有正確地估計風險。對收益分佈的正態假定可能與實際分佈不符合，從而低估風險的大小。有許多收益的分佈並不是正態分佈，而是呈現出尖峰厚尾的特徵，也就是極端情形發生的可能性要比假定的大。管理者若將序列相關假定為序列不相關，也會導致風險管理的失敗。這有兩個重要的含義：一是假定標準差隨時間的平方根而增加，如此假定則可以用較少的數據外推到更長的時期；二是序列相關並不意味著所謂的壞運氣不會發生，而是這樣的壞運氣也是正態分佈的。如果序列正相關被假定為序列不相關，則以短期的標準差外推到長期時，會低估長期中的標準差。此外，序列相關性還會隨時間而變化。這樣，用歷史數據來推知將來的標準差可能會低估風險，在極端事件發生的情況下更是如此。這些因素會導致對風險的認識估計不足，管理者應對風險的準備不足。第三，風險管理者準確估計了損失的分佈，但是沒有足夠的資本來吸收風險損失，通常這樣的風險損失是巨大的，超過了其可承受的範圍。管理者正確地估計了風險，但沒有有效地減輕風險。

2.2.4.2 風險管理的實證研究

關於利率風險的研究，目前還不是十分完善，即便是巴塞爾協議 II 對銀行利率風險也沒有定量管理，只在支柱 II 中做了定性處理。商業銀行利率風險在新興市場國家的研究更是有待深入。實證研究大體上從利率風險的度量和銀行的風險管理的實踐等方面著手。

關於商業銀行利率風險的測度，Flannery 和 James（1984a，1984b）對儲蓄貸款協會（savings and loan associations，即 S&L）

進行了實證研究,在 1976—1981 年間,儲蓄貸款協會對利率的敏感性是銀行的三倍,這些儲蓄貸款機構用短期存款來為長期家庭貸款融資,最終破產了。Flannery(1981,1983)的研究表明,銀行試圖通過改變其資產負債表結構來對這些缺口進行套期保值。Staikouras(2003)對銀行利率風險暴露進行估計的文獻作了綜述。他觀察到銀行權益收益與市場收益之間存在負的相關關係,且在統計上顯著。當引入收益變化時,這種關係變得更強烈。Staikouras(2003)認為,普通股收益的利率敏感性主要是對資產負債表的久期的正缺口產生影響。Purnanandam(2005)后來對美國銀行業的貸款利率敏感性的實證研究支持他的觀察。利用 1997—2003 年間的 8000 家銀行的數據庫,Purnanandam(2005)發現,銀行部門存在顯著的成熟期缺口。那些大銀行的流動資產更少且增長更快,用衍生品來套期保值,而那些更易受金融抑制的銀行不僅套期保值得更多,而且還保有較低的缺口。沒使用衍生品的銀行則大幅度地減少其成熟期缺口以應對從緊的貨幣政策。Asish Saha 等(2008)用模擬為基礎的驅動器驅動的方法估計了利率波動性對印度的銀行在 2002—2004 年間的淨值的影響。通過模擬研究,他們發現基差風險可能導致印度銀行業的所有者權益的經濟價值大幅度下降。這會嚴重影響資本和未來的盈利能力。他們的研究結果與 Wetmore、Brick(1998)和 Staikouras(2006)的結果一致,基差風險是銀行利率風險的一個重要內容,對淨利息收入和所有者權益的經濟價值的影響,不僅僅是重定價風險。

關於利率風險的國別研究,English(2002)研究了淨利息利潤,對 10 個國家採樣,利用 1979—2001 年間的年度數據。他發現在澳大利亞、德國、瑞典、英國和美國,資產比負債對長期利率更敏感。但是,除瑞典和德國外,淨利息收入(NII)和收益曲線的坡度之間沒有顯著的相關性。他認為,這是因為多數國家能夠限制其淨利息收入的風險暴露。Patnaik 和 Shah(2004)對 42 家印度銀行在 2002 年的數據進行了研究,他們發

现，在利率上升时，有 26 家银行的所有者权益的经济价值（EVE）遭受了损失、9 家银行未受影响、7 家银行的所有者权益的经济价值得到增加。不过，他们的研究也有局限，主要是他们忽略了基差风险。Maes（2004）研究了 1993—2003 年间利率冲击对比利时的银行部门的影响。他发现长短期利率变化对净利息收入（NII）并没有以一种统计上显著的方式产生影响。其次，中小银行的净利息收入（NII）随着收益率曲线变陡峭而上升。但这种关系对大银行而言并不存在。然而，他的市场价值分析表明了银行资产对长期利率之间存在负相关。Mahshid 和 Naji（2004）对瑞士的银行部门进行了定性分析。他们还从 2002 年的年报中计算了这些银行的久期缺口。他们发现这些银行的资产负债的久期紧密匹配，利率风险暴露也很小。这些风险是用利率互换来进行管理。不过，他们只考虑了重定价风险。Quemard 和 Golitin（2005）估计了法国银行部门的利率风险。他们对银行部门在 2003—2005 年间进行了压力测试——300 个基点的冲击。他们的研究显示，当利率上升时，净利息收入（NII）和所有者权益的经济价值都下降。不过，Asish Saha 等（2008）认为他们所采用的 300 个基点的冲击具有随意性，没有任何理由说明 300 个基点就是合适的。而且，在标准的久期模型中，利率冲击并不能把握收益曲线风险或基差风险，它只考虑了重定价风险。

关于风险管理的实践性探讨，Brown 和 Toft（2002）考察了公司应该怎样对冲风险。假定公司可能经历不同的自然状态，可以利用普通的衍生品（比如远期和期权）得到最优的对冲策略，当公司具有可对冲的价格风险和不可对冲的数量风险时，可以构造奇异衍生品来给公司价值最大化。当数量风险和价格风险之间的相关性很大的时候，构造出来的奇异衍生品比普通的衍生品合约效果好。Han，Diekmann，Lee 和 Ock（2004）探讨了组合风险管理及在险价值 VaR，试图利用在险价值来把握公司风险变化的程度。

2.2.5 中國商業銀行利率風險管理現狀

(1) 中國商業銀行利率風險管理研究的文獻

國內對商業銀行利率風險管理的研究相對而言還比較少，其中一個主要的原因是中國商業銀行長期處在中央銀行高度管制之下，對利率風險管理的需求是隨著近年來利率市場化的深入而逐漸增強的。由於管理當局考慮到金融領域的擴散性影響，中國的利率市場化改革相對滯后，到了1996年才真正啟動。改革前期商業銀行的利率管理主要是合規性管理，並無管理、規避利率風險的壓力和需要。因此，相關的學術研究也較少。隨著利率市場化改革的深入，利率風險管理的研究有了一定的發展，但尚待深入，主要停留在對國外利率風險的推介階段，應用性的文獻相對較少。

關於利率風險，多數文獻都談到了利率風險的識別，即本書在前面所提到的重定價風險、收益曲線風險、基準風險、隱含期權（有的稱為內含選擇權或嵌入期權）風險及其在中國的情形。更多的文獻將利率市場化進程與利率風險的識別、計量、管理相聯繫。關於利率風險的管理，不少文獻（如黃金老，2001；劉剛，2006）都談到要建立專門的利率風險管理組織，比如資產負債管理部。而如何進行利率風險管理，則主要分為表內風險管理和利用表外工具來管理風險。表內風險管理主要就是調整利率敏感性資產和利率敏感性負債，以使利率敏感性缺口為0。而如何進行表內風險管理，通常採用利率敏感性缺口和久期（有的文獻稱為持續期）缺口模型，還有融資缺口模型（劉賽紅，2003）。對利用表外工具來管理利率風險，文獻中常常指的工具都是利率期貨、期權、遠期利率協議以及互換來管理利率風險。還有不少文獻（劉剛，2001；劉賽紅，2003 等）談到需要培養利率風險管理人才。

此外，針對利率市場化進程的漸進性質，黃金老（2001）將利率風險分為階段性風險和恆久性風險，指出中國商業銀行

在利率市場化進程中不僅面臨前述四大風險之外，還面臨難以適應利率市場化這一特定歷史階段所產生的規則等變化帶來的階段性風險，並認為中國利率在市場化改革之后顯著升高的可能性不大，金融機構和金融監管部門難以適應不規則波動的利率環境是主要的階段性風險。向力力（2005）考慮了風險預警系統構建。譚祝君、鄧坤（2005）則從利率市場化的推進中，利率波動範圍的擴大等對銀行的生存環境和經營管理的影響的角度，探討了銀行如何加強利率風險管理，包括加快產權制度改革，建立商業銀行利率風險的管理組織體系，建立健全利率的內控機制，對利率進行監測以及衡量利率風險。沙振林（2005）探討了股份制商業銀行建立新的利率管理模式的思路。粟建平（2004）對農村信用社利率風險做了實證研究。

隨著利率市場化的深入展開，有一部分碩士博士論文對利率風險管理進行了較為系統的探討。吉林大學孫紅妮（2004）的博士論文系統研究了利率預測、利率風險度量以及風險控製等內容。對利率預測，文章提出了基於神經網絡技術的預測模型。針對商業銀行業務種類日益複雜的情況，提出了基於神經網絡技術的淨利息收入估算模型。神經網絡技術所具有的精確性、適應性、魯棒性、有效性等特徵，使它成為解決複雜經濟問題的必要方法補充。文章將人工智能中的神經網絡技術應用於利率風險管理當中，為解決利率預測提供了不同的視角和思路。東北財經大學徐明聖（2004）的博士論文研究了含有違約風險債券，商業銀行利率風險的度量與管理問題，並針對持續期模型無法處理利率期限結構非平行移動的情況，提出使用方向導數解決期限結構任意變動的問題，提出了一種單一風險利率風險度量 MA 法。華中科技大學田華臣（2005）的博士論文對利率市場化進程中與中國銀行業現狀有密切關係的幾個主要問題進行了探討，對在險價值模型進行了創新，研究了具有路徑依賴特徵的連續 VaR，對不良貸款和不良資產的化解、銀行存貸款定價、個人貸款業務的信用風險管理及利率市場化中的

利率調整策略等問題進行了分析。西南財經大學的賀國生（2005）的博士論文對利率風險的測度、計量模型進行了較為系統的研究，並對中國零息票債券收益率曲線模型的構造進行了探討。

(2) 中國利率風險管理的現狀

中國在過去一段較長時期內，對利率實行管制。國務院控製利率變動權，央行有20%的浮動權，而商業銀行只是利率政策的執行者，沒有任何主動權。在這樣的利率管理體制和運行機制下，管理當局賦予國有商業銀行的經營目標主要是貨幣政策的有效執行和資金的安全性、流動性，並不要求商業銀行對利率風險進行有效管理和規避。因此，長期以來，國有商業銀行更關注的是信貸風險和流動性風險，而利率是由央行規定的，並不常發生變化，即便發生變化，也沒有意識且缺乏技術對利率風險進行有效管理。對利率波動缺乏風險管理的意識，往往在發生利率波動遭受利率風險所帶來的損失時只能咬牙承受，並認為這是經濟轉型的代價，沒有辦法避免。

利率市場化改革的推進、市場定價領域的拓寬和利率波動幅度的擴大，必然對中國銀行業的生存環境和經營管理產生重大影響。長期在管制狀態環境生存的金融機構往往不能把握利率的變動規律。對於商業銀行而言，利率的市場化程度、市場化改革的速度、基準利率的變化方向和幅度，都是外生變量，是中央銀行決定的。銀行更多的時候是根據中央銀行的基準利率變化以及相應的規定來確定利率，包括存貸款利率。因此，在管理利率變化所帶來的風險時，略顯被動。

儘管中國加入WTO以後，利率風險管理從理念到機構設置以及相關研究方面有一定的發展和突破，許多商業銀行也成立了資產負債管理委員會，但對利率風險管理的作用仍是有限的。主要存在以下問題：

①中國現階段尚未形成一個統一完善的金融市場。完善的金融市場應該包括貨幣市場、資本市場、外匯市場、金融衍生

工具市場等。而中國目前的金融市場還很不完善,沒有新興的利率衍生品市場,金融衍生品也比較少,這大大制約了商業銀行防範、轉移和化解利率風險的能力。由於缺乏成熟的利率風險度量技術和管理手段,商業銀行面對利率風險有時只能「干著急」。

②產權制度問題尚待完善。雖然中國目前正在積極地進行商業銀行產權制度等一系列改革,採取股份制改革、上市、引入戰略投資者等方法,在一定程度上改變著國家獨有的情況,但仍然可能因國有股占比過大而出現問題。產權制度改革如果相對滯后,會出現較為嚴重的預算軟約束問題,導致經濟的效率損失。

③央行政策缺乏透明度。儘管中央銀行貨幣政策決策的透明度已經有很大提高,有中國人民銀行文告,年度金融展望、季度貨幣政策委員會會議、每月金融統計數據等可供參考,但人們對中央銀行的決策依據、決策規則和決策程序瞭解得還不是很清楚,國家利率政策的決策還缺乏應有的透明度和規範化。

④商業銀行管理觀念落后,風險防範意識薄弱。受制於計劃管理模式,中國的商業銀行長期以來主要關心的是信貸風險和流動性風險,對利率風險管理的意識比較弱。自 1996 年以來,央行連續 8 次降息,其間利率差也一度縮小,這樣的頻繁調整利率實際上已經使商業銀行和其他金融機構面臨嚴重的利率風險。但是,商業銀行對利率調整期間的利率風險,有意識地防範和規避者可謂寥若晨星。

⑤利率風險管理的機構設置不合理。由於在計劃管理模式下對利率風險管理的意識薄弱,對利率風險管理的組織結構和職能分工也是模糊的。商業銀行一度並沒有明確的利率風險管理部門。而中國目前商業銀行的組織架構是以產品劃分,各個部門的業務相對獨立,沒有建立起有效的信息管理系統,彼此之間對有關利率風險的信息難於溝通和共享,不利於對利率風險的統一協調管理。組織結構不合理,職能不配套。銀行的總

分行制，使得銀行的利率風險分割，不利於將利率風險整合，在貨幣市場上對沖風險敞口。

⑥人才制約，缺乏高水平的利率風險管理人才。隨著利率市場化的推進，利率風險管理日益複雜化，人才短缺問題將更加突出。

當前，中國利率市場化改革的關鍵是逐步放開對存款利率上限和貸款利率下限的管制。隨著利率市場化改革的深入推進，中國的金融市場和經營環境將會改善。在銀行內外部各項改革的推動下，中國商業銀行的利率風險將得到妥善管理。

2.3 利率市場化對中國商業銀行的風險管理的影響

利率市場化改革，利率逐漸由市場力量來決定利率的大小和變化的方向。改革的推進，市場定價領域的拓寬和利率波動幅度的擴大，必然對中國銀行業的生存環境和經營管理產生重大影響，給風險管理帶來前所未有的挑戰。

首先，利率風險管理的意識有待加強。要正確認識利率風險的存在，提高利率風險管理的意識，改變傳統的思維定勢，充分認識到利率風險管理的重要性和迫切性。《新巴塞爾協議》中指出，穩健的利率風險管理方式應遵循以下幾個基本原則：第一，董事會和高級管理層的妥善監控；第二，充分的風險管理政策和程序；第三，妥善的風險計量和監控系統；第四，全面的內部控製和獨立的外部審計。中國的商業銀行應參照這些原則，把利率風險管理作為資產負債管理的核心內容之一。其次，要密切關注國內外利率、匯率動態，盡可能準確地預測利率走勢。利率市場化改革之前，對商業銀行而言，利率是由中央銀行確定的外生變量。長期在管制狀態環境生存的金融機構往往不能較好地把握利率的變動規律，就是中央銀行本身也難以準確把握利率的未來變動趨勢。這給商業銀行預測利率變化

趨勢進行風險管理帶來挑戰。

具體而言，利率市場化之后，中國商業銀行面臨的挑戰將是：

①與當前的水平相比，存貸利率差可能有縮小趨勢。這是由於中國的銀行業在利率市場化改革之後，銀行之間的競爭將加劇，既有來自國內同行的競爭，也有來自外資銀行的挑戰。加入WTO后，國際銀行業的激烈競爭使得一些資金雄厚的外資銀行非常看好中國這片熱土，外資銀行的進入所帶來的先進管理理念和技術手段，必將對中國的商業銀行帶來巨大的挑戰。在爭奪儲蓄資源的過程中，存款利率將存在逐步提高的壓力，而對優質貸款資源的爭奪，可能使銀行不得不降低其貸款利率，從而使銀行的利率差縮小，給銀行的利潤空間變窄。在中國，商業銀行目前仍以傳統的存貸款業務為主，中間業務和其他表外業務不發達，所提供的利潤在總利潤中的占比還很低。

②利率的波動性加大。隨著利率市場化改革的推進，利率的波動性將加大，利率與其他經濟變量相互影響的力度將增加。經濟的過熱或低迷，貨幣資金的供求變化，貨幣購買力的變化，匯率制度的改革，人民幣升值壓力以及由此所產生的外匯占款給人民幣帶來的通脹壓力，國際遊資的衝擊，都會引起利率波動。而利率波動增大，將使銀行資產和負債的重定價風險加大。重定價問題給銀行的資產或負債所帶來的損失也將更大。利率波動性增大也使銀行業務中隱含期權的價值更高，增加了客戶提前支取和提前還款的可能性。這就增加了期權風險。利率波動性增大，也使收益率曲線發生未預期的變化，造成收益率曲線的風險增加，給銀行帶來利率風險。

③利率波動更頻繁，給商業銀行及時反應的能力提出挑戰。目前，中國的商業銀行利率風險的管理手段和技術都相對較落后，不能應對利率的瞬息萬變所提出的快速反應的挑戰。

④利率市場化之後，金融風險發生的表現形式和影響渠道也發生變化，給商業銀行的應對能力以及抗風險能力提出挑戰。

隨著金融一體化的深入推進，中國的銀行業也逐漸和世界金融業融為一體，世界金融體系的動盪也將波及到中國的銀行業，所帶來的利率風險將不再僅僅是基差風險。

2.4 國際經驗的借鑑

目前，中國的利率市場化改革正在進行，利率風險管理正在成為銀行風險管理中最重要的一部分。利率風險的管理對於中國的商業銀行而言，還是一個較為生澀的領域。他山之石，可以攻玉。國際銀行業的利率風險管理實踐必然可以給我們一定的啟示。

在美國，決定商業銀行利率風險大小的一個關鍵要素是聯邦儲備理事會採取的貨幣政策。因為作為美國中央銀行的聯儲理事會的政策目標以及所採取的政策措施，可以左右市場利率的變動趨勢。在穩定利率水平的政策目標下，未來利率大幅波動的可能性以及利率的波動會比較小。那些有意識地使其資產負債的成熟期不相匹配的銀行所承受的利率風險也就比較小。而在穩定銀行儲備金的供應水平的目標下，聯邦資金利率（即同業拆放利率）根據其確定的儲備金水平自發地進行調整，則市場利率的波動就會比較頻繁，變動的幅度也會比較大。儘管任何商業銀行對貨幣政策無法操縱與控製，但它們卻能夠憑藉對中央銀行貨幣政策的預測來衡量所承受的利率風險的大小，進而採取各種表內工具對現有的資產負債結構作出適當的調整，或者通過不同的表外工具對其現有的利率風險敞口進行保值。對於中國而言，中央正在逐步採用市場化手段來管理宏觀經濟，利率的變化頻率逐漸加快，利率調整的幅度和經濟走勢密切相聯繫。儘管貨幣政策對中國的商業銀行而言是外生變量，無法左右，但商業銀行同樣也可以根據經濟發展的趨勢和中央銀行的貨幣政策規律，對貨幣政策、利率走勢進行預測，從而採取

有效措施來積極管理利率風險。

從國際銀行業的利率風險管理實踐來看，對利率風險的度量和管理所採取的靜態缺口分析方法已經逐漸淡出，而動態的模擬分析成為對銀行短期收益和長期價值對利率變化的敏感度進行評估的主要方式。我們可以借鑑國際銀行業對利率風險管理的實踐經驗，認真研究動態模擬分析方法所依據的假設前提，結合中國利率市場化階段性推進的實際情況，立足於中國既有的資本市場發達程度和可資利用的風險管理手段，對利率風險進行準確度量，科學管理，實施有效的監控與調整。

2.5 存在的問題

已有文獻對於利率風險管理的研究主要集中在西方成熟的市場經濟中，而對中國這樣的由計劃經濟轉型而來的國家，利率風險管理的研究還相對較少。尤其是在利率市場化的大背景下，探討利率風險管理的文獻尚處於觀念的傳播等初步探索階段。儘管對中國的利率市場化有了一定的研究，許多方面也取得了相當的成果，形成了一定的共識。不過，仍然存在一些尚待深入研究的問題，主要是：

第一，需要深入探討利率市場化的進程對利率的期限結構、風險結構和品種數量結構的影響。利率市場化伴隨著金融市場的逐步完善，與此同時，利率品種結構也應逐步完善。利率市場化進程的深入，也會影響利率的風險結構，隨著市場逐步完善，將會對風險價值、對風險產品的交易產生影響，影響風險的價格，目前有關研究還比較欠缺。因為市場是否完備，可能會影響到套利機會，引起產品價格連續變化或者是跳躍變化。而市場是否完備，就是指利率的品種是否齊全，交易數量是否足夠大，有代表性，能真正表現出整個市場的看法和意見。

第二，政策因素對利率的影響（包括利率的期限結構、風

險結構和數量結構）的理論研究、實證分析還比較缺乏。

第三，還需深入探討利率市場化的步驟、快慢、節奏的不同對利率及其風險的影響。

第四，對於在中國這樣的轉型經濟國家，商業銀行的產權改革相對滯后，銀行具有嚴重的預算軟約束問題；在利率市場化進程中，銀行所有權結構的變化必然會對其利率風險管理行為帶來不同的影響，需要仔細探討。

在下面的內容中，我們先回顧中國的利率市場化進程，通過探討其推進階段及其特點，對利率市場化未來改革的路徑和速度進行探索。這是我們要研究商業銀行利率風險管理的大背景。這構成了本書的第三章。而要對利率風險進行有效的管理，對利率的期限結構的深入研究是必不可少的。利率的期限結構是資產定價和利率風險管理的基礎，也是利率風險管理研究的一個十分重要的內容。因此，我們在第四章對利率期限結構進行了理論分析和實證檢驗。商業銀行的業務經營活動中，除了利率變化帶來的風險外，還有其他的各種風險，這些風險和利率風險是相互作用的。因此，在利率的期限結構的研究的基礎上，對利率的風險結構進行研究，是對風險進行有效管理的基礎。我們在第五章對利率風險結構進行了研究，並對中國的實際進行了實證檢驗。這兩章都是要進行利率風險管理的必要準備。從第六章開始，我們利用第四章和第五章得到的關於利率結構的信息，探討了商業銀行的利率風險管理。在第六章中，考察了商業銀行負債業務的風險管理問題。在第七章中，將商業銀行的風險管理問題放在中國利率市場化逐步推進的環境中來考察，考察了銀行的投融資行為所受到的影響。由於中國金融衍生品市場尚待建立，利用利率衍生品來管理商業銀行的風險，時機尚未成熟。本書嘗試利用價差期權的思想來看待商業銀行的利率風險管理問題。這構成了第八章。最后，在第九章對全書的研究作了簡單總結，並指出需要進一步研究的問題。

第三章

中國的利率市場化進程

3.1 利率市場化的理論爭論與各國的實踐

利率市場化進程構成了中國商業銀行利率風險管理的背景，商業銀行的風險管理從此發生了根本性的變化。本節先討論利率市場化理論上的爭論，接著考察各國的利率市場化實踐，最后討論中國利率市場化改革的現實選擇。

3.1.1 利率市場化理論——金融約束論和金融深化論

在利率市場化理論中，一個重要的理論是麥金農（McKinnon）和肖（Shaw）的金融抑制論。麥金農在1973年出版的《經濟發展中的貨幣與資本》中提出「金融抑制論」。他認為發展中國家往往存在著程度較深的金融抑制現象。其基本特徵是實際利率水平低和執行有選擇的信貸分配政策。在政府管制下，過低的實際利率水平導致了儲蓄水平低、資金需求高以及投資饑渴。這又進一步導致了政府更多的干預，如採取強制儲蓄、有選擇性的信貸配給、差別利率以及發放營業許可證、財政補貼等各種各樣的財政、貨幣等形式的干預。這樣，金融市場被分割成兩個市場：一個是被政府管制的有組織的市場；另一個是沒有正規管制的自由市場，其利率水平高於前者。中小私人企業和

家庭的投資，或依靠內部累積，或通過這一市場進行高成本的融資。這就降低了資金配置的效率，使市場行為扭曲，不利於經濟發展。肖（Shaw）也在同一年提出了類似的觀點。儘管論述問題的角度不同，但是他們的結論頗為相似，即發展中國家應推行金融深化、利率市場化政策。他們認為在發展中國家，較高的實際利率水平有助於吸引儲蓄，促使企業改善經營，提高生產效率。而提高實際利率的關鍵在於放松對利率，尤其是存貸款利率的管制。

許多經濟學家對利率管制都同樣持否定態度，認為利率管制會導致：一是福利損失，即利率扭曲會降低信貸市場的效率；二是宏觀經濟成本，即利率管制會限制儲蓄（麥金農和肖，1988）；三是微觀經濟成本，即利率管制阻礙了金融市場規模擴張，限製單個銀行獲得規模經濟收益。

麥金農（McKinnon, 1973）和肖（Shaw, 1973）的金融深化理論給人們進行利率市場化改造提供了一個理論指導。該理論認為，政府規定名義利率上限所引致的金融抑制，減少了資本累積，降低了實際經濟增長，限制了金融發展。而管理理論也表明，解除管制可以在兩個方面增進效率：首先，在管制條件下，隔絕了實際的和潛在的競爭，無效率的金融機構得以生存下來。解除管制后，無效率者將失去其生存的保護傘，面臨破產出局的危險，因而可提高效率。其次，在管制條件下，運行良好的金融機構承擔著額外的租金或費用，間接為經營虧損的機構買單，解除管制可緩解這種情況。對儲蓄和貸款資產解除管制可以擴大投資機會，在原則上減輕了風險，增進了社會福利。比如，抑制壟斷價格，提高服務水平，消除行業的過高利潤等。所以，解除對利率的管制，使利率——可貸資金的價格作為配置資源的手段和信號，發揮其應有的作用，成為了人們的共識，實行利率市場化已是一件似乎無須贅言的事。利率市場化具有的儲蓄效應、投資效應、金融深化效應，最終會促進經濟增長。

但是，也有經濟學家提出不同的看法。如 Hellmann、Murdock 和 Stiglitz（1996）提出，為避免商業銀行在貧困地區開拓過程中的利潤損失，或者避免其在發達地區因惡性競爭而導致利潤過早平均化，有必要實行利率管制。在金融服務相對不足時，政府實行利率管制可以把利率壓低到均衡利率以下，使銀行獲得超額利潤，以幫助銀行擴大金融服務。因此，他們認為選擇性干預金融約束有助於金融深化，而不是起到相反作用。在經濟落後、金融市場發展處於較低級階段的發展中國家，應實行金融約束，當市場達到一定深度后，方可放棄利率管制。Hellmann、Murdock 和 Stiglitz（2000）進一步提出，金融約束推行的時間是有存在前提的，即政府必須維持一個低通貨膨脹環境，使得實際利率必須為正且可以預測。其實質是一種漸進的改革思路。

3.1.2 各國利率市場化改革實踐

（1）發達國家的利率市場化改革

金融環境的突變，使得西方發達國家紛紛實行金融自由化。在金融自由化進程中，研究者和政策制定者對市場的看法發生了改變。逐漸擯棄了市場是脆弱的、需要控製這樣的觀點，轉而相信自由市場、自由貿易、最小政府控製是市場發展的重要條件。就銀行業而言，許多研究者認為約束金融活動導致資源配置的無效，解除利率管制應是自然之選。

下面分別就美國、日本和德國的利率市場化改革進行簡要回顧。

美國在 20 世紀 60 年代后期開始出現了「金融脫媒」現象。聯邦儲備體系的 Q 條例對商業銀行的利率管制使得商業銀行在激烈的競爭中失去優勢，於是它們紛紛利用各種手段和方式逃避管制。金融管理當局面對各方的責難，於 1970 年開始醞釀利率市場化改革，到 1982 年正式實施，完成於 1986 年，經歷了較長的時間，取得了一定的成績：「金融脫媒」現象得到抑制，利

率的敏感性增強。解除管制也加劇了銀行業間的競爭，在利率市場化改革過程中，商業銀行的風險增加，期間倒閉的銀行數逐年上升。

　　日本從 1974 年開始，經濟陷入滯脹泥潭。日本政府為解困而大量發行國債，這些國債由金融機構組成的銀行團承辦，其利率較低，且不能在市場出售，這使銀行因大量國債積壓而影響資金的流動性和收益性。於是銀行要求國債上市交易。1977 年，日本大藏省批准商業銀行承購的國債在持有一段時間后上市流通。國債的流通促進了日本利率的市場化發展。隨後又在發行的債券品種上進一步豐富，引入短期國債，有力地促進了市場利率的形成。日本利率市場化是從國債交易利率和發行利率的市場化開始的。到 1991 年，日本的定期存款利率基本實現市場化，同時，對貸款利率也逐漸市場化。此外，日本實行浮動匯率制也促進了利率的市場化發展。到 1994 年 10 月，日本實現了利率完全市場化。

　　前聯邦德國的利率市場化始於 1962 年對《信用制度法》的修改，同年 2 月縮小了利率限制的對象。隨後逐漸對利率管制予以解除，逐步向利率市場化邁進。到 1967 年 4 月，全面解除存貸款利率的限制，實現了利率的市場化。

　　（2）發展中國家利率市場化改革

　　發展中國家的利率市場化改革對其經濟發展和經濟增長具有重要的意義。隨著世界經濟一體化的推進，許多發展中國家也面臨金融自由化的壓力。在亞洲，韓國、馬來西亞等國家於 20 世紀 80 年代先后實行了利率市場化。

　　韓國的利率市場化始於 20 世紀 80 年代，從政府主導型的管理政策轉向以市場為導向的經濟管理政策，逐步放開對利率的管制。1981 年 6 月引入無管制的商業票據。到 1988 年年底，韓國政府放寬了對多數存貸款利率的管制。但是，隨後出現經濟惡化，使得韓國不得不重新對利率實行管制。到 1991 年 8 月才開始新一輪放開利率的計劃。到 1997 年，逐步放開活期存款利率，完全實現利率的市場化。

馬來西亞的利率市場化改革起步較早，在1971年就開始嘗試將4年期以上的存款利率由銀行自行依據市場供求決定。但真正開始大規模進行利率自由化改革是在1987年開始的，當時的馬來西亞貨幣當局完全放開了商業銀行的存款利率。但是，在1985—1986年間，馬來西亞出現了金融危機，政府又實行利率管制。到1991年初，再次取消對所有利率的管制。

雖然韓國和馬來西亞的利率市場化改革過程中都曾遭受挫折，但總的來說還是比較成功的。利率市場化改革對它們的經濟產生了顯著的正面影響，實際利率也由負轉為正，促進了經濟增長。

但是，也有一些國家在實施利率自由化改革之后，出現了嚴重的金融危機，比如阿根廷、智利。

（3）對利率市場化的實證分析文獻

在實施利率市場化改革的基礎上，一些學者就某些國家的利率市場化改革對經濟的影響進行了實證分析。Fry（1980）的實證研究結果表明，在亞洲，平均實際利率向均衡的自由市場利率每上漲1%，經濟增長將提高0.5%。Lanyi 和 Saracoglu（1983）對21個發展中國家在1971—1980年中的實證研究發現，實際利率和金融資產增長率與國內生產總值增長率之間是正相關的。世界銀行（1989）的研究結果也是類似的，正的實際利率國家的投資效率比那些具有負的實際利率的國家高四倍。Gelb（1989）也發現1965—1985年間34個國家的實際利率與經濟增長之間具有正的相關關係。王國松（2001）對中國經濟增長率關於一年期的名義、實際存款利率為自變量的迴歸檢驗表明，實際存款利率與經濟增長正相關，而名義存款利率則表現出不顯著的負相關。

3.1.3 中國利率市場化的現實選擇

儘管對於利率市場化，理論上有爭論，實踐結果有差異，而實證研究的結果在一定程度上支持利率市場化。不過，對於

中國的情形，則需要冷靜分析。中國的利率市場化，雖然受到了麥金農和肖的金融抑制論的影響，但是，對於中國實行利率市場化改革的偉大實踐，則主要是由於中國的市場經濟改革在金融領域裡對可貸資金價格放開的必然要求。

對於中國這樣的轉型國家來說，按照麥金農和肖的理論所提出的「較高的實際利率水平才有助於經濟發展的觀點」並不成立。首先，由於當前市場分割和資本市場不發達，即使在實際利率為負的情況下，中國的儲蓄仍然是增長的，而且快於GDP的增長率。當然，其原因是多方面的。這表明，在中國，無須較高實際利率便可形成儲蓄的穩定增長。其次，該理論有個隱含的假定：高儲蓄就意味著高投資。但是，在中國，金融市場目前還相對落后，儲蓄向投資轉化的渠道並不十分暢通。最后，即使形成高額投資，這些投資也並不意味著是有效的。實際上，由於銀行業的貸款相當長一段時期以來主要貸給國有企業①，而國企效率低下的問題並未全面改觀。與此相對應的，非國有企業融資難的問題仍然比較突出。非正規金融的發展目前還受到相當嚴重的抑制。所以，較高實際利率有助於投資效率提高的論據在中國並不成立。

而金融約束論所倡導的是通過金融約束在一定時期內幫助銀行獲得超額利潤以擴大金融服務的觀點，從中國的改革實踐來看，也不是十分合適的。一個關鍵的問題是，國有銀行所具有的產權結構缺陷及公司治理結構不健全，使得國有銀行的決策目標與成熟市場經濟國家中的私營銀行並不完全相同，預算軟約束問題相當嚴重。金融約束所提供的保護並不是給銀行帶來寶貴的發展之機，而是使銀行安於低效率的運作，導致資源配置的無效率，出現大量不良貸款。正如吳璟桉（2003）在其博士論文中指出的，中國的改革是外生推動的，而西方國家利率市場化改革是內生演進型，兩種情況下，參與者的動力是不

---

① 這當然有其歷史制度的原因。

同的。中國的商業銀行在改革之初，其追求創新、規避風險、力圖繞過監管追求利潤最大化的動力幾乎是不存在的。正因為如此，他們對利率的變化很不敏感。

本書認為在中國這樣一個實施漸進改革的轉型經濟國家，國有商業銀行占壟斷地位，具有大量不良貸款，在利率市場化進程中必然會表現出利率風險管理的獨特性。其主要特點是：第一，改革前，國有成分占絕大部分，國有商業銀行具有壟斷力量；第二，國有商業銀行的所有權性質使得它的行為表現出一定獨特性；第三，商業銀行的利率風險管理是在利率市場化的背景下進行的；第四，這樣的利率市場化進程是政府外生推動的；第五，占銀行業主要部分的國有商業銀行具有大量的不良貸款；第六，利率市場化改革的背景是，許多必要的利率產品並不存在，金融市場還很不健全；第七，市場是分割的，尚未形成連通的統一的市場。

3.2　中國利率市場化進程回顧及特點

本節先探討中國利率市場化改革的總體思路，分析改革次序安排，接著回顧中國的利率市場化改革進程，最后分析利率市場化改革的特點。

3.2.1　中國利率市場化改革思路與改革次序安排

在向市場經濟轉軌推進到一定階段之后，中國終於在1993年拉開了利率市場化改革的序幕。與中國的漸進式經濟改革路徑相一致，利率市場化改革也採取了逐步推進的方式。其總體思路是先放開貨幣市場利率和債券市場利率，再逐步推進存、貸款利率的市場化。存、貸款利率市場化按照「先外幣、后本幣；先貸款、后存款；先長期、大額；后短期、小額」的順序進行，逐步建立起由市場供求決定金融機構存、貸款利率水平的利率

形成機制，中央銀行調控和引導市場利率，使市場機制在金融資源配置中發揮主導作用。這樣的改革思路體現了審慎改革的特徵，保持了金融、經濟的穩定性和改革的可控性。

參考人民銀行貨幣政策司司長、中國人民銀行貨幣政策委員會秘書長戴根有對改革次序的分析，我們認為改革的先後次序是穩健改革思路的體現：

（1）外幣利率改革在先，是因為管理當局無法完全控製外幣利率的調整。如境內美元存款利率，當局對其只有有限的控製能力。美元作為強勢貨幣，在逐利動機下幾乎可以在全世界迅速流動。為保持中國資本項目基本平衡，同時盡量避免中資商業銀行經營外幣業務時出現虧損，境內外幣存款利率需要及時跟蹤國際金融市場利率。2000年9月改革外幣利率，放開大額定期外幣存款利率，同時保留對小額存款利率的調控權，主要是考慮如果出現中美經濟週期不一致，有利於控製境內本外幣利差，有利於保持人民幣利率政策的獨立性。大額外幣存款在境內、外轉移的成本相對較低，控製較難，而小額外幣存款轉移成本相對較高，控製較易，所以可區別對待。中國先對外幣利率而非本幣利率改革，還有一個重要原因是，當前中國參與國際業務的企業、個人經濟實力較強，對利率市場化較易接受，也更能抵禦利率市場化帶來的不確定性風險。這樣，先放開外幣利率對經濟的影響是小範圍的、局部的，是可以承受的。先放開大額、定期，后放開小額活期利率，也是為便於控製。因為這樣的改革順序可以在一定程度上減少資金在短期內大進大出，從而降低了引起金融動盪的可能性。

（2）堅持先貸款、后存款的順序，是因為，從世界各國利率市場化的實踐和中國推進利率市場化的經驗看，最難操作的是存款利率的市場化。在各國利率市場化實踐中，貸款利率一般都較早實現了市場化，因此通常所說的利率市場化，主要是指存款利率的市場化。存款利率市場化較晚實行是因為存款市場競爭的主動權在存款銀行。對於單個商業銀行來說，存款至

關重要，先有存款增長，才可能有貸款的增長。如果商業銀行沒有自我約束力，高息攬儲，容易出現不計成本的惡性競爭。商業銀行爭奪存款的惡性競爭，必然導致嚴重虧損，由此會導致一系列不良后果。事實上，在中國的商業銀行發展過程中，在農村信用合作社搞利率市場化改革試點的經驗教訓也證明了這一點。在商業銀行國有產權虛置的情況下，對銀行經營失敗的后果，銀行不必獨自承擔，存在嚴重的預算軟約束問題，缺乏來自產權的約束力。一旦盲目放開，銀行勢必不顧后果，惡性擴張，搞亂市場，擾亂經濟。

（3）利率市場化改革中，堅持先長期、后短期的原則，是因為只有這樣，才有利於控製商業銀行和企業的流動性風險。先長期、后短期，有利於商業銀行和企業資金來源趨向長期化；而先短期、后長期，則可能使商業銀行和企業資金來源趨向短期化，資金的穩定性必將趨弱，流動性風險可能增加。韓國金融危機的深刻教訓，是在過早放開資本項目可兌換的基礎上，又出現利率市場化的順序失誤，即先放開了短期利率，結果商業銀行和公司大量借入短期外債，用於長期投資。亞洲金融危機期間，外國債權人拒絕對韓國商業銀行和公司的短期借款展期，國際貨幣基金的援助又附加苛刻的條件，結果國內金融機構支付危機很快導致其貨幣危機和金融危機。

因此，中國採取「五先五后」的利率市場化改革步驟，是出於保持經濟金融穩定、保證改革進程的風險可控性的考慮而提出的。實際上是採取先外圍、后核心，先小範圍觀察試點、后大面積鋪開的方法。

3.2.2 中國利率市場化改革相對滯后的一個解釋

中國自1978年開始，採取漸進式的改革之路，逐步放開價格，以搞活經濟。但金融領域的改革開放卻顯得相對滯后，尤其是利率市場化改革，是在改革推進到一定階段之后才著手進行的。究其原因，一是真正意義上的金融機構的自身形成和發

展相對滯后。改革之初，中國的銀行不是真正意義上的銀行，而是財政的出納。1979年10月，鄧小平同志提出「要把銀行作為經濟發展、革新技術的槓桿，要把銀行辦成真正的銀行」，才開始了中國金融組織體系的重構工作。

二是因為利率作為可貸資金的價格，與商品價格相比有很大的不同：一方面，貨幣資金的全球流動迅速而快捷；另一方面，現代商業銀行所具有的信用創造功能可以實現資產和負債同時擴張，其財務槓桿率卻比工商企業高得多，成為一個高風險行業。更重要的是，金融領域的失敗具有更為迅速、更為嚴重的擴散效應，必然會波及整個國民經濟。一旦採取利率市場化改革，在管制階段所潛伏的風險必然顯現，而且可能激化。因此，利率市場化改革比商品價格改革具有更大的風險，管理當局自然慎之又慎。

三是因為商業銀行的巨額不良資產。一方面，由於商業銀行巨額的不良資產，國家為控製金融風險，不得不繼續控製金融。而且由於金融機構的產權大多屬於國有，這更加大了國家控製金融風險的必要性。另一方面，只有在金融控製下，低效率的國有企業才可能得到金融補貼。在體制外經濟力量不斷壯大的同時，國有企業的虧損數量和虧損金額卻在不斷增加，這使得國家更有必要通過控製金融提供給國有企業低利率以保證其生存。

3.2.3 中國利率市場化進程簡要回顧

在1949—1978年的30年計劃經濟時期，中國利率受到嚴格管制，政府包攬了一切利率的制定，並不把利率作為配置資金的一種手段，那時的利率嚴格說來並不是真正意義上的資金價格。期間官方利率也很少調整，只進行了9次（黃金老，2001）。如果從對國有企業和私營企業的活期存款利率的調整來看，這期間實際上只調整了6次。1978年以後，嚴格的利率管制政策有所鬆動。

（1）從 1978—1996 年，是利率市場化改革準備階段。中國的利率市場化改革始於 1978 年，當時全國只有一家銀行，所謂利率實際上就是銀行利率，沒有其他利率形式。而且利率的檔次很少，不同檔次的利差很小，總體而言利率偏低，主要是為當時高度集中的經濟發展戰略服務。1978—1996 年期間，國家加大了利率調整的頻率，共計調整了 13 次。1978—1985 年間，中國人民銀行先后調整了 5 次利率，其中 1985 年就調整了兩次，主要是與當年的通貨膨脹率較高有關，但這兩次調整表明政府已開始關注名義利率與實際利率的關係。各檔次（如 3 年、5 年、8 年期）利率的利差也明顯拉大。1990—1991 年間，政府 3 次下調銀行存貸款利率。從 1992 年開始，人民銀行開始注重利率結構的調整，出抬了利率補貼措施，明確了特定貸款利率，規定與住房改革配套的存貸款利率，調整外幣存款利率，以進一步理順利率體系，逐步向國際銀行業的習慣做法靠攏。1993 年由於經濟過熱，政府兩次上調利率。到 1996 年，中國逐步提高了存貸款利率，以抑制期間出現的通貨膨脹，實行適度從緊的貨幣政策，使中國經濟成功實現軟著陸（黃華莉，2002）。

這期間，國家開始嘗試進行利率市場化改革試點。1986 年 9 月，國家體改委和中國人民銀行正式批准溫州市為全國金融體制改革和利率市場化改革試點城市。1993 年 12 月，國務院頒布《關於金融體制改革的決定》，首次明確提出中國貨幣政策的最終目標、仲介目標和政策工具，並為利率市場化環境建設作了部署。

（2）1996 年至今，是利率市場化推進階段。在 1996 年以后，管理當局加快了利率市場化的步伐，建立了全國統一的銀行間同業拆借市場。1996 年 6 月放開了同業拆借利率，並試行部分國債發行利率的市場招標機制，同時放開了債券市場的債券回購和現券交易利率，實現了國債一級市場和二級市場的利率市場化。1997 年 6 月，又建成了銀行間債券市場，實現了銀行間債券利率的市場化。1998 年 3 月，改革再貼現利率以及貼

现利率的生成機制，放開了貼現和轉貼現利率。1998年9月放開了政策性銀行發行金融債券的利率，1998年9月2日，國家開發銀行在銀行間債券市場首次運用市場利率招標方式發行一年期金融債券。隨后，銀行間債券市場發行利率全面放開。1998年10月和1999年9月，中央銀行兩次擴大了商業銀行對中小企業貸款利率的浮動幅度。1999年7月，中央銀行放開了外資銀行人民幣借款利率；同年9月成功實現國債在銀行間債券市場利率招標發行；同年10月放開了保險公司5年以上、3000萬元以上的存款利率。2000年9月21日，放開了外幣存貸款市場，實行了外幣存貸款利率的市場化，這是中國利率市場化的重要步驟之一。1996年5月1日至2002年2月21日先后共8次降息，其中存款利率累計下調5.98個百分點，貸款利率累計下調6.97個百分點。

  2002年，在全國八個縣農村信用社進行利率市場化改革試點，貸款利率浮動幅度擴大到100%，存款利率最高可上浮50%。2003年12月，再次擴大金融機構貸款利率浮動空間，同期，將金融機構在人民銀行的超額準備金存款利率由1.89%下調至1.62%。2004年3月，中央銀行決定實行再貸款浮息制度。2004年10月28日，中國人民銀行再次宣布進一步放寬金融機構（除城鄉信用社外）的貸款利率浮動區間，原則上不再對貸款利率設定上限。同時，允許人民幣存款利率下浮，但不得上浮。這一政策的出抬，基本上賦予了金融機構自主定價的權利，作為利率市場化改革的核心環節——存貸款利率的放開已經有實質性的突破。2005年2月20日，中國人民銀行公布《商業銀行設立基金管理公司試點管理辦法》，2005年3月17日，調整商業銀行住房信貸政策，同時下調金融機構在人民銀行的超額準備金存款利率。由當時的年利率1.62%下調到0.99%，法定準備金存款利率維持1.89%不變。2005年3月21日，信貸資產證券化試點工作正式啓動。經國務院批准，國家開發銀行和中國建設銀行作為試點單位，分別進行信貸資產證券化和住房抵

押貸款證券化的試點。2005年4月28日，上調金融機構貸款基準利率，其中一年期的貸款基準利率上調0.27個百分點，由5.58%提高到5.85%。其他各檔次貸款利率也相應調整。金融機構存款利率保持不變。2005年5月，中國人民銀行宣布全國銀行間債券市場債券遠期交易管理規定。2006年2月，開展人民幣利率互換交易試點。2006年4月24日，推出銀行間外匯掉期交易，建立了完全基於利率平價的人民幣遠期定價機制。2006年4月28日，上調金融機構貸款利率，一年期的貸款利率由5.58%調到5.85%。2006年7月5日，提高人民幣存款準備金率0.5個百分點。2006年8月15日，再次提高人民幣存款準備金率0.5個百分點。2006年8月19日，上調存貸款基準利率，一年期存款利率從2.25%提高到2.52%，一年期的貸款利率從5.85%提高到6.12%。2006年9月6日，中國人民銀行決定建立報價制的中國貨幣市場基準利率，稱為「上海銀行間同業拆放利率」（Shibor）。2006年9月15日，將外匯存款準備金率3%提高到4%。可以看出，近一段時間來，央行明顯加快了干預調整利率的頻率。中國目前的利率市場化改革進入攻堅階段，其突破點在於放開貸款利率下限和存款利率上限（李志慧，2006）。

關於中國歷年來銀行一年期存、貸款利率，存貸利差和實際利率的變化情況請參見表3.1。中國的利率市場化進程中的大事件，請參見表3.2。

表3.1 歷年來銀行一年期存、貸款利率，存貸利差和實際利率

單位:%

調整時間	存款利率	貸款利率	存貸利差	實際存利	實際貸利
1979.4.1	3.96	5.04	1.08	1.96	3.04
1980.4.1	5.4	5.04	-0.36	-0.6	-0.96
1982.4.1	5.76	7.2	1.44	3.86	5.3

表 3.1（續）

調整時間	存款利率	貸款利率	存貸利差	實際存利	實際貸利
1985.4.1	6.84	7.92	1.08	-1.96	-0.88
1985.8.1	7.2	7.92	0.72	-1.6	-0.88
1988.9.1	8.64	9	0.36	-9.86	-9.5
1989.2.1	11.34	11.34	0	-6.46	-6.46
1990.4.15	10.08	10.08	0	7.98	7.98
1990.8.21	8.64	9.36	0.72	6.54	7.26
1991.4.21	7.56	8.64	1.08	4.66	5.74
1993.5.15	9.18	9.36	0.18	-4.02	-3.84
1993.7.11	10.98	10.98	0	-2.22	-2.22
1994.7.1	10.98	10.98	0	-10.72	-10.72
1995.1.1	10.98	10.98	0	-3.82	-3.82
1996.5.1	9.18	10.98	1.8	3.08	4.88
1996.8.23	7.47	10.08	2.61	1.37	2.54
1997.10.23	5.67	8.64	2.97	4.87	7.84
1998.3.25	5.22	7.92	2.7	7.82	10.52
1998.7.1	4.77	6.93	2.16	7.37	9.53
1998.12.7	3.78	6.39	2.61	6.38	8.99
1999.06.10	2.25	5.85	3.6	5.25	8.85
2002.02.21	1.98	5.31	3.33	2.28	5.61
2004.10.29	2.25	5.58	3.33	-1.15	2.18
2006.04.28	2.25	5.85	3.6	1.65	5.25
2006.08.19	2.52	6.12	3.6	1.62	5.22

數據來源：《中國金融年鑒》各期以及《中國人民銀行統計季報》各期。

表 3.2　　　　　　　中國利率市場化改革大事件

時　間	大　事　件
1986 年初	中國人民銀行允許各金融機構貸款利率可在中國人民銀行公布的法定利率基礎上適當上浮。
1986 年 9 月	國家體改委和中國人民銀行正式批准溫州市為全國金融體制改革和利率市場化試點城市。
1993 年 12 月	國務院頒布《關於金融體制改革的決定》，其中首次明確提出中國貨幣政策的最終目標、仲介目標和政策工具，並為利率市場化環境建設作了部署。
1996 年 1 月	全國統一銀行間拆借市場建立。
1996 年 4 月	中央銀行首次啟用本幣公開市場操作；國債發行正式以價格招標進行，標誌著國債發行利率市場化的開始。
1996 年 6 月	放開同業拆借利率，實現了同業拆借利率的市場化。
1997 年 6 月	銀行間債券市場正式啟動，同時放開了債券市場債券回購和現券交易利率。
1998 年 1 月 1 日	中央銀行取消了對商業銀行的信貸規模限制，開始實行資產負債比例管理和風險管理，意味著中央銀行間接調控宏觀經濟的開始。
1998 年 3 月	準備金制度改革，向著國際慣例靠近；改革貼現和再貼現利率生成機制，使再貼現利率首次成為獨立基準利率；貼現利率在再貼現利率基礎上浮動，向央行間接調控基礎貨幣和貼現利率邁出了重要一步；中央銀行分行跨行政區域設置的新管理體制建立，標誌著央行獨立行使貨幣政策和金融監管的開始。
1998 年 9 月	政策性銀行金融債券實行利率招標發行，金融債券利率市場化開始；開始對外幣存款實行浮動利率制；金融機構對小企業的貸款利率浮動幅度由 10% 擴大到 20%，農村信用社的貸款利率最高上浮幅度由 40% 擴大到 50%。

附表 3.2（續）

時　間	大　事　件
1999 年 4 月 1 日	中國人民銀行頒布《人民幣利率管理規定》，首次從法規角度明確規定金融機構擁有一定的利率制定權。
1999 年 9 月	成功實現國債在銀行間債券市場利率招標發行。
1999 年 10 月	對保險公司大額定期存款實行協議利率；允許縣以下金融機構貸款利率最高可上浮 30%，並將對小企業貸款利率的最高可上浮 30% 的規定擴大到所有中型企業。
2000 年 9 月	開始實行新的小額外幣存貸款利率市場化。
2000 年 9 月 21 日	對 300 萬美元以上的大額外幣存款實行協議利率，並報中央銀行備案。這進一步放開了外幣存款利率。
2001 年 12 月 9 日	《中國人民銀行關於外資金融機構市場准入有關問題的公告》發布，中國銀行業開始履行入世承諾。
2001 年 12 月	中國人民銀行下發文件，在農村信用社選擇 8 個試點單位進行利率改革試點，允許存款利率上浮 20%，貸款利率上浮 70%（最多不超過 100%）。這 8 個單位在 2002 年上半年陸續啟動試點。
2002 年 3 月	統一了對中資機構和外資機構的外幣利率管理政策。將境內外資金融機構對中國居民的小額外幣存款，納入人民銀行現行小額外幣存款利率管理範圍，實現中外資金融機構在外幣利率政策上的公平待遇。
2002 年 12 月	向外資開放 4 個城市人民幣業務，至此，共開放了 9 個城市人民幣業務；全國農村信用社系統普遍推行利率改革試點，原 8 個試點擴大到其所在地區農村信用社，未參加試點的地區每個省選擇 1~2 個縣市開展試點；存款利率在人行公布的基準利率的基礎上原則上可上浮 30%（最高不超過 50%）；實現銀行信貸登記諮詢系統全國聯網，標誌徵信體系建設的良好開端。
2003 年 4 月	對金融機構進入全國銀行間債券市場由審批制改為准入備案制。
2003 年 6 月	農村信用社體制改革啟動。

附表 3.2（續）

時　　間	大　事　件
2003 年 12 月	建設銀行、中國銀行從外匯儲備中各獲得 22.5 億美元的資金注入，並確定其改制上市；首只貨幣市場型基金正式成立。
2004 年 1 月 1 日	擴大金融機構貸款利率浮動區間：在中國人民銀行制定的貸款基準利率基礎上，商業銀行、城市信用社貸款利率的浮動區間上限擴大到貸款基準利率的 1.7 倍，農村信用社貸款利率的浮動區間上限擴大到貸款基準利率的 2 倍，金融機構貸款利率的浮動區間下限保持為貸款基準利率的 0.9 倍不變。
2004 年 3 月 25 日	實行再貸款浮息制度。
2004 年 10 月 29 日	放開了商業銀行貸款利率上限，城鄉信用社貸款利率浮動上限擴大到基準利率的 2.3 倍。實行人民幣存款利率下浮制度。
2004 年 10 月	中國人民銀行宣布對利率進行調整，金融機構一年期存款基準利率上調 0.27 個百分點，一年期的基準貸款利率由 5.31% 提高到 5.58%，同時取消城鄉信用社的貸款利率上限和存款利率下限。
2005 年 2 月 20 日	中國人民銀行公布《商業銀行設立基金管理公司試點管理辦法》。
2005 年 3 月 17 日	調整商業銀行住房信貸政策，同時下調金融機構在人民銀行的超額準備金存款利率。由現行年利率 1.62% 下調到 0.99%，法定準備金存款利率維持 1.89% 不變。
2005 年 3 月 21 日	信貸資產證券化試點工作正式啓動。經國務院批准，國家開發銀行和中國建設銀行作為試點單位，將分別進行信貸資產證券化和住房抵押貸款證券化的試點。
2005 年 4 月 20 日	中國人民銀行宣布信貸資產證券化試點管理辦法。
2005 年 4 月 28 日	上調金融機構貸款基準利率。其中一年期的貸款基準利率上調 0.27 個百分點，由 5.58% 提高到 5.85%。其他各檔次貸款利率也相應調整。金融機構存款利率保持不變。

附表 3.2（續）

時　　間	大　事　件
2005 年 5 月	中國人民銀行宣布全國銀行間債券市場債券遠期交易管理規定。
2006 年 1 月 4 日	在銀行間即期外匯市場引入詢價交易方式（OTC 方式）。
2006 年 1 月 13 日	發布《中國人民銀行關於 2006 年再貸款浮息有關問題的通知》。
2006 年 2 月	中國人民銀行宣布開展人民幣利率互換交易試點。
2006 年 3 月 29 日	發布《中國人民銀行信用評級管理指導意見》。
2006 年 4 月 24 日	推出銀行間外匯掉期交易，建立了完全基於利率平價的人民幣遠期定價機制。
2006 年 4 月 28 日	上調金融機構貸款利率，一年期的貸款利率由 5.58% 調到 5.85%。
2006 年 7 月 5 日	提高人民幣存款準備金率 0.5 個百分點。
2006 年 7 月 6 日	發布《中國人民銀行關於貨幣經紀公司進入銀行間市場有關事項的通知》。
2006 年 8 月 15 日	再次提高人民幣存款準備金率 0.5 個百分點。
2006 年 8 月 19 日	上調存貸款基準利率，一年期存款利率從 2.25% 提高到 2.52%；一年期的貸款利率從 5.85% 提高到 6.12%。
2006 年 9 月 6 日	中國人民銀行決定建立報價制的中國貨幣市場基準利率，稱為「上海銀行間同業拆放利率」（Shibor）。
2006 年 9 月 15 日	將外匯存款準備金率 3% 提高到 4%。
2007 年 1 月	中國貨幣市場基準利率 Shibor 開始正式投入運行。
2007 年 3 月 17 日	中國人民銀行宣布調高人民幣存貸款利率 0.27 個百分點。

資料來源：中國人民銀行網站、「貨幣政策大事記」《中國人民銀行文告》。

3.2.4 中國利率市場化改革的特點

分析中國利率市場化進程，可以發現其具有以下特點：
（1）政府推動型

從改革的發展路徑可以看出，中國的利率市場化改革是自上而下的政府推動型，表現出外生性推動的特徵。首先，政府決策目標具有多重性。政府不僅要關注經濟增長，提升綜合國力，還要考慮增加就業，保持穩定。因此，政府需要在改革速度和經濟穩定之間權衡。其次，政府推動下微觀經濟主體的創新動力相對不足。在國有企業包括國有商業銀行的產權改革相對滯后的狀況下，國有商業銀行並沒有內生的改革需求，所以表現出創新動力不足。往往是政府推一推，銀行動一動。政府必須積極推進產權改革，以從根本上改變國有商業銀行的行為模式。引入戰略投資者，改制上市，建立股份制商業銀行，都是為了從內外兩個方面給國有商業銀行增加生存壓力，激發其創新動力。產權改革不到位導致國有商業銀行預算軟約束問題嚴重，商業銀行行為異化。商業銀行不顧成本，高息攬存，忽視盈利，形成巨額不良貸款，而且新的不良貸款不斷出現。央行不得不對有關金融機構實行「終身責任制」等措施來約束商業銀行的行為，加強風險管理，卻又出現「惜貸」現象。究其原因，除了國有產權虛置之外，政府所採取的監控措施本身就是非市場化的。

（2）漸進性

改革的路徑表現出漸進性。原因是，在改革之初，在市場經濟理念、金融市場的基礎條件、金融產品的豐裕度、金融市場的微觀主體和政府宏觀調控的政策工具及其傳導機制等方面都相當薄弱，決定了利率市場化改革需要一段較長的適應期。

高度集中的金融制度安排下，任何市場經濟的萌芽都不可能得到生存的機會。因此，在改革的初始階段，關鍵的是要培育市場經濟的理念，要讓作為資金提供方的商業銀行和資金需

求方的企業具有市場經濟的理念，需要一定的宣傳教育期。中國的撥改貸、利率市場化改革試點等，在某種意義上說都具有普及市場經濟理念的作用。金融交易的市場基礎設施的建立，各種金融市場的建立，不是一蹴而就的。金融市場分為有形市場和無形市場，兩者的建立和完善都需要一定的時間，依賴於信息技術的發展，更取決於人們的市場經濟理念的培育。中國的銀行同業拆借市場是1996年才建立的，銀行間債券市場1997年建立。至今銀行間債券市場和交易所債券市場還存在著嚴重的分割。目前，中國還沒有建立一個高效運作、管理科學、產品豐富、交易頻繁的金融衍生品市場，沒有一個成熟的可供交易的平臺。金融產品，尤其是衍生金融工具還相當少，還沒有形成有規模的利率期貨、期權以及利率互換等利率衍生品交易。當然，單純建立這樣的交易平臺並不難，但是，市場經濟理念尚未建立之前，這樣做恐怕是弊多利少，達不到管理風險的目的。利率期貨市場等開了又關就是這樣的例子。改革之初，國有商業銀行產權虛置導致其行為異化，他們並不關心銀行的盈利能力，沒有生存壓力，所以才會出現存貸利率的倒掛現象（從圖3.1和圖3.2可以清楚地看到這一點）。沒有自負盈虧、追求利潤最大化的市場經濟參與者，利率市場化無從談起。同樣，政府要從直接控製金融資源配置轉向依靠市場力量來達到間接影響資金的配置效率，也是一個漸進過程。國際上常見的三大間接調控政策手段為：再貼現率、法定準備金率和公開市場操作，也是逐步建立起來的。《國務院關於金融和體制改革的決定》中明確將三大貨幣政策工具列為中國以後的重要貨幣政策工具，為管理當局逐漸使用這些政策工具來實施貨幣政策提供了政策支持。

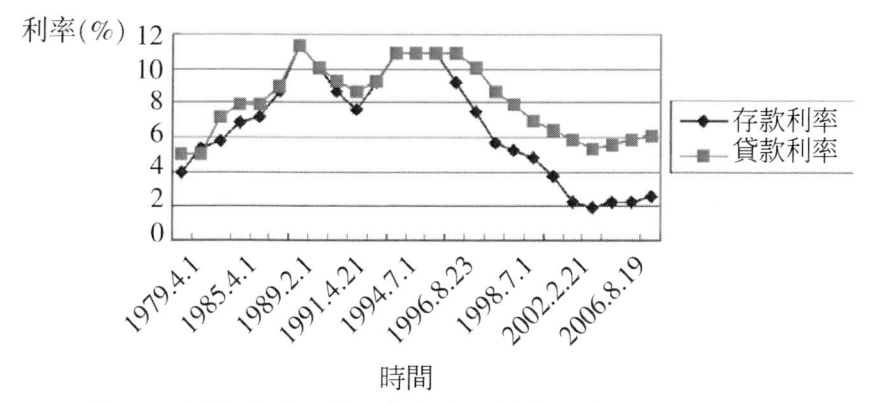

圖 3.1　歷年來人民幣一年期存、貸款利率（1976—2006）

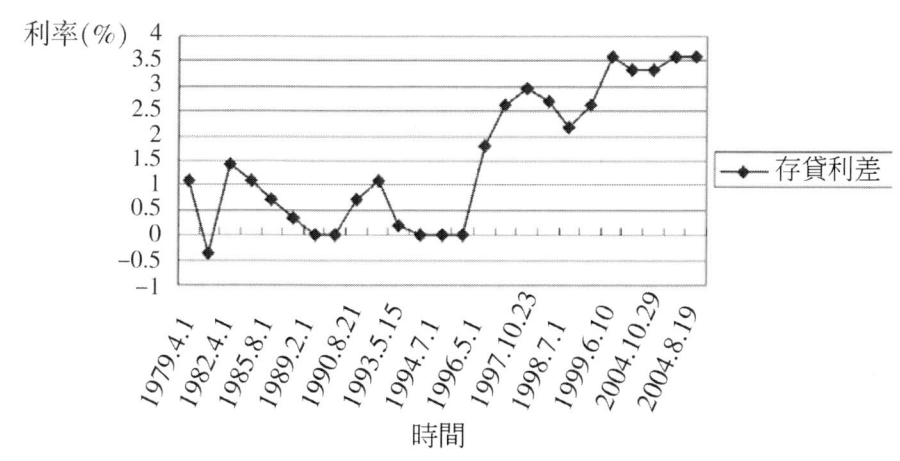

圖 3.2　歷年來人民幣一年期存貸利差（1976—2006）

　　政府保持經濟穩定性的政策目標也決定了其改革推進過程中的漸進性。在改革之初，國有銀行是銀行業的主體，而國有經濟是整個經濟的主體。作為高度集權的經濟體制在金融領域的延伸，政府也採用高度集權的金融制度，來為公有制經濟服務。隨著非公有制經濟逐漸成為推進國民經濟增長的主要力量，公有制經濟的低效率問題也日益突出。據世界銀行（1996）統計，到了 1994 年，國有企業以占工業投資總額 73.5% 的投入只得到 34% 的產出，國有工業企業每單位產量的資本占用量高出非國有工業企業兩倍以上。因此，誰才是經濟中真正的主體，

答案已經改變。政府的穩定性目標促使其將金融工作的重心轉向扶持已經占主體的非公有制經濟。相對於體制外經濟增量的迅速發展，中國非國有的銀行成分發展不足，無法支撐起非公有制經濟的迅速發展，造成了非公有制經濟發展的資金瓶頸。但要打破瓶頸制約，必須穩步進行。

（3）謹慎性

中國利率市場化進程所採取的「五先五后」的改革思路，表明了管理當局對改革的次序是進行了仔細研究的，充分體現了謹慎性改革的特點。此外，改革所採取的試點—推廣模式也是謹慎性改革的又一證明。整個利率市場化改革進行到目前的階段，既考慮了中國利率改革之初的國情，包括市場觀念、市場設施、金融產品、微觀主體以及貨幣調控工具和金融交易的狀況等，又考慮了金融交易參與者的承受能力。

3.3 對今后利率市場化改革的展望

1998年1月1日，以中央銀行取消信貸規模限制為標誌，中國進入了間接調控宏觀經濟的時代，開始實施利率市場化改革，其核心部分是存貸款利率市場化改革。到2006年年底，利率市場化改革進入攻堅階段，關鍵的突破點就在於放開貸款利率下限和存款利率上限。

3.3.1 改革的主導力量

政府仍是主導力量。通過以上對利率市場化進程的特點分析，我們可以預見，利率市場化的攻堅階段，仍將是政府主導的。因為到目前為止，儘管中國國有商業銀行的產權改革不斷深入，採取引入戰略投資者、改制上市等手段明晰產權，形成相應的激勵約束機制，但國有產權仍然占主要部分，仍然存在較為嚴重的委託—代理問題。所以它還不是完全意義上的追求

盈利與自律的市場經濟參與主體。同時，由於金融風險的迅速擴散性，政府對股份制商業銀行的發展，尤其是民間金融的合法化問題還持審慎態度，寧願通過註資、上市等方式改造國有商業銀行。所以，儘管微觀經濟主體的金融創新不斷給政府以反作用力，但仍不大可能出現微觀經濟主體代替政府的主導地位來推進改革。

3.3.2 改革的速度

今后相當一段時間內，利率市場化改革步伐將以穩步推進為主。但到一定階段後，可能採取激進的方式，一舉完成利率市場化改革。關鍵的分水嶺必須考慮兩個因素：改革的承受力和激進與漸進改革的成本收益比較。外部壓力將是決定改革推進速度的一個重要因素。

3.3.3 利率市場化改革的總體進度

根據中國加入 WTO 所作的承諾，中國最終實現利率完全市場化的時間已為期不遠。今后的利率市場化改革將會根據市場的承受力適當提速。這一方面是因為經過前期改革實踐，市場對利率市場化的認同度已經大大提高，也累積了一定的風險管理經驗；另一方面是外資入駐所形成的外部壓力。

為什麼目前還沒有放開存款利率上限和貸款利率下限？中國貸款利率先放開上限穩住下限，一個重要的原因就是國有企業產權虛置，銀行不必為自己的錯誤決策負全責，導致其盲目競爭，爭相以降價（降低貸款利率）方式拼搶所謂的優質客戶，而不是通過提供高效優質的服務來吸引客戶。單個銀行間的盲目競爭實際上給整個銀行業帶來了巨大的潛在風險。因此，央行目前先將下限控製住，避免各銀行惡性競爭。同時也避免作為利潤中心的分支行向各總行的價格「倒逼機制」。同樣，暫時控製存款利率的上限也是為了避免商業銀行的惡性競爭，紛紛提高存款利率來吸納存款，是為了防止存貸款利差減少，增加

銀行風險。此外，商業銀行對政府的穩定目標很清楚，知道自己一旦跌倒，政府必定來救。所以力圖擴大經營規模，極力吸納存款，以期「大而不倒」。

關於先放開貸款利率下限還是存款利率上限的問題，央行可以根據目前市場的表現來決定。對貸款利率下限，有兩種可能的選擇：一是進一步放大波動幅度，觀察市場表現，逐步過渡到完全市場化狀態；二是一次性的徹底放開。究竟採取哪種方式，可以考慮以下因素：①近階段的資金需求缺口；②有多少貸款利率觸及利率下限，形成貸款利率下調的壓力；③商業銀行的發育程度，包括股份制商業銀行的市場份額；④利率風險管理工具的開發與應用。可以根據有關數據進行分析，並進行壓力測試，以確定是分次放開下限還是一次性放開。關於存款利率，主要應考慮下列因素：①銀行自身的經營效率，包括資金利潤率、資本充足率、不良貸款比例等。②其他投資渠道的多寡與成熟度。包括股票、債券以及各種衍生品市場的發展，這些渠道與銀行儲蓄具有相互替代的作用。③國際遊資。應該深入研究國際遊資的行為，觀測其流動速度，分析其運行方式，預測其可能造成的衝擊力。在中國目前還保持資本項目不可兌換的前提下，需要考察國際遊資在中國的進出方式和強度。因為提高存款利率有可能形成對遊資的巨大吸引力，可能導致其以各種方式滲透進來，以圖牟利。而遊資的大進大出正是東南亞金融危機的一個重要原因。④國際金融環境和宏觀經濟運行是否平穩。這些因素，央行都可以通過對金融市場的觀測和分析來進行量化，從而可以得出最佳的行動時機。而最為關鍵的因素是國有銀行的產權改革效果，是否對銀行的非理性行為形成了有效的激勵約束機制。如果觀測的結果是放寬的利率波動幅度已經足以反應市場力量對利率波動的要求，則一次性放開貸款利率下限和存款利率上限不會對利率的表現形成巨大的衝擊，那麼迅速實現利率完全市場化就是可行的。否則，需要謹慎地逐步放寬波動幅度，以減少改革的摩擦成本。

從利率市場化改革的發展歷程來看，我們認為今后的利率改革將會先採取一次性放開貸款利率下限，然后才逐步放開存款利率上限。理由如下：①產權改革所取得的成果，已經在相當程度上改善了商業銀行的投資行為。②取消貸款利率上限政策給商業銀行提供了學習風險管理的寶貴機會。放開貸款利率上限，在解決中小企業融資瓶頸，促進經濟繼續穩定增長的同時，商業銀行也將逐漸學會根據資金需求者的財務狀況等分析其風險，實施有效的風險管理。而這些經驗又會讓銀行認識到非理性的降價行為同樣會導致風險。③市場發育逐漸成熟，相應的基礎設施、風險管理手段和技術也逐漸成形，這給商業銀行管理貸款利率風險提供了有力的幫助。④由於當前國有商業銀行的巨額不良貸款，貿然放開存款利率上限，無疑會惡化銀行的經營狀況。在其他投資渠道相對不發達的情況下，低利率具有強迫儲蓄的意味。保持利率上限管制實際上是要儲戶為部分不良貸款買單。而且，有研究表明，中國的儲蓄利率彈性很低，這就決定了保持存款利率上限的可行性。大致而言，貸款利率下限取消應該在一年半到兩年之內完成，這期間，將是利率風險管理意識得到加強、風險管理的市場進一步發展、風險管理工具被市場所接受和熟悉的階段。而存款利率上限則可能採取逐步放鬆上限管制的辦法，最終在兩到三年之內完全放開。

關於利率放開后會不會大幅上調，我們認同黃金老（2001）的判斷：利率不會出現大幅度上升。從中國漸進改革的歷程來看，利率並未大幅度上升。雖然中國商業銀行表面上具有壟斷的特徵，但是，各個銀行之間的競爭仍然是相當激烈的。任何一家銀行將利率提高，都會導致寡頭競爭所具有的市場反應，可能將失去市場份額。而且，如前所述，在政府強有力的推動和控製之下，利率出現巨大波動的可能性小，必要時政府還可以重新採取直接干預的形式將利率控製在合理的波動範圍。

第四章

利率的期限結構

利率期限結構是利率風險管理及資產定價的基礎。我們先對利率期限結構的相關理論、建立的模型以及利率期限結構所蘊涵的政策信息等文獻進行回顧，然后考察中國的市場利率發展狀況，最后對中國的利率期限結構進行了實證分析。

4.1 引言

利率是隨時間變化而變化的，表現出一定的期限結構，任何時刻的利率期限結構是利率水平關於期限的函數。研究利率期限結構，就是要研究是什麼力量決定期限結構的形狀變化。金融產品的設計、定價等都需要以利率的期限結構的研究為基礎。在利率市場化條件下，利率期限結構是利率風險管理、匯率風險管理、投資分析的基礎，也是貨幣政策制定與分析的重要工具。

研究利率的期限結構，理解債券收益變化的原因，具有以下四個方面的作用：一是預測，長期債券的收益是短期債券收益經風險調整后的加權平均，所以當前收益曲線包含著未來經濟活動的信息。二是貨幣政策，在工業化國家，中央銀行似乎可以控製短期利率（收益率曲線的短端），但對總需求真正起作用的還是長期利率。在給定經濟狀態下，收益率曲線模型可以

幫助我們理解短期利率的變化是怎樣傳遞到長期利率的。這就涉及到中央銀行是怎樣決策的，傳導機制又如何。三是負債策略，當發行新的債券時，政府需要決定究竟發行多長期限的債券。四是對衍生品定價和套期保值。

4.2　利率期限結構——文獻回顧

在第一章中，我們提到久期模型的一個重要的缺陷就是假定利率為常數，這與實際不符。實際上，在任何時刻，不同期限的利率往往是不同的，即便是將風險控製在相同的水平下，也是如此。利率隨到期期限的不同而呈現出一定的期限結構。

利率是金融市場上最重要的價格變量之一，在金融領域中居於核心地位。利率是出讓貨幣資金在一定時期內的使用權而給其所有者的報酬，通常以一個百分比表示。它實際上決定了讓渡使用權的人在期末能在所有以貨幣表示的財富增長份額中所能分得的比例。可以簡單地說，利率是可貸資金的價格。實際上，利率也是連接貨幣因素與實際因素的仲介變量。利率還是政府政策工具，是調節經濟活動的重要槓桿。正確發揮利率槓桿的宏觀調控作用，需要深入研究利率的形成機制，探討利率變化的驅動力量。利率期限結構是指在其他條件相同的情況下，債券到期收益率與到期期限之間的關係。嚴格地講，是風險結構相同的零息債券的收益率與到期期限之間的函數關係。因為信用等級、流動性和到期期限對利率都會有影響，在考察利率的期限結構時，需要將風險因素剔除，考察風險結構相同的債券。實際中，通常考察的是無違約風險的債券所反應出的利率信息。

我們從利率期限結構的理論假說、曲線的構造方法、利率期限結構的實證檢驗及其所揭示的宏觀經濟信息等方面進行探討。

4.2.1 三種主要的利率期限結構理論

利率期限結構是在某一特定時刻的利率水平與到期期限的對應關係，可以用一條曲線表示出來，有上升、下降和水平等形狀，也可能是這三種形狀的結合體，而主要以上升形居多，即隨著到期期限延長，利率也是逐漸上升的。某些時候，利率期限結構是向下傾斜的。有時，期限結構又呈駝峰狀。那麼，為什麼會出現這些形狀？隱藏在利率期限結構的決定因素是什麼？人們先后提出了三種理論來解釋。即預期理論、市場分割理論和風險溢價理論。

（1）預期理論

預期理論最先是費雪在1896年提出的，后經盧茲等人的發展而成，是最早的一種利率期限結構理論。由於其容易理解和便於量化，所以得到廣泛應用。預期理論假定：整個證券市場是統一的，不同期限的證券之間具有完全的替代性；證券購買者以追求利潤最大化為目標，對不同期限的證券之間沒有任何特殊的偏好；持有和買賣債券沒有交易成本，這意味著投資者可以無成本地進行證券的替代；絕大多數投資者都能對未來利率形成準確的預期並據以進行投資選擇。在這一系列假設基礎上，長期債券利率是該期限內預期短期利率的幾何加權平均值。換言之，長期利率與短期利率存在如下的關係：

$$(1+R_n)^n = (1+r_1)(1+f_{1,2})\cdots(1+f_{n-1,n}) \quad (4-1)$$

上式中 R_n 表示期限為 n 的債券利率，r_1 表示現行的短期利率（1年期），$f_{1,2}$，$\cdots$，$f_{n-1,n}$ 表示將來（分別是從第二年、第三年開始到第 n－1 年的）的一年期的預期利率。根據預期理論，利率曲線的形狀完全取決於市場對未來短期利率的預期：如市場預期未來即期利率上升，利率曲線將向上傾斜；反之，則曲線向下傾斜。因此，在理性預期假設下，債券的長期收益率只是債券存續期內即期收益率的加權平均。然而，該理論沒有考慮到不同到期期限的債券之間的流動性風險差異，也不能解釋

利率曲線通常向上傾斜的事實。

（2）市場分割理論

市場分割理論是由 Culbertsom 等人於 1957 年提出的。市場分割理論認為，不同期限的債券市場是彼此分割的，不同期限的債券收益率差異反應了各自市場的資金供求狀況，而不是市場對未來短期利率的預期。如果長期債券市場上資金比較充裕，短期債券市場資金短缺，利率曲線將向下傾斜，反之則反是。該理論考慮到了不同資金需求者的不同偏好，反應了不同期限債券的不可替代性，對於一些進行風險管理的債券供求者的行為進行了研究，具有一定的合理性。但是，該理論最大的問題在於忽視了市場對未來即期利率的預期因素的影響，也否認了不同期限債券市場之間的聯繫。隨著市場不斷完善、不斷創新，長短期市場中存在的某些分割將會逐漸消除，一體化趨勢將增強。該理論強調了長短期利率各自變化，卻不能解釋大量存在的期限不同的債券收益率傾向於一起變動的事實。

（3）風險溢價理論

風險溢價理論也稱為流動性偏好理論。該理論認為，利率期限結構同時反應了市場對未來即期利率的預期和風險溢價（也稱流動性溢酬）。在收益率相等的情況下，投資者偏好到期期限短的債券，到期期限越長，債券的風險越大，投資者要求的風險溢價越高。期限為 n 期的利率為：

$$(1 + R_n)^n = (1 + r_1)(1 + r_2 + L_2)\cdots(1 + r_n + L_n)$$

(4-2)

上式中 L_n 是未來第 n 期的流動性溢酬。該理論同時考慮到預期因素和風險溢價，能較好地解釋利率曲線通常向上傾斜的現象。因為只有當預期未來的即期利率下降超過流動性溢酬時，收益率曲線才會向下傾斜。

此外，還有偏好棲息地理論（Preferred Habitat Theory），也有人翻譯成區間偏好理論。其代表人物 Modigliani 和 Sutch（1966）採用類似於市場分割理論的表述，但是，由於認識到市

場分割理論的局限性，他們把它和其他理論的相關方面糅合起來。他們並不限制其符號和單調性，試圖給出一個似乎合理的期限溢價，而不是一個必要的因果解釋。

總之，利率期限結構理論認為，影響利率期限結構的因素有對未來短期利率的預期、風險溢價和市場供求狀況。其中，預期是最主要的影響因素。

4.2.2 利率期限結構模型

20世紀80年代以來，國外學者對利率期限結構的構建方法進行了大量的研究。針對利率在某一特定時刻的橫截面數據的構造方法，從最初的按到期收益率簡單表述，多樣條插值等近似方法，發展到採用整條曲線擬合技術的參數模型（如Nelson-Siegel模型和Svensson模型），以及採用分段曲線擬合技術的樣條函數方法（包括多項式樣條、指數樣條和B-樣條法）。針對利率的動態演進所表現出來的時間序列特徵，人們提出了均衡模型和無套利模型來構造利率期限結構。

4.2.2.1 橫截面數據構造法

這類方法的一個重要特點就是直接根據某一時刻的截面數據所提供的信息來構造利率的期限結構。

最直接的方法就是根據市場上存在的無風險債券的價格計算出其相應的利率，對沒有的期限品種的利率則採用插值法估計。這種方法的期限結構表現為一條折線，過於粗糙，不具平滑性。

第一個構造零息票債券期限結構的是McCulloch（1971，1975），採用的是二次和三次樣條函數來擬合利率期限結構曲線。此后，人們提出了各種不同的參數方法，主要有Chambers（1984）等提出的多項式方法，Vasicek和Fong（1982）的指數樣條法，Nelson和Siegel（1987）的二階常系數偏微分方程等方法來擬合收益曲線。Svensson（1994）擴展了Nelson和Siegel（1987）方法以增加其靈活性。Fisher等（1995）和Waggoner

(1997) 修正了 McCulloch 的三次樣條方法。Fama - Bliss (1987) 利用迭代技術，提出了不同的期限結構估計方法，即息票剝離法（bootstrapping）。本書對其中一些有代表性的方法簡略介紹如下：

首先提出的是簡單的分段擬合技術，多樣條估計方法，即先構造出先驗性的零息票債券收益率函數（或貼現函數）的形式，再從市場中選取一組無違約風險的債券，來間接推導出函數中的參數，以構造利率的期限結構。這種分段擬合技術對附息債券也適用。

具體而言，假定附息債券的貼現定價公式為：

$$P_i = \sum_{m=1}^{N_i} C_{it_m} \times d_{t_m} \qquad (4-3)$$

上式中 P_i 是第 i 只附息債券當前的價值，C_{it_m} 是該債券第 m 次付息額（當然最后一次包括本金）。d_{t_m} 是 t_m 時刻的貼現率。N_i 表示該債券有 N_i 次剩餘付息。採用事先設定的樣條函數作為貼現因子，通過使樣本債券的理論價格與市場價格差異最小化來完成參數估計，得到貼現函數 d_t 的估計值，進而通過貼現函數 d_t 求得即期利率 $r_t = -\dfrac{\ln d_t}{t}$，和遠期利率 $f_t = -\dfrac{\partial \ln d_t}{\partial t}$。

多樣條估計方法主要有分段多項式樣條法和 B - 樣條函數法。

①多項式樣條法。多項式樣條法即採用多項式樣條函數來逼近貼現函數。這種方法需要確定樣條數量、分界點和相應的階數。多項式的階數與樣條數量決定了利率曲線的平滑程度和擬合程度。考慮貼現函數的導數及其連續性和計算效率，一般考慮三階多項式。以分四段為例，考慮到擬合誤差和曲線的平滑性，要求在分界點處的 0 階（即函數本身）、一階與二階導數的值都相等。這樣就可以消除一些參數，得到下面的三階多項式樣條貼現函數：

$$d_t = \begin{cases} D_1(t) = 1 + c_1 t + b_1 t^2 + a_1 t^3, t \in [0, T_1] \\ D_2(t) = D_1(t) + (a_2 - a_1)(t - T_1)^3, t \in [T_1, T_2] \\ D_3(t) = D_2(t) + (a_3 - a_2)(t - T_2)^3, t \in [T_2, T_3] \\ D_4(t) = D_3(t) + (a_4 - a_3)(t - T_3)^3, t \in [T_3, T_4] \end{cases}$$

(4-4)

通過使實際價格與理論價格的誤差最小來決定參數的估計值，得到貼現函數的表達式。

與此相類似的還有分段指數函數形式，在此從略。

②B-樣條函數法。由 Powell（1981）提出，B-樣條法採用 B-樣條基函數的線性組合來擬合貼現函數 d_t，即：

$$d_t = \sum_{j=1}^{k} \beta_j g_j(t) \qquad (4-5)$$

上式中 β_j 是樣條參數，k 是樣條函數的個數，取決於分段數量，$g_j(t)$ 是 B-樣條基函數，其表達式為：

$$g_j(t) = \sum_{i=j}^{j+p+1} \left[\left(\prod_{s=j, s \neq i}^{j+p+1} \frac{1}{(T_s - T_i)} \right) \right] [\max(t - T_s, 0)]^p$$

(4-6)

樣本債券的價格迴歸模型為：

$$P_i = \sum_{j=1}^{k} \beta_j \left[\sum_{m=1}^{N_i} C_{it_m} g_j(t_m) \right] + \varepsilon_i \qquad (4-7)$$

上式中 ε_i 是債券價格誤差。上式為債券價格關於樣條函數的一個多元線性迴歸模型。B-樣條方法中的分段區間數量需要權衡，並不是分段越多越好。分的段數越多，進行擬合的樣條基函數就越多，擬合程度就越好；相反，分的段數越少，擬合度就越低，債券數據信息利用不充分，計算誤差大。但分的段數過多，曲線會出現過度擬合，引起對異常數據的敏感而出現過度震盪，期限結構的計算誤差同樣會趨大。應該選擇使期限結構估計誤差最小的段數。

傅曼麗等（2005）的實證研究表明，用 B-樣條函數法擬

合中國的交易所國債利率期限結構的效果比較好。

上述樣條函數法的基本思想是對利率期限結構進行分段擬合，下面的方法則是採用整條曲線擬合技術，稱為參數模型，有代表性的是 Nelson–Siegel 模型和 Svensson 模型。

③Nelson–Siegel 模型。Nelson–Siegel 模型通過建立遠期瞬時利率的函數，推導出即期利率的函數形式。

遠期瞬時利率為：

$$f(0,\theta) = \beta_0 + \beta_1 \exp(-\frac{\theta}{t_1}) + \beta_2 (\frac{\theta}{t_1}) \exp(-\frac{\theta}{t_1})$$

$$(4-8)$$

對應的即期利率為：

$$R(0,\theta) = \frac{1}{\theta}\int_0^\theta f(0,s)ds = \beta_0 + (\beta_1+\beta_2)\frac{1-e^{-\frac{\theta}{t_1}}}{\frac{\theta}{t_1}} - \beta_2 e^{-\frac{\theta}{t_1}}$$

$$(4-9)$$

遠期瞬時利率 $f(0,\theta)$ 表示在當前時刻計算，在未來時刻 θ 發生的期限為無限短的利率；t_1 表示遠期利率曲線的極值點出現的位置，t_1 是正數；參數 β_0 代表長期利率，隨著到期期限 θ 的增加，瞬時遠期利率趨近於 β_0；β_1 代表短期利率部分，表示瞬間遠期利率曲線向漸近線趨近的速度因素。若它為正，則瞬時遠期利率曲線隨著到期期限的增大而上升；反之則瞬時遠期利率曲線隨著到期期限的增大而下降。β_2 代表中期利率部分，它決定了瞬時遠期利率曲線極值點的性質和曲度。

④Svensson 模型。Svensson 模型是 Nelson–Siegel 模型的擴展形式，通過引入新的參數 β_3，得到瞬時遠期利率公式：

$$f(0,\theta) = \beta_0 + \beta_1 \exp(-\frac{\theta}{t_1}) + \beta_2(\frac{\theta}{t_1})\exp(-\frac{\theta}{t_1}) + \beta_3(\frac{\theta}{t_2})\exp(-\frac{\theta}{t_2})$$

$$(4-10)$$

上式中，t_2 表示對應遠期利率曲線的極值點出現的位置，β_3 是不同於 β_2 的中期利率部分，它也決定瞬時遠期利率曲線極值點的

曲度和性質。即期利率是瞬時遠期利率在一段時間內的平均值，也可通過積分公式轉換而得：$R(0,\theta) = \frac{1}{\theta}\int_0^\theta f(0,s)d_s$。即：

$$R(0,\theta)$$
$$= \beta_0 + \beta_1\left[\frac{1-\exp(-\frac{\theta}{t_1})}{\frac{\theta}{t_1}}\right] + \beta_2\left[\frac{1-\exp(-\frac{\theta}{t_1})}{\frac{\theta}{t_1}} - \exp(-\frac{\theta}{t_1})\right]$$
$$+ \beta_3\left[\frac{1-\exp(-\frac{\theta}{t_2})}{\frac{\theta}{t_2}} - \exp(-\frac{\theta}{t_2})\right] \quad (4-11)$$

參數模型的優點是參數經濟意義明確，估計出的期限結構比較規範；而樣條函數方法憑其曲線擬合能力強、適應性強及程序實現方便等優點受到實證研究的歡迎。它們都是靜態利率期限結構構造方法，實際上就是對某一時刻的債券市場價格所隱含的利率，採用插值法、樣條函數法以及參數法等來進行估計。這些方法實質是對橫截面數據進行擬合。

4.2.2.2 動態建模法

雖然不同到期日的利率表現不同，但是其中有很強的內在聯繫，而且其變化有很強的相關性。更重要的是，這些所表現出的相關性，實際上背後有著深刻的經濟原因使然。利用橫截面數據來估計的期限結構，沒有深入挖掘其中深意，忽視了不同時刻的期限結構之間的聯繫，是一個重要的缺陷。已經有研究發現利率期限結構的相關性，而從時間序列的變化來看，利率變化表現出一定的可預測性。而這些，都是靜態方法所無法提供的。因此，一個符合實際的利率模型應該同時反應利率變化的橫截面和時間序列變化信息。

按照利率期限結構模型的均衡基礎來分類，有一般均衡模型和無套利模型。關於無套利模型，賀國生（2005）在其博士

論文中介紹了一種,[①] 在此不贅述。

(1) 主要的無套利模型

①HJM 模型。Heath, Jarrow, Morton (1992) 提出了 HJM 模型,模型的研究對象是瞬時遠期利率,假設 T 時刻瞬時遠期利率 $f(t,T)$ 的變化服從如下的方程:

$$df(t,T) = a(t,T)dt + \sigma(t,T)dW_t \quad (4-12)$$

則到期日為 T 的零息債券(假定債券到期支付為 1 元)價格 $B(t,T)$ 為:

$$B(t,T) = \exp(-\int_t^T f(t,u)du) \quad (4-13)$$

所以

$$dB(t,T) = d[\exp(-\int_t^T f(t,u)du)]$$
$$= B(t,T)[r(t) - a^*(t,T) + 1/2\sigma^*(t,T)^2]dt$$
$$- \sigma^*(t,T)B(t,T)dW_t \quad (4-14)$$

其中,$a^*(t,T) = \int_t^T a(t,u)du$,$\sigma^*(t,T) = \int_t^T \sigma(t,u)du$。注意到 $r(t) = f(t,t)$,因此,風險價格為:

$$\theta(t) = \frac{-a^* + 1/2\sigma^{*2}}{\sigma^*} \quad (4-15)$$

設 $d\widetilde{W}_t = -\theta(t)dt + dW_t$,就可以轉換為風險中性定價:

$$dB(t,T) = B(t,T)r(t)dt - \sigma^*(t,T)B(t,T)d\widetilde{W}_t$$
$$(4-16)$$

在風險中性的世界中,有:

$$-a^*(t,T) + 1/2\sigma^*(t,T)^2 = 0 \quad (4-17)$$

所以

$$a(t,T) = \sigma(t,T)\int_t^T \sigma(t,u)du \quad (4-18)$$

---

① 賀國生. 商業銀行利率風險度量模型與管理模式研究. 西南財經大學博士生論文, 2005.

因此，整個模型的參數只有一個，即波動性。此時

$$df(t,T) = \sigma(t,T)\int_t^T \sigma(t,u)dudt + \sigma(t,T)dW_t$$

(4-19)

HJM 模型有以下特點：第一，只需要知道遠期利率的波動結構和初始遠期利率曲線就足以刻畫期限結構的動態，這樣也就不需要估計趨勢系數。第二，HJM 模型不需要考慮投資者的個人偏好，避免了與效用相關的參數。第三，HJM 模型構造期限結構的方法是用遠期利率的波動結構來刻畫遠期利率，進一步再刻畫瞬時即期利率。

②Hull-White 模型。Hull-White 模型的一般形式如下：

$$dr_t = [a(t) - b(t)r_t]dt + \sigma(t)r_t^\beta dW$$
$$\beta \geqslant 0 \qquad (4-20)$$

上式中，$a(t)$ 是與初始期限結構有關的參數，它受時間影響。$\sigma(t)$ 是波動率參數。該模型所描述的利率運動形態認為利率的某種函數形式具有穩定的長期趨勢 $a(t)$，而在不同的時刻，r_t 以 $b(t)$ 的速度向長期趨勢 $a(t)$ 靠近。模型的一個重要特點是它不僅能擬合最初的短期利率，而且能擬合任何初始收益率曲線。

宋逢明和石峰（2006）利用 Hull-White 模型對銀行間的質押式國債回購收益率的研究，發現該收益率具有良好的狀態運動性質。

③Ho-Lee 模型。Ho 和 Lee（1986）提出了一個基於無套利假設的利率期限結構模型，該模型認為現在的利率期限結構包含現時人們對利率預測的充分信息。因此，在無套利的假設下，利率期限結構的變化是可預測的。

其基本假設是：第一，市場是無摩擦的，沒有稅收、交易費用，所有證券皆可分割；第二，市場並非連續出清，而是在有規則的間隔時點上出清；第三，市場是完備的，對每一期限 n，均有相對應的貼現債券存在；第四，在每一時刻，可能存在的狀態數目是有限的。

Ho 和 Lee（1986）提出的模型如下：
$$dr_t = \theta(t)dt + \sigma(t)dW \qquad (4-21)$$

Ho-Lee 模型採用一種比較簡單的方式來模擬利率期限結構隨時間而產生的可變性。這一模型是利用市場的數據來估計得出有關參數的值，這樣的參數值使得債券價格的變化過程沒有套利機會。由於它是由最初的利率期限結構決定的（初始的利率期限結構可以通過前面所述的截面數據採用樣條函數等方法來得到），因此它是一個相對定價模型。同時，由初始期限結構的外生性，決定了利率期限結構的變化也是外生的。

其不足之處：第一，模型隱含地表明價格的隱含波動性是不隨時間變化而變化的。但實際上，隨著到期期限的臨近，債券價格分佈也將自動迴歸到到期平價，隱含波動性會隨時間的推移而變小。第二，該模型可能出現負的遠期利率，需要追加一個限制條件以避免這樣的缺陷。第三，模型意味著所有利率的波動性相同，但實際上長期利率的波動性要小於短期利率的波動性，收益率曲線隨到期期限增加而變得平坦。第四，該模型認為各種利率水平發生的相對頻率呈正態分佈，利率波動不受利率水平的影響，許多實證研究證明事實並非如此。第五，同所有的單因子模型一樣，該模型也意味著所有期限的債券是完全相關的。

總之，無套利模型根據市場提供的信息來決定初始的利率期限結構，然后以無套利原則來確定利率期限結構的動態變化過程。在無套利模型中，利率是輸入變量，相關的金融產品價格是輸出變量，各相關債券之間必須滿足無套利條件。上述這些模型都是建立在風險中性世界中的，描述的是風險中性下的利率變化行為。

而均衡模型則是按照市場均衡條件求出利率所遵循的變動過程，在均衡模型中，相關的經濟變量是輸入變量，利率是輸出變量。

（2）主要的均衡模型

①莫頓模型。最早用隨機微分方程描述利率運動變化的是

莫頓 Merton（1973），他設定的短期利率動態模型最為簡單，其表達式為：

$$dr_t = udt + \sigma dW_t \qquad (4-22)$$

上式中 u、σ 是常數。由此推導出的零息票債券收益率曲線動態模型為：

$$R(t,\theta) = r_t + \frac{u}{2}\theta - \frac{\sigma^2}{6}\theta^2 \qquad (4-23)$$

該模型主要的問題是可能存在利率為負的情況。

②Vasicek（1977）模型。該模型是由 Vasicek（1977）提出，將利率均值回復的特徵引入模型，其表達式為：

$$dr_t = a(b - r_t)dt + \sigma dW_t \qquad (4-24)$$

在此模型下，期限為 T 的債券價格為：

$$B(0,T) = D(0,T)\exp[-C(0,T)r(0)] \qquad (4-25)$$

其中

$$C(0,T) = \frac{1 - e^{-aT}}{a} \qquad (4-26)$$

$$D(0,T) = \exp[C(0,T) + T)(b - \sigma^2/2a^2) - \frac{\sigma^2}{4a}C(0,T)^2]$$
$$(4-27)$$

這個等式可以擴展到任何時刻。

Vasicek 模型假設所有的參數都是常數，包括波動率，沒有考慮到利率水平對波動率高低的影響，也沒有考慮波動率本身的 GARCH 效應。該模型允許利率為負，不太符合現實。

③CIR 模型。CIR 模型在一個跨期的資產市場均衡模型中對利率期限結構模型進行了研究。模型為：

$$dr = k(u - r)dt + \sigma\sqrt{r}dW \qquad (4-28)$$

上式中 u 為利率長期均值，k、$r(0)$、σ 是嚴格為正的常數，且 $2ku \geq \sigma^2$。

該模型具有均值回復的特徵，且排除了利率為負的可能性。其波動率函數為 $\sigma\sqrt{r}$，體現了波動率的利率水平效應。CIR 模

型的主要問題是：模型得出利率期限平行移動的結論與現實不符。CIR 模型的一個重要假定是允許債券賣空，這樣可能會增加利率的波動性，產生異方差問題。此外，該模型的公式太複雜，在估算經濟參數、風險參數時可能會產生困難，不易用於預測。

④CKLS 模型。Chan 等 (1992) 提出了一個更為一般的模型（稱為 CKLS 模型）：

$$dr_t = (a_0 + a_1 r_t)dt + \sigma r_t^{\gamma} dW_t \quad (4-29)$$

其波動率為 σr_t^{γ}，其中 γ 是常數，他們對美國利率估計的結果是 $\gamma = 1.5$。我們可以把他們的利率模型表示為：

$$dr_t = k(u - r_t)dt + \sigma r^{1.5} dW_t \quad (4-30)$$

除了以上主要的模型之外，馬曉蘭、潘冠中 (2006) 提出了一個涵蓋上述模型的一般模型：

$$dr = (\alpha + \beta r + \varphi r^2 + \Omega/r)dt + \sigma r^{\gamma} dW \quad (4-31)$$

通過施加一定的約束就得到前述的幾個模型（參見表4.1）。

表4.1　　　　　各種均衡模型的比較

模型	利率的動態模型	相應的約束條件（與一般模型相比）	約束條件個數
Merton 模型	$dr_t = udt + \sigma dW_t$	$\beta = 0, \varphi = 0, \Omega = 0, \gamma = 0$	4
Vasicek 模型	$dr_t = a(b - r_t)dt + \sigma dW_t$	$\varphi = 0, \Omega = 0, \gamma = 0$	3
CIR 模型	$dr = k(u - r)dt + \sigma \sqrt{r} dW$	$\varphi = 0, \Omega = 0, \gamma = 0.5$	3
CKLS 模型	$dr_t = k(u - r_t)dt + \sigma r^{1.5} dW_t$	$\varphi = 0, \Omega = 0, \gamma = 0 = 1.5$	3
一般模型	$dr = (\alpha + \beta r + \varphi r^2 + \Omega/r)dt + \sigma r^{\gamma} dW$		

對這個連續時間模型，馬曉蘭等 (2006) 進行歐拉離散化。設從 t 到 t+1 的時間為 δ，如果是周數據，可令 $\delta = 1/52$，得到的離散方程為：

$$r_{t+1} - r_t = (\alpha + \beta r + \varphi r^2 + \Omega/r) \times \delta + \sigma r_t^\gamma \delta^{\frac{1}{2}} \xi_t$$

(4-32)

其中 ξ_t 為白噪聲，$E[\xi_t] = 0$，$D[\xi_t] = 1$。由於只是連續時間模型的離散近似，存在離散誤差。歐拉離散方法有一個優點，在這個離散時間模型中，利率變化的方差直接依賴於利率水平，其方差與其連續時間模型一致。這種方法的缺點是離散誤差比較大，不夠精確。

通過對 1999 年 1 月 1 日到 2004 年 4 月 23 日的共 278 周的 7 天期的債券回購 R007 的實證研究篩選，馬曉蘭等（2006）得到的最終模型為：

$$dr = 0.0866 \times \frac{1}{r}(0.0231 - r)dt + 4.430 r^{1.7} dW$$

(4-33)

證明 7 天期的債券回購利率表現出非線性的均值回復特徵，而且利率的瞬時波動與利率水平密切相關，利率波動性對利率水平的敏感性較高。

（3）對均衡模型和無套利模型的簡單評價

就資料獲取而言，均衡模型主要利用歷史資料，通過統計分析，對模型的趨勢系數和波動結構系數進行估計，得到利率期限結構以及相關債券價格。無套利模型則需要初始時刻的利率期限結構資料，在無套利的條件下推導利率期限結構，它可根據市場的利率期限結構資料及時進行調整。均衡模型適合對債券價格和利率期限結構的動態演變過程進行預測，可以利用均衡模型得到的期限結構曲線形狀及其提供的信息，預測將來經濟狀況。但是，建立在歷史資料基礎上的期限結構模型，並不一定會與未來的實際演進過程相符。

從思想方法來看，均衡模型是經濟理論模型法，有相關經濟理論支持，主要利用仿射模型來刻畫瞬時利率的動態過程，結合有關風險溢價的各種假設，推導出利率期限結構。而無套

利模型採用的是數據驅動方法，根據數據本身提供的信息來得到利率期限結構。

從兩類模型的應用範圍看，對現金流事前已確知的債券而言，無套利模型將利率期限結構看成是既定的，或者說認為債券的定價是完全正確的，所以無套利模型對投資決策的建議是什麼也別做，因為無套利機會，買進賣出都無利可圖。只有均衡模型才能發現何種債券出現了定價誤差，存在什麼套利機會。但對衍生證券而言，情況則相反。無套利模型可顯示衍生證券的定價相對於某種基礎證券的市場價值的高低，而均衡模型顯示的是衍生證券的定價相對於基礎證券的模型定價是高了還是低了。由於無套利模型把利率期限結構看成是既定的，那麼根據無套利模型定價的債券價格也被認為是正確的，與市場價格是相符合的，因此，無套利模型更適合用於衍生證券的交易。[1]

對於動態建模法，還可以根據模型中所包含的隨機因子的個數分為單因子模型和多因子模型。

4.2.2.3 單因子模型和多因子模型

單因子模型中只含有一個隨機因子。前述的均衡模型和無套利模型基本都是單因子模型。單因子模型的一個重要缺陷是該類模型隱含地假定收益率曲線上各點的隨機因子完全相關。多因子期限結構模型涉及多個隨機因子，收益率曲線上不同時點的隨機因子不再完全相關，而只在一定程度相關。多因子模型通常借助主成分分析的思想，來減少模型的因子個數。常採用的因子有短期利率和短期利率波動率，或短期利率的水平、均值和波動率三個因子。為了降低模型的使用成本，多數多因子模型都是通過狀態變量的線性變換來表示零息票利率，這種模型又稱為線性多因子模型或仿射類模型。經典的多因子模型主要有 Fong 和 Vasicek（1991），Longstaff 和 Schwartz（1992）以及 Chen（1996）和 Balduzzi（1996）等模型。

---

[1] 文忠橋．國債定價的理論與實證分析．南開經濟研究，2004（5）．

①Fong 和 Vasicek（1991）考慮到短期利率變化量的方差常常是固定收益證券定價的一個關鍵因素，利用兩因子模型對利率與波動性之間存在的不完全相關關係建模。由於模型過於複雜，他們沒有推出零息票債券價格和零息票債券收益率的準確表達式。

②Longstaff 和 Schwartz（1992）也是運用短期利率和短期利率波動率兩個狀態變量。他們與 Fong 和 Vasicek（1991）模型不同的是狀態變量模型的設立方法。該模型具有較強的刻畫收益率曲線的能力，曲線形狀可以是水平、遞增、遞減，也可以是 U 形或駝峰形的，長於單因子模型。另外，一些學者通過實證研究證明，當利率的波動性很大時，該模型的定價誤差要小於單因子模型。該模型的不足之處是待估參數太多，且參數的經濟含義不明確。

③Chen（1996）和 Balduzzi（1996）分別於 1996 年引入第三個因子：短期利率的短期平均值。而實證性的主成分分析推出的三個風險因子恰好和短期利率、短期利率波動率及短期利率平均值三個狀態變量相對應，被視為水平因子、曲度因子、坡度因子，從而證實了短期利率均值引入模型的合理性。

小結：多因子模型較之單因子模型，對期限結構動態變化描述更符合現實。同時，多因子模型對不同到期期限的債券利率變化之間的相關性刻畫得更準確，其債券的理論價格對實際價格擬合得更好。其缺陷是：多因子模型太過複雜，只在很強的假設條件下才能推出零息票債券收益率的準確表達式，在更多的情況下，只能求得數值解；而且，模型的數學計算很複雜，在中國目前的利率市場化階段尚無用武之地，就筆者所見，目前國內學者尚未見有關的應用性文獻，在此從略。

4.2.2.4 利率模型的新發展

與前面的利率模型不同，市場模型採用的是市場中可直接觀測得到的數據（如 LIBOR，互換利率）來進行處理，其建模思路是要求由模型得到的標準金融衍生品的定價應和 Black

(1976)計算的理論價格一致。主要有兩種：倫敦銀行同業拆借利率市場模型（LIBOR Market Model，LMM）和互換市場模型（Swap Market Model，SMM）（商勇，2005）。

①LMM 模型。LMM 模型是由 Brace, Gatarek 和 Musiela (1997) 提出來的。他們利用零息債券的價格信息，假定遠期 LIBOR 服從對數正態分佈，得到倫敦同業拆借遠期利率的變化模型（LMM 模型），進一步利用伊藤引理和遠期鞅測度，可以得到常見的對數正態 LMM 模型。利用對數正態 LMM 可以直接對利率上限和利率下限定價，其結果類似 Black (1976)，只是表達式更複雜一點。LMM 對一些結構化金融產品的定價和套期保值十分有效，如障礙利率上限期權。同樣，LMM 模型也有單因子和多因子之分，Musiela 和 Rutkowski (1997) 討論了多因子模型，其結論與單因子模型類似。

②SMM 模型。SMM 由 Jamshidian (1997) 提出，以互換利率為基礎，應用 Black (1976) 模型為互換期權定價，得到與 Black (1976) 的期權定價公式相似的公式。也稱為互換市場模型。

兩個市場模型都是以市場上可觀測到的變量為基礎建立模型，所以統稱為市場模型。其實 HJM 模型也是對遠期利率進行模擬，但是 HJM 採用的是遠期連續複利，而市場模型則是利用遠期單利。但是 HJM 所需要的遠期利率並不能直接從市場中獲得，而市場模型則可以直接從市場中的數據得到，相比之下要簡單直接些。在利用市場模型為期權定價時，因其定價公式與 Black (1976) 的公式類似，校正起來方便。需要注意的是，LMM 和 SMM 兩者之間的假設具有對立性，兩個模型不能同時成立，也就是說不存在一個通用的市場模型。模型的對數正態假定也可能與實際觀測到的尖峰厚尾特徵不一致。儘管較之傳統的利率模型，市場模型更方便直接，但它的使用前提是金融市場充分發展，LIBOR 和期權與互換期權等衍生品市場具有高度流動性，能有效地反應市場信息。

4.2.3 利率期限結構的實證研究文獻

(1) 國外的實證檢驗

有大量的文獻對利率期限結構進行實證研究，這裡主要考察兩類：一是對某個特定的模型構造法進行實證研究；二是對不同的利率期限結構構造方法的比較研究。

①利用某種模型來構造利率期限結構。下面的模型針對某個特定的利率期限結構模型進行實證分析。Brown 和 Dybvig (1986) 利用美國國庫券的橫截面數據對單因子 CIR 模型進行的實證檢驗表明，橫截面分析可以得到同時間序列分析相似的結論。但這種方法會導致對貼現債券價格的低估以及期限溢價的高估，當然，這可能是由稅收效應引起的。

Ball 和 Torous (1999) 對歐元利率的隨機波動率模型進行了實證檢驗並證實了利率的隨機波動率的存在，他們還將利率的隨機波動率模型的估計結果同股票市場的隨機波動率模型結果進行了比較。比較結果表明，利率的持續性更短。因為它主要受到中央銀行貨幣政策的影響。

而 Karoui 等 (2000) 對 HJM 模型中所使用的狀態變量選擇問題進行了分析和研究，結果表明兩個變量可以解釋 95% 以上的利率變動，但波動率則需要更多的變量才能解釋。

Fernandez (2001) 利用智利的數據採用非參數檢驗的方法對利率期限結構進行了實證分析。所估計的模型是單因子模型，漂移率和波動率都是利率水平的函數，結果表明智利的利率期限結構在樣本期內具有向下的趨勢。

Lin 和 Yeh (2001) 對 B－樣條函數估計出來的利率進行了實證分析。結果表明兩因子模型要好於單因子模型。考慮了跳躍性的兩因子模型並不能顯著地優於單純的兩因子模型，但是能很好地解釋期限結構以及對利率衍生品定價。

Lanne 等 (2003) 通過一個混合自迴歸模型對利率期限結構進行了實證檢驗，發現該模型可以很好地反應美國利率期限結

構的波動持續性（volatility persistence）和水平持續性（level persistence）等特徵。

②對期限結構曲線不同構造方法的比較。下列文獻比較了各種構造利率期限結構方法的效果。Chan 等（1992）利用廣義矩（GMM）估計方法對不同的利率期限結構模型進行了實證比較，結果表明波動率中考慮了風險水平的模型表現最好。而一些常用模型，如 Vasicek 模型的表現卻很差。Chan 等（1992）的研究還表明，對漂移率的改進並未對模型產生太大的影響。類似地，Durham（2002）利用 Durham 和 Gallant（2002）的計量分析方法對不同的期限結構模型進行了實證檢驗。檢驗的結果表明，引入複雜的漂移項表達式對模型表現好壞沒有影響，與常數漂移率的模型相比，其擬合效果並沒有顯著改善，但是引入隨機波動率能明顯提高模型的擬合度。

Schlogl 等（1997）通過橫截面分析對不同利率期限結構模型進行了檢驗和比較后發現，在利率期限結構的分析中，均值迴歸方程和因子數量的選擇要比對利率分佈的選擇更重要。

Bliss（1997）對 McCulloch（1971，1975）的樣條函數法、Vasicek 和 Fong（1982）的指數樣條函數法、Nelson 和 Siegel（1987）的樣條擬合法以及 Fama - Bliss（1987）的息票剝離（bootstrapping）法進行了比較，得到的結論是 Fama - Bliss（1987）的方法比其他方法要好，而 McCulloch 的三次樣條方法次之。而 Andrew Jeffrey 等（2006）利用美國債券價格的月末數據（1970 年 1 月—1998 年 12 月），對 McCulloch（1975）的三次樣條函數、Fama - Bliss（1987）的息票剝離法以及 Linton - Mammen - Nielsen - Tanggaard（2001）提出的非參數方法（LMNT）的擬合效果進行對比研究，發現 LMNT 方法要比前兩者效果更好。但是，單獨對國庫券利率進行考察，則 Fama - Bliss（1987）的息票剝離法擬合效果要好一些。作者進一步顯示，通過模擬，利用 LMNT 的非參數方法估計的短期利

率作為短期利率的代理變量,比通常所採用的一個月和三個月國庫券利率具有更高的精度。Johannes(2003)對一般的利率期限結構漂移模型進行了分析,發現這些模型無法得出同歷史數據相符的分佈,他提出了跳躍因素,指出這些跳躍因素和中央銀行的貨幣政策行為存在顯著的相關性。跳躍行為會影響到期權的定價,但是對債券的收益率預測卻不會產生影響。

(2) 國內學者的實證檢驗

與國外大量的研究利率期限結構的文獻相比,國內對利率期限結構的實證研究相對較少,而且由於貨幣市場欠發達,可資利用的數據也很少,制約了對利率期限結構的研究。範興亭和方兆本(2001)利用 Ho-Lee 模型來模擬利率的運動,並在此基礎上得到可轉換債券的定價模型。陳典發(2002)對 Vasicek 模型中的參數和實際市場數據的一致性進行研究,並探討了它在公司融資決策中的應用,但他沒有考慮到融資期限長短所帶來的流動性溢價問題。朱峰(2002)通過樣條函數估計中國市場利率的期限結構,並對中國利率期限結構進行了主成分分析。實證分析結果表明,中國的利率期限結構同樣可以用水平因素、斜度因素和曲度因素來解釋。但是,水平因素對利率期限結構的影響沒有達到西方國家的水平(超過70%),只有42.63%,水平因素和斜度因素一起也只有73%的影響度,同西方國家超過90%的影響水平存在較大差異。但是,由於他沒有對樣條函數的可靠性進行詳細的分析比較和檢驗,因此,利率期限結構的估計結果可能存在誤差,進而影響主成分分析結果。

由於中國的貨幣市場還存在市場分割的問題,還沒有形成統一的市場,因此,目前有許多文獻針對特定的市場分別進行研究。

①對交易所國債利率期限結構的研究。較早利用交易所國債對利率期限結構進行計量估計的是陳雯、陳浪南(2000),他們採用複利對1997年8月14日的國債進行研究。但當時的市場還很不發達,所以他們的研究面臨的一個重要問題就是樣本數

據太少，其結論的可信度存在一定問題。吳雄偉、謝赤（2002）選用上海證券交易所的國債數據，採用極大似然法對模型進行了參數估計。鄭振龍、林海（2002）採用息票剝離法和樣條估計法對中國的利率期限結構進行靜態估計，並比較了兩種方法的擬合效果。楊春鵬和曹興華（2002）利用 2002 年 5 月 24 日上海交易所的國債交易數據，應用樣條函數模型構造了中國的零息票債券收益率曲線。他們的結果表明樣條函數模型繪製的零息票債券收益率曲線比較平滑，相對迴歸分析法來說，樣條函數法能更準確地擬合實際的國債收益率，而且可以預測任意剩餘期限所對應的到期年收益率。朱世武、陳健恒（2003）研究了 2003 年 3 月 28 日上交所的 15 只附息國債所反應的利率期限結構，並比較了多項式樣條法與 Svensson 模型的擬合效果。範龍振（2004）利用卡爾曼濾波法，對上交所債券從 1997 年 1 月到 2002 年 3 月的月度數據進行實證研究的結果表明，模型能較好地反應所考察期間實際的利率期限結構。楊寶臣、李彪（2004）對息票剝離法進行了擴展，採用三次樣條插值法，利用上交所 2002 年 1 月 21 日和 2002 年 3 月 21 日的國債兩個交易日的收盤價，估計了國債收益率曲線，並對之進行了比較分析，以考察政策的影響。傅曼麗等（2005）考察了上交所 2002 年 3 月 29 日至 2004 年 7 月 30 日期間國債的每週收盤數據，他們還考察了 R091 和 R182 兩種回購債券。傅強、蔣安玲（2005）對上交所的國債採用多項式樣條估計方法來估計利率期限結構。

②對銀行間債券回購利率期限結構的研究。謝赤、鄧藝穎（2003）應用一個泊松跳躍過程來描述銀行間債券回購利率的日數據，發現其跳躍時間為 5 天一次，也就是每週的數據都是不連續的。馬曉蘭、潘冠中（2006）採用的數據是 1999 年 1 月 1 日至 2004 年 4 月 23 日的 7 天期銀行間回購債券的周數據。他們對 CIR 模型以及 Vasicek 模型等的估計效果進行了比較，提出了一個較為一般性的模型，探討了利率變化的非線性均值回復問題和利率波動率的利率水平效應問題。

此外，李和金等（2002）用核估計方法建立非參數利率期限結構模型，對1997年6月16日至2001年7月27日的非銀行間國債回購市場的一個月期的回購利率進行實證研究，結果表明，短期利率模型的擴散部分和漂移函數部分都是非線性的。

③對銀行間同業拆借市場利率的期限結構的實證研究。唐齊鳴和高翔（2002）利用同業拆借市場的利率數據對預期理論進行實證分析，結果表明，同業拆借利率基本符合市場預期理論，即長短期利率差可以作為未來利率變動的良好預測，但短期利率存在著過度反應現象。這與觀察到的經驗事實是相符的。短期利率的過度反應使得利率的短期波動性較大，表現在利率期限結構的曲線上，就可能使曲線斜率發生變化，甚至產生扭轉。謝赤和吳雄偉（2002）以1996年1月1日至1999年6月20日間的30天期銀行同業拆借利率加權價作為研究對象，利用廣義矩方法研究了同業拆借利率的期限結構，並對Vasicek模型和CIR模型的表現進行比較，發現Vasicek模型能更好地說明中國貨幣市場利率的變動。潘冠中、邵斌（2004）採用極大似然法，對中國貨幣市場銀行間市場7天期同業拆借利率估計一組單因子利率模型。任兆璋、彭化非（2005）採用無套利模型，利用ARIMA和GARCH方法對隔夜、7天、30天和120天等品種的同業拆借利率考察其變化規律。史敏等（2005）對1996年1月1日至2003年7月21日的銀行同業拆借市場中的周數據進行了研究，發現亞洲金融危機導致銀行同業拆借市場發生了結構性改變。

此外，還有楊大楷、楊勇（1997）和姚長輝、梁躍軍（1998）等對中國國債市場收益率曲線進行的實證研究，嚴天華、李曉昌（2002）和長城證券（2002）等對國債收益率的研究。但是，他們沒有對附息債券和零息債券進行區分，得到的不是嚴格意義上的零息債券收益率。

4.2.4 利率期限結構所反應的宏觀經濟變量信息

利率期限結構表示的是不同到期期限與其利率之間的關係，在宏觀經濟調控和微觀經濟管理方面都有十分重要的用途。比如，在微觀金融領域中，利率期限結構可以用來為債券定價。然而，就利率期限結構本身而言，近年來西方學者越來越關注其所揭示的宏觀經濟活動信息，而不僅僅是用於債券定價及利率風險管理。

利率期限結構不僅直接反應了市場上各種因素的影響，經濟系統中各經濟因素也直接或間接地通過市場因素影響債券市場，從而影響利率期限結構。債券市場作為金融市場的一個組成部分，利率期限結構所揭示的資金價格信息反過來對資金的流動、金融資源的配置產生影響，直接或間接地影響著企業、個人及整個經濟系統的行為。利率期限結構包含的信息可以通過利率曲線的形狀、長短期利率的利差、利率水平的高低等因素反應出來。對這些因素進行分析可以清楚地瞭解宏觀經濟變量與利率期限結構之間的關係。因此，對利率期限結構進行分析，發掘其中與各種經濟變量密切相關的經濟信息，可以有效地為金融服務。理論與實證研究的結果均表明，利率期限結構及其所包含的信息，對所有的市場參與者以及管理當局而言都具有重要的意義。唐文進、陳勇（2006）對利率期限結構研究近年來的新進展做了一個綜述。

在宏觀金融領域，利率期限結構與經濟增長、通貨膨脹、遠期利率以及匯率之間具有穩定的相關關係，可以用來有效預測這些經濟變量的變動。

關於經濟增長、消費與投資。總體來講，利率期限結構所包含的信息對經濟增長、消費和投資具有一定的預測力。Harvey（1988）探討了實際利率期限結構與未來消費增長的關係。Estrella和Hardourvelis（1991）的研究表明，10年期和3個月期國債之間的利差可以很好地預測未來的產出、消費和投資的增

長。Estrella 和 Mishkin（1997）后來的研究也進一步證實，長短期利差對未來 1～2 年內的實際經濟變量有較強的解釋能力。Plosser 和 Rouwenhorst（1994）研究了發達國家的利率期限結構中包含的信息，發現期限結構對長期經濟增長具有顯著的預測力。Copzier 和 Tkacz（1994）就加拿大的情形進行研究，對利率期限結構與未來產出、消費和投資關係得出了相似的結論。Haubrich 和 Dombrosky（1996）研究了收益率曲線對實際經濟增長的預測力，發現利差能很好地預測四個季度后的經濟增長，但預測能力隨時間而變化。不過，Dotsey（1998）研究發現最近幾期的利率差額對當期經濟增長的預測能力不是很高，其研究結論顯示利率差額包含了過去經濟活動或貨幣政策的信息。Hamilton 等（2002）和 Ang 等（2002）都發現收益率曲線對實際經濟增長具有良好的預測能力。王媛等（2004）實證研究了利率期限結構與經濟增長之間的關係，發現利率期限結構對未來的產出增長確實具有顯著的解釋和預測能力。但是他們發現利率期限結構對未來投資幾乎沒有解釋力，對未來消費增長的解釋力也很弱。Estrella（2005）發現，當 10 年期國債利率與 3 個月國庫券利率之差為負時，經濟衰退就會接踵而來。

關於通貨膨脹。對於利率期限結構中包含的通脹信息，Mishkin（1990a，1990b）發現：期限較短（9 個月以下）的利差中幾乎沒有包含通脹信息，即貝塔系數不顯著，而是包含更多的實際利率期限結構的信息；而期限長一點（1～5 年）的利率期限結構中包含了未來的通脹信息，卻對未來的實際利率期限結構的信息揭示得很少。其主要的迴歸方程是用 m 期的通脹率與 1 期通脹率之差作為被解釋變量，而用 m 期的利率與 1 期利率之差作為解釋變量（即利率期限結構的坡度），探討其系數的顯著性。類似地，Fama（1990）發現，利率期限結構的坡度對未來通脹的變化具有顯著的預測力。Estrella 和 Mishkin（1997）的實證研究結果表明，長短期利差對未來更長期限內的通脹率有較強的解釋力。不過，需要注意的是，所有期限的名

義利率並不是隨預期通脹率一對一的變動。經濟學家歐文·費雪早在1930年就指出：貨幣利率按照理論確實隨預期的升值貶值會有所變化，但是，這樣的變化通常不會完全彌補其升值貶值。人們不能或是不願準確及時地將貨幣利率調整到變化了的物價水平上來。他認為公眾對消費者物價的預測存在系統偏誤。這可能與人們對通脹的看法有關，是人們對可能的制度變遷所導致的不確定性等所做出的理性選擇。

關於未來的利率。預期理論認為，利率期限結構中包含了市場參與者對未來利率的預期。實證結果表明，利率期限結構對較近的未來即期利率（比如未來6個月以內的即期利率）有較強的預測能力。對於較遠的外推預測，預期理論卻往往給出錯誤的信號，對未來更長時期內的即期利率的預測能力弱。Fama（1984）指出，遠期利率等於預期的未來即期利率加上相應的風險溢價因子。按照對風險因子的不同假設，預期理論可分為三種：一是純粹預期假說，利率曲線的形狀及其變動完全是由投資者對未來短期利率的預期引起的，風險因子為0；二是合理預期假說，即風險溢價理論，其風險溢價因子是一個不隨時間變化的常數；三是風險因子隨時間而變的預期假說。即遠期利率等於未來即期利率的預期加上一個隨時間變化的風險溢價因子。可以說，正是由於長期債券風險溢價具有時變性，使得其利差並不總是有助於未來即期利率的預測。Mishkin（1990a，1990b）的研究結論也證實了這一點。實證檢驗所採用的方法主要有兩類：一是以長短期利差（term spread）為自變量，以未來即期利率或風險溢價因子為因變量的線性迴歸；二是以遠期與即期利率差為自變量，考察遠期利率與未來即期利率和風險溢價因子的線性關係。Fama（1984）採用遠期即期利率差來分別對風險溢價因子和即期利率的變化迴歸。Fama和Bliss（1987），Campbell和Shiller（1991），Cochrane和Piazzesi（2002）等的研究都發現收益幅差實際上對未來短期收益預測有幫助。儘管Stock，James和Mark Watson（2001）指出這樣的預

測關係是不穩定的。不過，近年來的研究表明，考慮時變風險溢價因素后，期限結構中確實包含了利率未來走勢的信息，從而在一定程度上又對預期理論予以支持。

關於貨幣政策含義。利率期限結構中包含著豐富的貨幣政策含義，反應了貨幣當局的政策取向。在發達金融市場上，中央銀行往往是通過對短期利率的影響來調節資金供求，合理配置金融資源，達到其穩定經濟、促進經濟健康有序發展的目的。利率期限結構的形狀在某種程度上反應了中央銀行執行貨幣政策的效果。貨幣當局的貨幣政策或緊或松，可以影響獲得資金的難易程度，從而引起短期利率的增減，使得短期與長期之間的利差發生變化，表現為利率期限結構曲線形狀的變化，或陡峭，或水平，甚至出現向下傾斜的狀況。同時也表現為短期利率比長期利率波動性更大。貨幣當局的政策取向，還會影響市場參與者的預期，而預期對利率期限結構的影響是相當重要的。因此，貨幣當局在一定程度上可以通過影響市場參與者的預期來影響利率期限結構，引導經濟發展。Hardouvelis（1988）研究了美國市場在 1972—1985 年間經歷的三個貨幣體制階段（即：釘住目標利率的貨幣體制，釘住狹義貨幣供應量的貨幣體制和半釘住目標利率的貨幣體制）過程中，期限結構對未來即期利率預測效果。Cook，Timothy 和 Thomas（1989）考察了美國聯邦儲備局基金利率目標變化對利率期限結構、利率水平的影響。他們發現，實際的基金利率與聯邦儲備的政策目標之間有著密切的聯繫，聯邦基金的目標利率增加會提高整個期限的名義利率。Francis（1995）認為，利率期限結構是根據市場上債券的實際交易價格推導出來的，集中反應了金融市場的各種信息，體現了市場投資者對未來經濟發展的預期，因而對利率期限結構進行研究，可以為中央銀行制定貨幣政策以及投資者進行投資分析提供重要的參考依據。因而，央行在制定貨幣政策前，可以參照利率期限結構所包含的信息來判斷經濟的未來走勢。並且，利率期限結構可充當輔助指標，可在一定程度上提高央

行的預測能力與政策分析的精度。Estrella 和 Mishkin（1995）的研究表明，如果政策分析所獲得的結論或預測結果與利率期限結構的預期一致，則表示原結論有比較高的可信度。否則，意味著先前的預測結果需要進一步加以研討。因此，妥善地利用利率期限結構，有助於降低央行預測的偏誤。此外，在實務中，美國政府於 1997 年開始將長短期利差（10 年期國債利率減去聯邦基金利率）列入美國週期指標中的先行指標，在其所編製的先行指數中占 33.3% 的權重。而且，實踐證明，以長短期利差為核心的美國先行指數準確地預測出了最近幾年的美國經濟波動（朱世武和陳健恒，2003）。

目前中國對利率期限結構的研究尚處於起步階段，有關文獻進行了有益的探索，但由於利率市場化進程推進的階段性，中國利率期限結構的構建還存在一定的問題，要利用利率期限結構所提供的信息來為宏觀和微觀經濟發展服務，還有相當長的一段路要走。

4.2.5 關於利率期限結構的簡單小結

就現有的實證研究結果來看，中國的利率期限結構逐漸表現出與西方發達國家市場利率期限結構大致相似的特點，比如短期利率波動較大，存在過度反應的情況，收益率曲線多數是向上傾斜的，表現出正的流動性溢酬。對利率的動態演進特徵的研究表明，利率具有均值回復的特徵，而且均值回復的速度也是非線性的（李和金等，2002），與利率水平密切相關，當利率遠遠偏離長期均值時，向均值回復的速度也更快，這與直覺是一致的。政府貨幣政策的重大調整、亞洲金融危機等重大的外部衝擊對利率的影響，實證表明利率的行為模式也相應地發生了結構性改變。這些研究結論都是符合我們的直覺的。

不過，中國貨幣市場發展相對滯後，交易所國債市場與銀行間市場相對分割。就目前發展的情況來看，國債期限結構不合理，品種不全，中期品種多、短期和長期債券偏少等問題仍

然比較突出。這種客觀情況導致中國的利率期限結構研究相對滯后，所採用的研究方法和模型也是漸次由簡單粗略的方法逐漸向比較複雜完善的方向發展。就目前的研究而言，主要有以下問題：

第一，沒有考慮債券品種單一、數量少，所隱含的信息量少，信息被扭曲的問題。

第二，還需要仔細研究轉型期間的特點以及對利率期限結構的影響，需要深入研究利率漸進市場化過程中所表現出的獨特性。特別是在中國這樣的政府主導型的利率市場化改革，政府政策對利率改革的路徑、利率形成的機制等影響是不可忽視的。

第三，缺少對市場分割所具有的隱含意義的深入分析。對於分割市場出現的分歧，特別是交易所國債市場與銀行間市場的相對獨立，需要仔細分析其對利率水平、利率的變化模式以及對利率信息的充分揭示等所產生的影響。

第四，對作為政府政策目標的利率的形成、發展演變，利率變化背後的驅動力量等的研究還比較欠缺，關於利率信號對其他利率、相關金融產品價格的影響，以及對風險管理的工具、風險管理的方式等方面的影響，研究的文獻還相對較少，不夠深入。

4.3 中國的市場利率發展狀況

本節通過對中國債券市場發展狀況及其特點分析，力圖對三個市場的利率期限結構進行聯合考察，為下一節建立模型做鋪墊。

4.3.1 中國的市場利率發展的兩個階段

構造中國的利率期限結構，許多學者進行了諸多努力。但

目前的主要問題是，中國無違約風險的市場利率的信息主要分佈在三個相對分割的市場中。包括交易所國債市場，銀行同業拆借市場和銀行間債券市場。

就交易所國債市場而言，國債交易的發展遠落后於股票市場，交易的債券無論從種類和數量上看，都遠不及股票。到2001年，交易所只有五種政府債券。而且，上海和深圳兩個交易所中所有公開交易的債券都是附息債券，不能直接從債券價格貼現而得到。這對利用交易所國債市場所反應的市場利率信息構造利率期限結構，形成了一定的障礙。前已述及，利用交易所國債信息來構造利率期限結構的文獻還很有限。

銀行同業拆借市場和銀行間債券市場的發展大致可以分為市場初創階段和發展成型階段。

（1） 市場初創階段（1984—1997年）

同業拆借市場經歷了一個分化組合與轉換的發展過程。中國銀行間同業拆借市場是貨幣市場的主要子市場和中央銀行實施貨幣政策的主要場所，同業拆借市場利率是中國最早市場化的利率。同業拆借市場的形成和發展，有利於中央銀行根據拆借利率的預期及走勢，洞察市場資金供求狀況，有效實施貨幣政策，同時也有利於推動中國利率市場化的發展。

中國的同業拆借市場始建於1984年。1984年10月，中國人民銀行確立了「統一計劃、劃分資金、實存實貸、相互融通」的信貸資金管理體制，以促進資金的橫向調劑。1986年年初，在國家體改委和中國人民銀行在廣州聯合召開的「五城市金融體制改革試點座談會」中，明確提出要開放和發展中國的同業拆借市場。1986年1月，國務院頒布的《中華人民共和國銀行管理暫行條例》明確規定：「專業銀行的資金可以相互拆借」。這為中國同業拆借市場的發展提供了法律依據。1990年3月，人民銀行公布《同業拆借管理試行辦法》，第一次規範了同業拆借業務和比例要求。1995年9月，人民銀行開始建立全國統一的同業拆借市場，這是一個計算機交易網絡，所有拆借行為都

納入該網絡。1996年1月3日，全國統一的同業拆借市場開始運行，當年累計成交5871億元，拆借交易採取信用拆借模式。

　　與此同時，銀行間債券市場也得到一定的發展。理論上講，通過債券回購交易，可以使金融機構最大限度地保持資產的流動性、收益性和安全性的統一，實現資產結構的多元化和合理化。而在中國的債券回購市場發展初期，參與者主要是為了繞過貨幣當局的控制，以擴大儲蓄，從金融機構吸納資金，擺脫信貸規模的約束。1991年7月，北京聯辦STAQ系統宣布國債回購交易試運行；1992年，武漢證券交易中心也推出國債回購業務，上海、深圳證券交易所也先後開辦國債回購業務。1997年6月前，上海證券交易所的國債回購交易量很大，成為券商的短期資金和流動性管理的主要場所，與新股發行緊密地聯繫在一起，許多商業銀行分行也在上海證券交易所參與國債回購交易。銀行資金湧入股市，加劇了股市動盪，同時也增加了銀行的風險。1997年6月5日，人民銀行下發《關於各商業銀行停止在證券交易所證券回購及現券交易的通知》，要求所有商業銀行退出上海、深圳交易所和各地證券交易中心的國債回購和現券交易，轉為在全國同業拆借市場進行。1997年6月16日，全國銀行同業拆借市場開始辦理銀行間債券回購和現券交易，由此，全國銀行間債券市場正式形成。

　　從國債發行、流通交易的方式和場所來看，這一階段體現了逐步市場化的特點。1988年4月起，國家為解決國債變現難的問題，先後在全國61個城市進行國債流通轉讓試點，標誌著中國債券市場的發展進入初創階段。1991年年初，國債流通範圍進一步擴大到全國400個地市級以上城市，只是尚屬於初級的場外櫃臺市場模式。1991年，首次採用承購包銷的方式發行債券，改變了過去行政分配方式，標誌著中國債券發行市場化進程的啓動。1992年後，隨著上海和深圳證券交易所開辦國債交易，債券走向場內交易模式。1995年國債招標發行試點獲得成功。1996年年初，財政部提出「發行市場化、品種多樣化、

券面無紙化、交易電腦化」的方針。國債發行方式全面改革，簡化了承銷手續，大大提高了國債發行效率和透明度，對中國債券市場發展產生了深遠影響。到了1997年，中國債券流通市場從部分城市發展到全國，從櫃臺交易發展到交易所市場集中交易，從初級形態的債券現貨交易發展到嘗試高級形態的債券回購和期貨交易，逐漸形成了以交易所場內交易為主、證券營業網點櫃臺場外交易為輔的債券市場流通格局。

（2）市場發展成型階段（1997年至今）

1997年6月全國銀行間債券市場成立以後，隨著利率市場化的深入推進，債券市場的作用也越來越受到管理當局以及廣大市場參與者的重視，債券市場不斷發展壯大。包括交易規模、交易主體以及交易環境都逐漸發生了深刻變化。交易工具從最初的單一國債發展到國債、政策性金融債券和中央銀行票據。

交易規模迅速擴大。1997年，全國統一同業拆借市場一、二級市場的總交易量為4149.24億元。到2004年，各種期限的交易總量達到14,555.52億元[①]，增加了2.5倍。銀行間債券市場中的現券交易和回購交易，每年都有跳躍性增長。商業匯票的流通，票據貼現和再貼現規模，也急遽擴張。從指標看，貨幣市場交易總量占GDP的比例，1994—1995年期間不到5%。到2000年已上升到65%以上。從成交金額來看，1998年銀行間債券市場的交割量為104,227億元，到2004年年末銀行間的質押式債券回購金額達到93,104.89億元，現券買賣成交金額達25,041.14億元。

交易主體逐步擴大。在1996年銀行同業拆借市場和債券市場在上海外匯交易中心成立時，貨幣市場的參與主體主要是各大銀行機構。1998年，人民銀行同意部分外資銀行、商業銀行授權分行進入銀行間同業拆借市場，1999年同意證券公司、基金管理公司、保險公司進入銀行間同業拆借市場，2000年6月

---

① 數據來源於《中國金融年鑒》各期。

允許財務公司進入銀行間同業拆借市場。到2000年，市場成員為465家，包括13類金融機構。到2003年年末，全國銀行間同業拆借中心成員達918家。成員類型由中資銀行擴展到外資銀行分行、中外合資銀行、城鄉信用社、證券公司、保險公司、投資基金、社保基金等金融機構。債券回購市場交易主體從最初局限於商業銀行，發展到以商業銀行為主體，涵蓋其他各種類型的金融機構和機構投資者。現在，對市場參與者的資格審查也發生了根本變化，市場准入相對容易了。

市場交易法規逐漸完善。從成立初期的《銀行間債券回購業務暫行規定》、《關於開辦銀行間國債現券交易的通知》、《銀行間債券交易規則》、《銀行間債券交易結算規則》、《政策性銀行金融債發行管理暫行規定》等規定，到2000年銀行間債券市場「基本法」《全國銀行間債券市場債券交易管理辦法》的出抬，銀行間債券市場相關法規經歷了一個逐步完善的過程。

分割的市場逐漸走向統一。2002年第6期記帳式國債跨市場發行，使得商業銀行可以橫跨銀行間債券市場和櫃臺債券市場，在一定程度上連通了銀行間債券市場和櫃臺債券市場。2002年第15期記帳式國債跨市場發行，使得保險公司、基金管理公司、證券公司、財務公司等非銀行金融機構橫跨銀行間債券市場和交易所債券市場，銀行間債券市場和交易所債券市場也逐步連通。為解決封閉式債券回購不利於銀行間債券市場現券交易的弊端，2004年4月推出買斷式回購交易（又稱開放式回購）。各市場中的利率相互影響也增加。從1997年10月到1999年6月不到兩年的時間，中央銀行5次下調人民利率，銀行間同業拆借利率也出現跳躍性下跌。

4.3.2 債券市場存在的問題

中國債券市場逐步走向市場化，但利率管制程度仍然比較高。中國的同業拆借市場是在不規範的銀行體制、不發達的金融市場、不健全的銀行準備金制度以及不完善的中央銀行調控

制度下發展起來的。目前雖有相當大的發展，但仍然有一些十分重要的步驟需要跟進。主要有以下問題：第一是市場分割，第二是結構失衡，第三是流動性不足。

(1) 市場分割

目前中國債券市場的基本格局仍是銀行間債券市場、櫃臺債券市場、交易所債券市場三者並存且相互割裂，不同市場中相同期限的無風險利率存在明顯的差異。市場的分割使得套利力量無法將這些差異消除。近年來管理層力圖逐步消除這種分割狀況，比如債券的跨市場發行，為連通各個市場提供了一個良好的開端。但市場分割的問題尚未從根本上解決。首先是投資者的分割。商業銀行不能進入交易所債券市場，在櫃臺交易中只是承辦者而不是交易者；而個人投資者和工商企業只能參與櫃臺債券市場和交易所債券市場，不能直接參與銀行間債券市場。2002年，人民銀行和財政部聯合推出記帳式國債櫃臺業務，將債券結算代理業務服務對象擴大到非金融機構法人，個人和非金融機構法人可以間接參與銀行間債券市場。其次是債券品種的分割。跨市場發行的債券品種很少，多數品種的債券只能在各自的市場中交易。這樣就限制了債券市場的更快發展，阻礙了不同市場中交易主體之間的信息交流，不利於形成一個統一有效的市場，價格發生扭曲，無法反應真實的市場供求。也不利於中央銀行貨幣政策的實施，對經濟活動的引導與實施市場化手段的干預。

此外，就市場分割而言，除國債市場相互分割之外，銀行間市場中的國債交易與同業拆借也在一定程度上是相互分割的，兩者的交易主體並不完全相同，資金在同業拆借和國債回購等市場中也並非完全自由流動。

(2) 結構失衡

債券的品種結構不均衡，固定利率附息債券較多，零息債券、付息債券過少。無法滿足多樣化的投資避險要求。債券期限表現出中間多、兩頭少的狀況，1年以上到10年以下的品種

占絕大多數，而一年以下的短期品種和10年以上的品種很少。這樣就不利於期限結構的利率信息的形成，限制了中央銀行採取公開市場操作來管理經濟的作用有效發揮。此外，企業債券偏少，主要是國債和金融債券。企業依靠債券市場間接融資的手段受到制約，無法滿足債券投資者不同的風險偏好。

(3) 流動性不足

債券市場分割也導致了市場流動性不足，表現為交投不活躍，出現銀行間市場上某些品種幾周甚至是幾個月都沒有交易的狀況。在交易所債券市場，儘管有交易，但交易量太小，換手率過低，交易量波動性很大。債券市場週轉率遠遠低於同期的發達國家債券市場。究其原因，大致有三個方面：一是債券市場分割，交易主體的限制使得各自市場中參與者行為趨同，出現一邊倒的局面，阻礙交易完成。貨幣市場是四大國有商業銀行占絕對份額的寡頭壟斷市場，市場價格易被操縱，導致市場利率信息可信度降低。二是債券品種結構不合理，無法滿足人們避險、投資需求。三是市場機制不完善，影響市場的流動性。

此外，由於中國信用基礎薄弱，作為貨幣市場的主要成分之一的商業票據市場還很落後。

4.4 中國利率期限結構的實證研究

本節首先探討中國在現階段的發展狀況下市場利率的特徵，為實證研究的模型設定提供依據。其次是設定模型，我們用跳躍—擴散過程來刻畫中國的市場利率。最后對利率期限結構進行實證分析。

4.4.1 對中國市場利率特徵的簡單分析

我們先對中國的市場利率做簡單分析，為建立模型做準備。

中國的利率信息被分散在三個貨幣子市場，相互之間的信息交流因為各種因素而受阻。同時，政府主導的利率市場化改革使得三個市場逐步發展成型，市場的交易工具逐步成熟，表現出階段性漸進發展的特點。因此，利率也表現出獨特的運行變化特徵。政府的干預，市場化進程的推進，使得利率發生跳躍性變化。同時，三個市場相對獨立，表現出各自的特點。我們可將來自三個相對獨立的市場中所包含的中國市場化利率的信息，視為不同機制下的利率演變過程，來考察中國的利率期限結構。

由前面的分析可知，利率的動態演變行為可以用一個具有漂移項和擴散過程的模型進行刻畫，因此，用幾何布朗運動來描述利率的變化是合適的。就中國的情形而言，在政府主導的利率市場化改革的大背景下，中國的官定利率也逐漸表現出明顯的逆經濟風向而行的特徵。當經濟陷入停滯，政府需要刺激經濟增長，利率就會下跌。當經濟過熱，政府需要抑制經濟的過快增長，利率就會被調高。當宏觀經濟領域發生較大的衝擊時，或者當政府的貨幣政策發生明顯變化時，經濟中的相關變量可能表現出明顯的跳躍。利率市場化進程同時也是中國貨幣市場發展的過程，利率的生成機制、變化方式都會隨著利率市場化的深入表現出一定的跳躍性特徵。因此，對於利率期限結構的動態建模方法，將泊松過程納入模型中可對利率的演進過程更好地進行刻畫。謝赤、吳雄偉（2001）和謝赤、鄧藝穎（2003）對中國銀行間債券市場的實證研究發現，帶跳躍的幾何布朗運動模型能較好地描述回購利率的動態變化，表明回購利率在一定程度上存在泊松跳躍過程。林海、鄭振龍（2005）對中央銀行的（包括各種活期、定期的）官定利率的研究表明，可以用一個單純的可變波動率跳躍過程來描述官方公布的利率。

中國利率市場化進程走到目前階段，利率雖然逐漸體現出市場化的特徵，但利率信息卻被分散在三個相對獨立的市場中，相互之間表現出各自的運行變化特徵。如果按照一價定律來看待，似乎存在明顯的套利機會。當然，我們不排除個別債券價

格、個別的利率在某些時刻存在定價不合理，存在套利機會的可能性。但三個子市場總體上存在的差異並未在套利力量作用之下迅速消失，其根本原因在於市場分割形成的壁壘使之成為套利力量無法逾越的障礙。但這並不意味著三個市場沒有共同的變化特徵。某些宏觀經濟變量必然會對三個市場的利率信息產生共同的影響，這使得我們可以將三個市場中揭示的利率期限結構的信息納入一個統一的框架中來考慮。而以往的文獻都是分別就三個子市場中的信息單獨來考察，這樣就割裂了三個市場中的共同信息，也就無法給出一個總體的反應，容易犯盲人摸象、以偏概全的錯誤。當然，對三個市場中明顯的差異視而不見顯然也是一種自欺欺人的做法，其結論自然不足採信。

因此，我們借鑑 Shu Wu 和 Yong Zen（2005）提出的方法，將三個不同的子市場看作是類似於他們所討論的不同機制。他們提出了一個簡單的框架，對利率發生離散跳躍及機制轉換，建立了一個統一的模型。從我們所考察的特定情況來看，我們不需要研究機制之間是如何轉換的，無須考察機制轉換發生的概率，而直接將三個子市場中所反應出來的利率信息看作是來自三種不同的機制所產生的。關於機制轉換的模型，主要有兩類，這就是 Hamilton（1989，1990）提出的馬爾可夫轉換模型以及 Tong（1983，1990）的門限自迴歸模型。馬爾可夫模型既可反應不同狀態過程中的方差變化，也能反應均值的變化，比較靈活。不過，馬爾可夫轉換模型的預測效果不佳。其預測精度低於門限自迴歸模型，如 SETAR 模型、帶漂移的隨機遊走模型、線性 AR 模型和 MA(1)—GARCH 模型。門限自迴歸模型（Threshold autoregressive，簡稱 TAR）屬於非線性自迴歸模型。在多個狀態下，標準線性自迴歸模型採用了局部線性近似法，相對簡單地放鬆標準線性迴歸模型的約束，即可得到 TAR 模型。Tong（1990）指出，門限方法將複雜隨機系統分解為一系列較小的子系統，以便對其進行分析。TAR 模型假定狀態變量已知並且可觀察，而馬爾可夫轉換模型卻把它看成是隱藏變量，這

是兩種模型的重要區別。還有一類門限自迴歸模型，稱為平滑轉換的自迴歸模型（smooth transition autoregressions，簡稱STR），它採用了連續的指示函數來代替一次性轉換過程，使得機制轉換更加平緩。相對線性模型或隨機遊走模型，門限或機制轉換模型的外推預測精度並不理想，儘管后者在樣本內擬合能力上有明顯優勢。關於機制轉換，Landen（2000），Bansal 和Zhou（2002），Dai, Singleton 和 Yang（2003）等也進行了研究，此處不贅述。

利率變化背後的驅動力量，是研究利率期限結構的動態演進過程需要仔細考慮的。單因素模型認為短期利率的變化是引起中長期利率變化的原因，而短期利率受到哪些因素的影響則沒有明確予以考慮。實際上，利率會受到一些狀態變量的影響，這些狀態變量可能是可直接觀察的，也可能是不可直接觀測的。仿射模型是處理這種情況簡單的便於操作的一類模型。根據仿射模型，如果狀態變量是一個仿射函數（常數加上某些狀態變量的線性函數），那麼，其隱含的利率變化過程也是狀態變量的仿射函數。

我們採用仿射模型來估計利率的期限結構。仿射模型的一大優點是便於處理，其他的方法往往需要用蒙特卡羅模擬或是求偏微分方程，這兩種方法計算起來都不方便，或者成本很高，尤其是當模型參數用債券收益的面板數據來估計的時候。仿射模型需要做一些限制性假定才便於處理，債券收益的函數形式是通過計算經風險調整的未來短期利率的期望來得到的。因此，限制性假定必須施加在經風險調整的狀態變量的動態演變上。具體而言，假定經風險調整的狀態變量的演進過程是一個仿射擴散過程，即它的瞬時均值和方差都是仿射的。

這樣，我們的模型既考慮利率市場化進程中的階段性演變對利率的影響及引起利率變化的狀態變量的泊松跳躍特徵，也考慮到三個市場目前還相對分割的現實。賀國生（2005）在其博士論文中對分割市場的處理方法是：利用在兩個市場同時交

易的金融工具的信息作為橋樑，採用線性迴歸的方法來發現兩個市場中利率之間的聯繫，從而估計出兩個市場相應的利率。即採用線性迴歸的方法考察分割市場之間利率的聯繫，可能顯得有些粗略，但不失為有益的嘗試。

4.4.2 模型設定——跳躍—擴散模型

通過前面的分析，我們可以用一個跳躍—擴散模型來刻畫中國近年來的利率變化行為。假定狀態變量 X_t 滿足：

$$dX_t = \theta(X_{t_-}, s)dt + \varphi(X_{t_-}, s)dW_t + J(X_{t_-}, s)dN_t$$

$$(4-34)$$

其中 X_t 和 $\theta(X_{t_-}, s)$ 都是 $L \times 1$ 向量，$\theta(X_{t_-}, s)$ 是漂移項，依賴於各狀態變量和各自的市場，而瞬時波動率 $\varphi(X_{t_-}, s)$ 依賴於狀態變量和不同的市場，而且跳躍的幅度 $J(X_{t_-}, s)$ 也依賴於狀態變量和不同的市場。$s = 1, 2, 3$，分別表示交易所國債市場、銀行同業拆借市場和銀行間債券回購市場。W_t 表示一個 $L \times 1$ 的相互獨立的標準布朗運動向量。N_t 是一個 $L \times 1$ 的相互獨立的泊松跳躍過程向量。而且，假定布朗運動和泊松跳躍過程也是相互獨立的。

理論上講，在時間區間 $[t, t+dt]$ 內跳躍發生的條件概率和跳躍的幅度都要受到時刻 t 的狀態變量影響。但是，在實際建模中，通常的做法是，要麼假定跳躍發生的頻率是狀態依賴的，要麼假定發生頻率是確定的，而發生跳躍的幅度則取決於經濟的運行狀態。否則，利率在考察的時間區間中的變化則不容易認定，不易認定究竟是發生了狀態依賴的跳躍，還是發生了幅度受狀態變量影響的跳躍，甚至根本沒發生跳躍性變化。因此需要將其中一個視作獨立於狀態的。不過，Cecilia Mancini（2004）考察了跳躍發生的頻率和跳躍幅度都是狀態依賴的情形。通過考察較短的時期（時間間隔步長 h）內觀測值變化是否達到給定的標準來確定是否發生了跳躍，當然這個判斷標準要受到時間步長的影響，從而可以確定整個期間發生了多少次跳躍，也就可以確定跳躍發生的頻

率和幅度了。這裡為便於操作，我們假定跳躍發生的幅度是狀態依賴的，而發生的頻率則不依賴於狀態。此外，由於中國的市場利率信息是分散在三個相對獨立、相對分割的市場中，我們也假定狀態變量受到不同市場的影響。

假定無違約風險的剩餘到期期限為 τ 的零息債券價格為 $p(t,\tau)$，則持有期收益為：

$$y(t,\tau) = -\frac{\log p(t,\tau)}{\tau} \qquad (4-35)$$

而瞬時利率為：

$$r_t = \lim_{\tau \to 0^+} y(t,\tau) \qquad (4-36)$$

另外，瞬時利率受到狀態變量的影響。我們假定瞬時利率是狀態變量的仿射函數：

$$r_t = \alpha(s) + \beta(s)^T X_t$$
$$s = 1,2,3 \qquad (4-37)$$

其中 $\alpha(s)$ 是標量，$\beta(s)$ 是 $L \times 1$ 向量，上標 T 表示轉置。要找到債券價格的表達式，通常要借助風險中性概率測度將實際概率分佈進行轉化。這裡有一個中性概率測度是否存在的問題，我們在此予以忽略。標準的結果顯示，如果存在一個風險中性測度，則資產價格系統是無套利的。而且，風險中性概率測度的唯一性等價於市場是完備的。我們假定在無套利情況下，存在一個中性概率測度 Q，在中性概率測度下，將債券到期價格單位化為1，在時刻 t 期限為 τ 的零息債券的價格滿足：

$$p(t,\tau) = E_t^Q(e^{-\int_t^{t+\tau} r_u du}) \qquad (4-38)$$

邊界條件：

$$p(t+\tau, t+\tau) = 1 \qquad (4-39)$$

由此可以看出，零息債券的價格依賴於瞬時利率，而瞬時利率又依賴於狀態變量和所處的市場。所以，債券價格應是到期期限、狀態變量和市場機制的函數。

在中性概率測度下 Q，狀態變量的微分可以寫成：

$$dX_t = \hat{\theta}(X_t,s)dt + \varphi(X_t,s)d\hat{W}_t + J(X_t,s)d\hat{N}_t \quad (4-40)$$

而（4-38）式中的債券價格滿足下列偏微分方程：

$$\frac{\partial p}{\partial t} + \frac{\partial p}{\partial X^T}\hat{\theta} + \frac{1}{2}tr(\frac{\partial^2 p}{\partial X \partial X^T}\varphi\varphi^T) + \Delta\bar{p}_s + \lambda\Delta\bar{p}_J = rp \quad (4-41)$$

其中 $\Delta\bar{p}_s$ 表示在不同市場中的價格差異的均值，而 $\Delta\bar{p}_J$ 表示在 Q 測度下發生泊松跳躍時的均值。同時滿足邊界條件，即債券在到期時價格為 1：

$$p(t+\tau,t+\tau) = 1 \quad (4-42)$$

通常情況下，（4-40）式是不能得到封閉解的，假定：

① $\qquad \theta(X_t,s) = \theta_0(s) + \theta_1(s)X_t \quad (4-43)$

② $\qquad \varphi(X_t,s) = \begin{pmatrix} \sigma_{11} & 0 & 0 & \cdots & 0 \\ 0 & \sigma_{22} & 0 & 0 & \cdots \\ \cdots & & & & \\ 0 & 0 & 0 & \cdots & \sigma_{LL} \end{pmatrix} \quad (4-44)$

是一個對角矩陣，其中 $\sigma_{ii} = \sqrt{\sigma_{0,i}(s) + \sigma_{1,i}^T(s)X_t}$，$i = 1, 2, \cdots L$。即假定瞬時波動率是相互獨立的。而：

$$\begin{aligned}\hat{\theta}(X_t,s) &= \hat{\theta}_0(s) + \hat{\theta}_1(s)X_t \\ &= [\theta_0(s) - \lambda_D(s)\sigma_0(s)] \\ &\quad + [\theta_1(s) - \lambda_D(s)\sigma_1(s)]X_t \end{aligned} \quad (4-45)$$

其中：

$$\lambda_D(s) = \begin{pmatrix} \lambda_{D,1}(s) & 0 & \cdots & 0 \\ 0 & \lambda_{D,2}(s) & \cdots & 0 \\ \cdots & & & \\ 0 & 0 & \cdots & \lambda_{D,L}(s) \end{pmatrix} \quad (4-46)$$

$$\sigma_0(s) = [\sigma_{0,1},\sigma_{0,2},\cdots\sigma_{0,L}]^T \quad (4-47)$$

$$\sigma_1(s) = [\sigma_{1,1},\sigma_{1,2},\cdots\sigma_{1,L}]^T \quad (4-48)$$

其中 $\lambda_{D,i}(s), i = 1,2,\cdots L$ 表示第 i 個布朗運動的擴散因子的風險價格。

③假定對於 $L \times 1$ 向量 $B(\tau,s)$，有：

$$\int e^{J^T B(\tau,s)} g(J|X_{t-},s) dJ = G(\tau,s) \qquad (4-49)$$

其中 $g(J|X_{t-},s)$ 是泊松跳躍發生的條件概率。我們可以將 t 時刻期限為 τ 的債券價格寫作：

$$p(t,\tau) = p(t,X_t,s,\tau) = e^{A(\tau,s) + B(\tau,s)^T X_t} \qquad (4-50)$$

其中，$A(\tau,s), B(\tau,s)$ 滿足下列常微分方程：

$$\frac{\partial B(\tau,s) X_t}{\partial \tau} = -\beta(s) + \hat{\theta}_1(s)^T B(\tau,s) + \frac{1}{2}\sigma_1(s) B^2(\tau,s)$$
$$+ e^{\Delta A(\tau,s)} \Delta B(\tau,s) \qquad (4-51)$$

$$\frac{\partial A(\tau,s)}{\partial \tau} = -\alpha(s) + \hat{\theta}_0(s)^T B(\tau,s) + \frac{1}{2} B(\tau,s)^T \sigma_0(s) B(\tau,s)$$
$$+ \hat{\lambda}(s)^T E[e^{J^T B(\tau,s)} - 1] + e^{\Delta A(\tau,s)} - 1 \qquad (4-52)$$

其中，

$$\Delta A(\tau,s) = A(\tau,i) - A(\tau,j) \qquad (4-53)$$
$$\Delta B(\tau,s) = B(\tau,i) - B(\tau,j), i,j = 1,2,3 \qquad (4-54)$$

表示在不同市場中的差異。而 $\hat{\lambda}(s)$ 表示在概率中性測度下的泊松跳躍發生的頻率。

$$B^2(\tau,s) = [B_1^2(\tau,s), B_2^2(\tau,s), \cdots B_L^2(\tau,s)]^T \qquad (4-55)$$

邊界條件為：

$$A(0,s) = 0, B(0,s) = 0 \qquad (4-56)$$

而 τ 期利率為：

$$R(t,\tau) = -\frac{A(\tau,s)}{\tau} - \frac{B(\tau,s)^T X_t}{\tau} = -\frac{\log p(t,\tau)}{\tau}$$
$$(4-57)$$

我們採用下列計量模型：

$$y(t,\tau) = a_0 + a_1\tau + a_2 X_1 + a_3 X_2 + a_4 D_1 + a_5 D_2 + \varepsilon$$
$$(4-58)$$

式（4-58）表示，持有期收益率是到期期限的函數，而 X_1 和 X_2 代表解釋變量。虛擬變量 D_1 和 D_2 則表明在不同市場中的利率差異。這裡，到期收益率需要進行對數線性化。被解釋變量為到期（指數化）收益率，它是時刻 t 和剩餘到期期限 τ 的函數。可以把收益率看作是三維空間中的曲面，t 相當於 y 軸，τ 相當於 x 軸。而瞬時短期利率就是在 t 時刻這條曲線上某個 τ 點時的高。對於仿射模型，通常採取的方法是對觀察到的信息進行主成分分析，以減少解釋變量的個數，Litterman 和 Scheinkman（1991）取了前三個主成分，按照他們的術語，是水平、坡度和曲度。這些因素對於理解利率期限結構曲線的驅動力量是很有用的。現有關於利率期限結構的仿射模型，多數採取估計不可觀測的潛在因素的方法。實證結果表明，水平因子、坡度因子和曲度因子對利率變化的解釋力在不同的模型和樣本間都相當穩健。

4.4.3 實證研究

（1）數據來源

我們選取銀行間市場中的同業拆借利率、債券回購利率和上海交易所國債交易數據。數據來源於《中國債券市場研究數據庫 CBM2006》。國債交易數據從 1996 年 7 月 12 日到 2006 年 4 月 21 日，銀行間市場的利率數據是從 2002 年 11 月 12 日到 2003 年 12 月 31 日的。對於數據的選擇原則，一是瞬時利率 r_t 的最佳近似替代應該選擇其短期變化與其他利率的短期變化相關性最高的利率，即相關性原則。潘冠中（2004）補充了第二原則：選擇交易最頻繁、成交量最大的利率品種。因此，對考察貨幣市場的單因子利率模型，他推薦使用 7 天期回購利率 R007。但是，他只考慮了一個利率隨時間的變化模式，浪費了市場上大量的關於利率的信息。因此，我們希望把盡可能多的利率信息包括進來，以便對利率期限結構的構造有所幫助。

不過，需要指出的是，國債交易品種在 2002 年以前太少，所反應的利率信息有限。在銀行間市場中，期限較長的品種交易也

太稀少，比如3月期拆借利率，出現很多天都沒有交易的情況。

（2）數據處理

對於國債數據，CBM債券數據庫提供了國債的到期收益率，但它計算的不是嚴格意義上的複利（在一年期內，還是單利）。所以要轉換為連續複利的計算：第一，對期限在一年內的單利，原始數據採用的公式 $y = \dfrac{FV - PV}{PV} \div \dfrac{D}{365}$，D為剩余到期天數。則採用公式：$y_s = \ln(1 + \tau y_t)$ 進行轉換，其中 y 是原始數據提供的到期收益率，換算成年收益率就是 $y_s = \dfrac{1}{\tau}\ln(1 + \tau y_t)$。第二，對於超過一年的利率，數據提供的是離散複利，公式為：$PV = \dfrac{FV}{(1 + y_t)^{\tau}}$。則採用下列公式進行轉換：$y_s = \tau\ln(1 + y_t)$。相應地，換算成年收益率就是 $y_s = \ln(1 + y_t)$。

對債券回購和同業拆借市場利率，則採用 $y_s = \ln(1 + \tau y_t)$ 來計算。所以，我們考察的是連續化的年平均到期收益率。

我們以虛擬變量來表示不同市場，如果數據是交易所國債，令 D1 = 1，否則令 D1 = 0；若是銀行間的同業拆借市場利率，則令 D2 = 1，否則令 D2 = 0。將銀行間債券回購利率作為基準。

（3）模型估計結果

①三個市場的分割。先考察2002年11月12日到2003年12月31日期間交易所國債利率、銀行同業拆借市場利率和債券回購利率之間的關係。

由虛擬變量的含義可知，如果在模型中單取虛擬變量 D1，則表示考察交易所國債市場和銀行間市場的差異。從后面的表4.2中可以看出：交易所國債利率明顯與銀行間市場利率不同。平均而言，交易所國債利率要比作為基準的銀行間債券回購利率約高0.1%（D1的系數），而銀行同業拆借利率和債券回購利率則無顯著差異（D2的系數在統計上不顯著）。因此，我們將銀行間市場利率匯總，只考察交易所國債利率與銀行間市

場利率之間的關係，發現交易所國債利率與銀行間市場利率之間確實存在顯著差異。一般而言，交易所國債利率要比銀行間市場利率高0.1%，而長期平均利率在2%左右，這與該期間的銀行一年期存款利率1.98%幾乎是一樣的。此外，我們還發現利率在前一個交易日的水平會對當前利率產生影響。也就是說，就我們所考察的期間，利率具有一定的可預測性。

估計得到的方程為：

$$R2 = 1.9731 + 0.022,34 \times T + 0.189,41 \times R2(-1) + 0.102,33 \times D1 \quad (4-59)$$

其中T表示剩餘到期期限。各參數都通過了顯著性檢驗。

我們將交易所國債、銀行同業拆借和債券回購三個市場的到期收益率放在圖4.1中。銀行間市場的交易品種是短期的，而交易所國債的剩餘到期期限則主要是中長期的。可以看到，交易所國債和銀行間市場的利率變化模式有很大的不同。

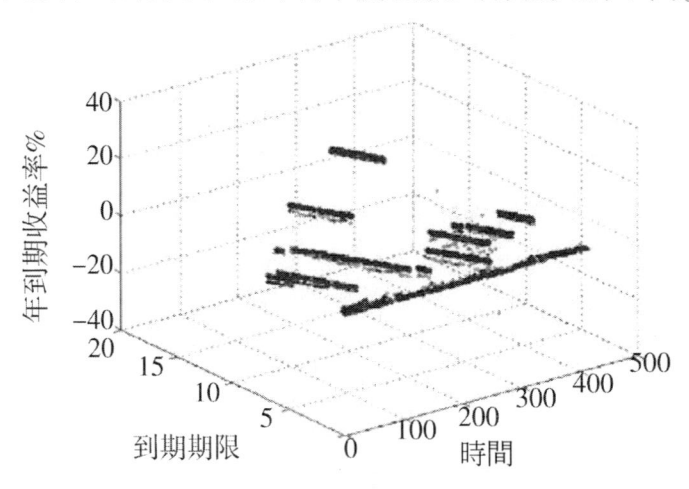

圖4.1　交易所國債、銀行同業拆借和債券回購三個市場的到期收益率

註：第一，此圖表示交易所國債、銀行同業拆借和債券回購三個市場從2002年11月12日到2003年12月31日的到期收益率。

第二，到期期限表示剩餘到期期限的年數。

第三，時間表示從2002年11月12日開始計算的第幾個日曆時間，比如時間1表示2002年11月12日，時間2表示從2002年11月12日算起的第2天，即2002年11月13日，時間100表示從2002年11月12日開始算起的第100天，以此類推。

為了考察銀行間同業拆借利率和債券回購利率是否存在顯著差異，我們考察了銀行同業拆借市場利率與債券回購利率，發現同業拆借市場利率相對於交易所國債利率和債券回購利率要低大約0.046%（D2的系數），表明資金的批發價格略低，這也是符合我們的直覺的。這樣的差異不是很明顯，其顯著性水平略高於90%，不到95%。這也說明銀行間市場利率的一體化程度要高一些，兩者的差異不甚明顯。估計的方程為：

$$R2 = 1.895 + 0.025 \times T + 0.178 \times R2(-1) + 0.067 \times R2(-2) - 0.046 \times D2 \qquad (4-60)$$

對三個市場的實證研究表明，三個市場中，銀行間市場與交易所市場存在顯著差異，而銀行間市場內部差異不明顯。隨著到期期限的增加，利率出現明顯的增加。總體而言，利率期限結構的曲線是向上傾斜的。而去掉虛擬變量D2后，也就是將銀行同業拆借市場的數據與債券回購數據合併后，銀行間市場與交易所市場之間的差異更加顯著。因此，說三個市場相互分割也是大致成立的，而主要的分割則體現在銀行間市場利率與交易所國債利率之間。

我們發現，三個市場中政府政策的影響並不顯著。表徵政府政策的虛擬變量R4的系數不顯著，而且我們對三個市場的其他情形也做了探討，發現政府政策的影響仍然不顯著。可能是由於我們的樣本數太少，考察的時間偏短，政府政策的效應不明顯，而在交易所國債的情形，政府政策影響則是顯著的。

估計的方程為：

$$R2 = 1.8448 + 0.020,89 \times T + 0.176,96 \times R2(-1) + 0.065,96 \times R2(-2) - 0.003,68 \times R4 + 0.094,59 \times D1 \qquad (4-61)$$

②交易所國債市場的利率期限結構。由於數據的限制，我們對三個市場的利率信息的考察，沒有充分利用交易所國債市場利率的信息。因此，我們單獨對交易所國債利率進行考察。

與通常的仿射模型不同，我們希望能在市場中找到可以觀

測到的變量，以便考察它對利率的影響。這樣做一方面是由於數據的限制，要找到每天都有交易的經濟變量並不容易。另一方面則是出於可操作性方面的考慮。對於市場參與者而言，可以直接觀測到的經濟變量對利率的影響更便於操作，適時預測。在整個考察期間，我們發現96國債6的交易時間是最長的，而且交易頻繁，可以在市場中起到一個標杆的作用。我們認為96國債6這一債券價格可能包含了市場關於利率的重要信息。因此，我們考察了它對利率的影響。檢驗發現：96國債6的收盤價全價對利率的影響也是顯著的，表明該債券包含了相當的市場信息，其系數是顯著的。在交易所國債市場中，長期利率約為2%，而到期時間T的系數為正，表明利率隨到期時間增加而增加，曲線是向上傾斜的。各系數在統計上都是顯著的。

估計的方程為：

$$B1 = 2.059,79 + 0.113,99 \times T + 0.003,09 \times B3 \qquad (4-62)$$

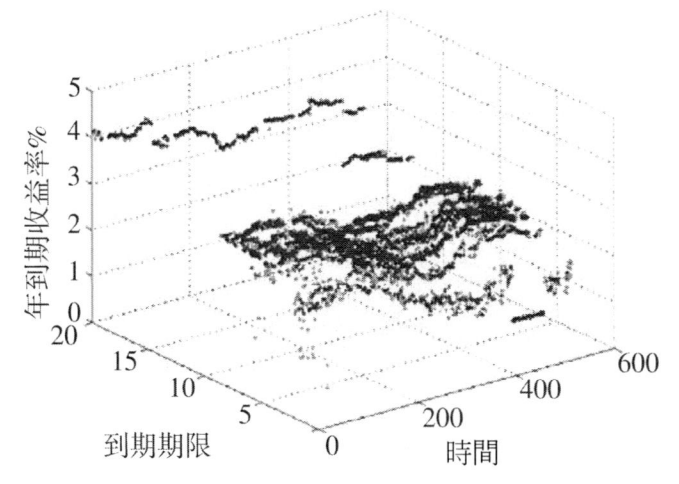

圖4.2　交易所國債收益率（第一部分）

註：第一，為了避免異常值的影響，我們去掉了那些負的收益率數據。然后分段考察以便能更清楚地看到收益率的變化。以下同。

第二，該圖考察的是從2001年9月11日到2003年2月20日間交易所國債市場的（共7000個）交易數據。圖中的時間則是從2001年9月11起開始計算的日期，時間1表示2001年9月11日，時間2表示從2001年9月11日算起的第2天，即2001年9月12日，以此類推。圖4.3~圖4.7中的時間也是如此。

我們將交易所國債到期收益率的數據分為5個時期放在圖4.2到圖4.6中,而整個考察期間的國債收益率放在圖4.7中。從圖4.2中可以看到,到期期限短的國債收益率低,而期限長的則收益率高,呈現出正的期限溢價(左高右低)。只是由於在2001年,交易的國債品種偏少,所以各國債的收益率之間有較大的到期期限間隔。而從縱向的交易時間來看,交易所國債各品種在不同的交易時間之間具有較強的關聯性。

從圖4.3可以看出,各債券品種在不同交易日之間的收益率有著比較密切的聯繫,各品種之間的走勢很相似。

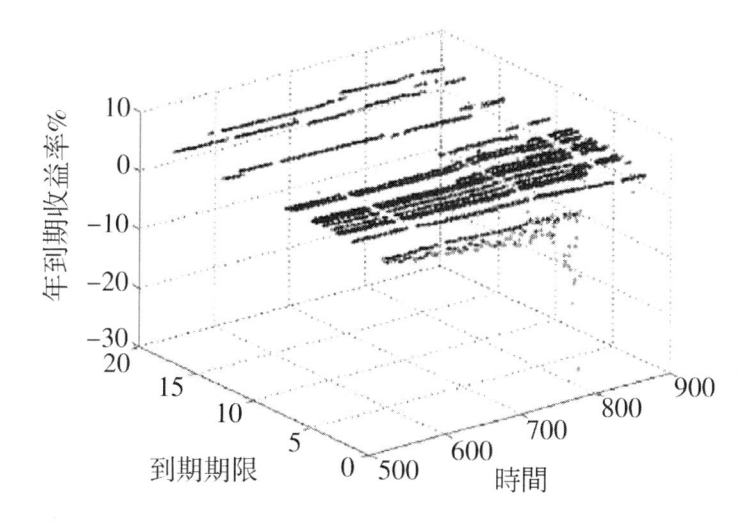

圖4.3 交易所國債收益率(第二部分)

註:該圖表示的是從2003年2月20日到2004年2月25日的交易所國債收益率數據。圖中時間500表示2003年2月20日,501表示2003年2月21日,以此類推。

在圖4.4中可以看到,到期收益率隨剩餘到期期限的增加而增加。可以明顯地看到,各品種之間的收益率隨著交易時間的變化,其模式都大體相似。各品種的收益率都在大致相同的交易日表現出跳躍性的增加。

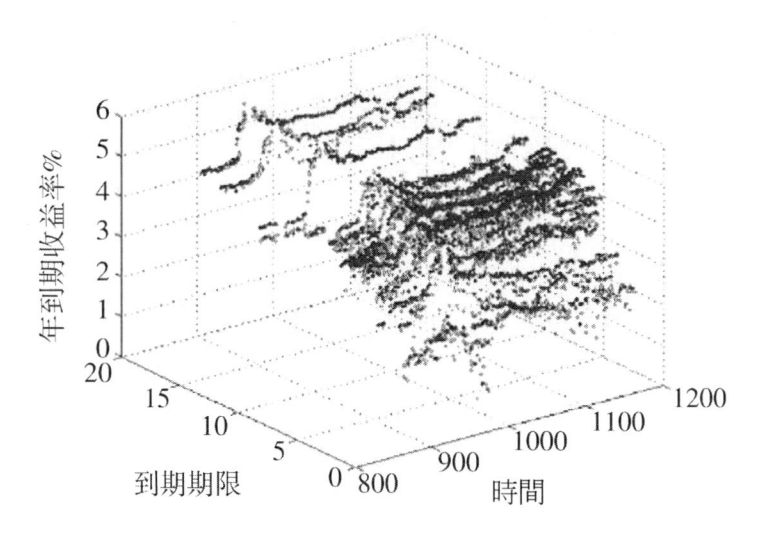

圖 4.4　交易所國債收益率（第三部分）

註：該圖表示的是從 2004 年 2 月 26 日到 2004 年 11 月 16 日的交易所國債收益率數據。接上，時間 800 表示 2004 年 2 月 26 日，801 表示 2004 年 2 月 27 日。

在圖 4.5 中，也可以清楚地看到隨到期期限增加，國債的收益率也是增加的，圖形是向左上傾斜的。圖中可以看到另一個顯著的特點是散點圖呈條狀。這些條狀的散點其實就是該交易品種在各個交易時間中隨時間推移所表現出來的特徵。各交易品種在不同的交易時間中所表現出來的運行變化模式大體相似，表明在同一交易日，各交易品種的收益率表現出大致同漲同跌的特徵。圖中有一些明顯的間斷，是由於節假日等原因而國債沒有交易。但是我們也看到有一些異常值出現，出現收益率為負值，在到期期限較短的情況中，異常情況略多一點。我們還發現有收益率低於 -15% 以上的異常情況，可能是因為交易者在對某些品種的購買慾望過於強勁而出現非理性的行為。

從圖 4.6 中，仍然可以看到前面所說的到期期限長的收益率高、各債券品種在不同的交易日表現出大致相同的走勢等特徵。而且，在到期期限較短的時候，國債收益率還表現出收益率為負值的異常情況。

圖 4.7 表示的是我們整個考察期的國債收益率的圖形。由

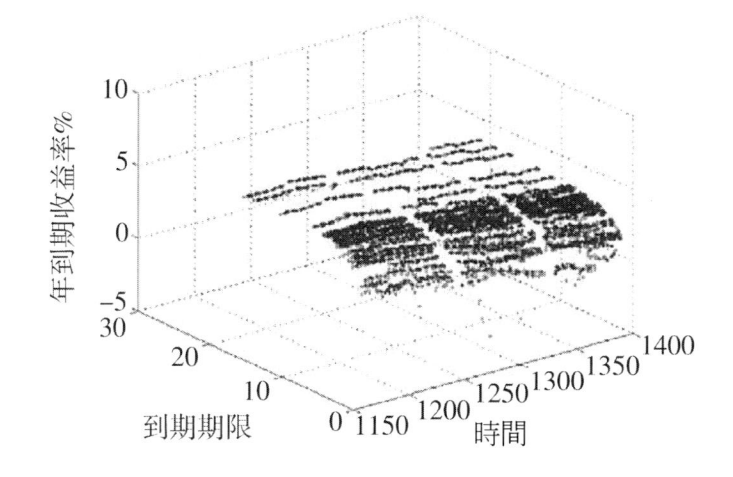

图 4.5 交易所国债收益率（第四部分）

註：該圖表示的是從 2004 年 11 月 26 日到 2005 年 7 月 8 日的交易所國債收益率數據。時間的含義同上。

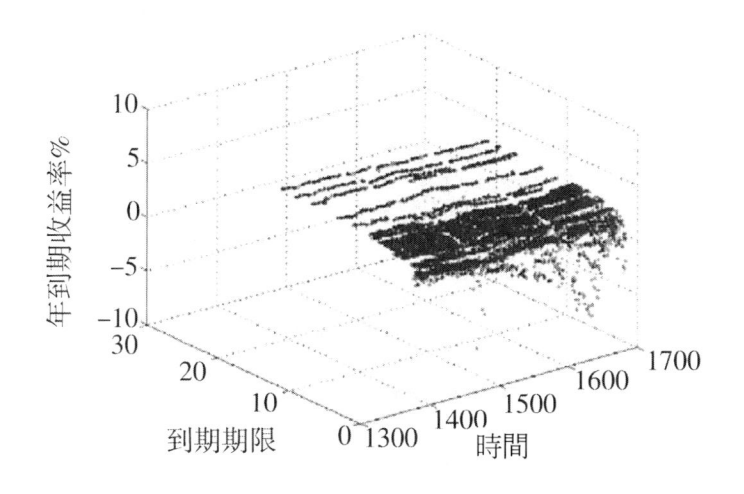

图 4.6 交易所国债收益率（第五部分）

註：該圖表示的是從 2005 年 7 月 8 日到 2006 年 4 月 20 日交易所國債收益率數據。時間的含義同上。

於數據的原因，圖中的特徵反倒不如前面分成五個部分時清楚。從圖 4.2 到圖 4.7 中，可以清楚地看到，由於中國債券市場

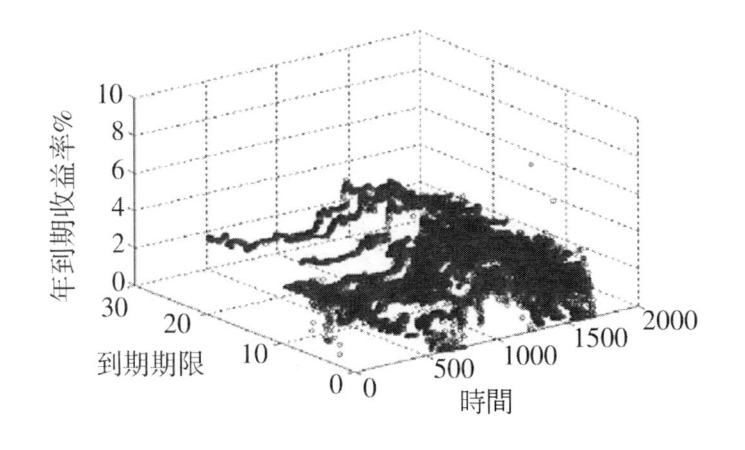

圖4.7　交易所國債到期收益率

註：由於數據中出現一些異常值，有 -15% 以上的收益率，由於影響視圖效果，我們將收益率為負的數據去掉了。它是圖4.2～圖4.6的圖合成在一張圖的結果。

中發行的品種相對較少，所以從某一交易時刻看，短期和長期的品種都較少，圖中的點比較稀疏，而中期的品種較多，比較密集。從時間序列看，散點圖呈斜條狀，表明各債券品種在不同的交易時間中與其自身過去值密切相關。而這些斜條大致平行變化，又說明了各債券品種之間變化的高度相關性。

對交易所國債利率的分析表明：交易所國債利率基本符合我們的直覺，與相關的經濟理論也比較一致。利率期限結構曲線是向上傾斜的。我們將各個到期期限分為五個時段，對每個時段的收益率求平均，如圖4.8。可以看到，隨著到期期限的增加，到期收益率也呈逐年遞增的狀態。但是，對20年以上的收益率，卻發現有下降的趨勢。需要注意的是，這樣所得到的各到期期限的收益率，抽象掉了各交易時間的差別。

我們還研究了96國債（6）的價格中是否可以對未來的利率進行預測。發現其包含有未來市場利率的信息，在一定程度上，該債券能對未來利率進行預測。

為了考察政府政策對國債利率的影響，我們以一年期存款

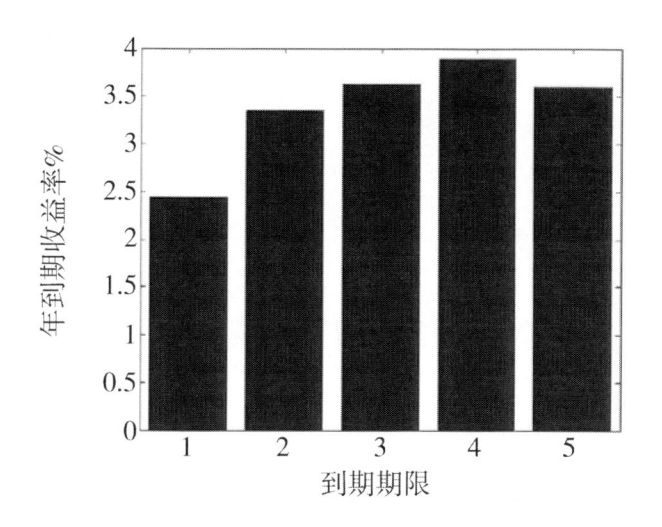

圖4.8 交易所國債收益率（條形圖）

數據說明：1 表示剩余到期期限在 5 年以下的國債收益率的平均值，2 表示剩余到期期限在 5～10 年的國債收益率平均值，3 表示剩余到期期限在 10～15 年的國債收益率平均值，4 表示剩余到期期限在 15～20 年的國債收益率平均值，5 表示剩余到期期限 20 年以上的國債收益率平均值。

利率作為貨幣政策的一個代理變量。在所考察的時段內，中央銀行對利率進行了連續下調，這樣的調整反應了央行對整個經濟發展態勢的判斷，而這個指標也就在一定程度上反應了貨幣政策的影響。我們看到，這個代理變量（B5）的系數是顯著的，表明貨幣政策確實對市場利率產生了重要的影響。注意此時截距項的符號變為負，並不表示長期利率為負，而是由於我們所取的代理變量本身也是利率，兩者對信息的反應具有某種共同性，因此使截距項的符號發生了變化。所有的系數在統計意義上都是顯著的。

估計的方程為：

$$B1 = -0.362,38 + 0.109,65 \times T + 0.0033 \times B3 + 1.077,02 \times B5 \tag{4-63}$$

此外，我們還嘗試用政府政策的虛擬變量（B7）來考察政

府政策對利率的影響。估計的方程為：

$$B1 = 2.122,31 + 0.113,99 \times T + 0.002,75 \times B3 - 0.0588 \times B7$$

(4-64)

發現政府政策的虛擬變量（B7）的系數顯著為負，表明當政府對利率改革的有關政策一出抬，交易所國債利率會有明顯的反應。其系數為負的，且在統計上是顯著的，表明隨著利率改革的推進，政府政策對利率具有顯著的影響，而且在考察期間，政府總的政策取向是降息。

必須指出，由於每日數據比較難以獲得，我們在模型中沒有將一些按經濟理論所必要的變量納入考慮，這使得我們的模型中沒有包含更多的狀態變量，因此可能存在模型設定偏誤的問題。但是，就我們得到的結果來看，我們所考察的變量的顯著性是得到數據支持的。

我們將利率期限結構的實證結果放在表 4.2 中。

表 4.2　　　　　中國利率期限結構的實證結果

	交易所國債和銀行間市場				
	方程 4-1	方程 4-2	方程 4-3	方程 4-4	方程 4-5
常數項	1.968 (60.94)	1.973 (70.17)	1.844 (54.12)	1.895 (55.04)	1.845 (53.51)
到期期限	0.022 (11.54)	0.022 (11.55)	0.021 (10.74)	0.025 (14.73)	0.021 (10.72)
收益率滯後一期值	0.190 (19.67)	0.189 (19.67)	0.177 (18.08)	0.178 (18.12)	0.177 (18.08)
收益率滯後二期值			0.066 (6.71)	0.067 (6.79)	0.066 (6.71)
政府政策 R4					-0.0037 (-0.225)
虛擬變量 D1	0.107 (3.96)	0.102 (4.55)	0.095 (4.22)		0.094 (4.21)
虛擬變量 D2	0.0096 (0.319)			-0.04 (-1.81)	
$\bar{R}^2$	0.083	0.082	0.086	0.085	0.086

表4.2（續）

	交易所國債和銀行間市場					
	方程4-1	方程4-2	方程4-3	方程4-4	方程4-5
F-統計量	232.33	309.77	244.63	240.65	195.7
D-W值	2.029	2.029	2.01	2.01	2.014
觀測值個數	10,335	10,335	10,333	10,333	10,333

	交易所國債市場			
	方程4-6	方程4-7	方程4-8	方程4-9
常數項	2.059 (39.80)	2.006 (39.59)	-0.362 (-8.40)	2.122 (39.97)
到期期限	0.114 (97.62)	0.113 (98.83)	0.110 (119.5)	0.114 (97.62)
解釋變量 X1	0.003 (7.629)	0.1587 (24.42)	0.0033 (10.35)	0.003 (6.699)
政府政策 B5			1.077 (167.8)	
政府政策虛擬變量 B7		-0.155 (-23.87)		-0.0588 (-5.26)
$\bar{R}^2$	0.176	0.190	0.492	0.177
F-統計量	4883.06	3558.7	14,658.25	3264.6
D-W值	0.530	0.554	0.849	0.530
觀測值個數	45,457	45,342	45,457	45,440

註：括號內表示各參數的 t-值。

4.5　中國利率期限結構實證結果分析

　　利率期限結構反應了某一時刻不同到期期限與相應的利率之間的關係，可以為我們對金融產品定價，進行風險管理提供有力幫助。在這裡，我們首先關注的是利率期限結構曲線本身

所揭示的關於中國市場化利率的有關信息。

從總體上看,實證結果基本上是與相關經濟理論相符合的。利率具有正的流動性溢酬,期限結構曲線是向上傾斜的,隨著到期期限增加,利率也相應增加。長期利率水平也和其他的經濟變量所反應的信息相符。三個市場存在分割,利率的變化模式存在差異。而銀行間市場內部的差異則不甚明顯。政府政策對利率所產生的影響也是顯著的。

4.5.1 交易所國債、銀行同業拆借和債券回購三個市場的分割

(1) 分割的程度

從上一節的實證分析結果來看,交易所國債市場的到期年收益率顯著地高於銀行間市場。平均而言,交易所國債的到期年收益率要比銀行間市場高0.1%左右,這種顯著差異的存在,並不隨時間的推移而在市場套利力量的作用下逐漸消失。而銀行同業拆借市場的利率比銀行間債券回購利率略為低0.046%,而且這種細微差異在統計上也不是十分顯著。所以主要的差異還在於交易所國債市場和銀行間市場利率之間,而銀行間的同業拆借利率和債券回購利率的差異則不明顯。

(2) 產生利率差異的原因

銀行間市場利率與交易所國債利率之間的顯著差異產生的原因是:第一,交易主體不同。由於銀行間市場的參與主體存在嚴重的進入壁壘,不具資格的市場參與者被拒之門外。同樣,銀行也不能進入交易所國債市場進行交易。因此,兩個市場反應了不同的參與者對利率的看法。第二,交易規模和交易範圍不同。不同的市場參與者被限制在各個市場中,資金不能在不同債券市場中流動。投資者對投資組合的調整有一定的局限性。第三,反應的信息不同。銀行間市場更多地反應了資金的批發價格,是銀行間資金余缺的調劑價格。第四,稅收上的差異。

這些因素,其實都表明了兩個市場存在明顯的分割,從而

使得套利力量無法跨越其中的障礙，市場中存在的摩擦因素導致了利率的顯著差異。關於摩擦因素對期限結構的影響，李仲飛（2002）等考察了具有成比例的交易費、買賣價差和稅收等摩擦市場的利率期限結構。而張仕龍（2005）等考察了存在固定交易費用的情形。事實上，在轉型經濟中，在不成熟的市場條件下，市場中總是存在這樣那樣的摩擦。在中國目前金融市場尚不發達的情況下，不僅交易費用、稅收等摩擦會影響利率期限結構，賣空限制以及資金約束、進入壁壘也會對市場定價產生扭曲。由於交易費用的存在，增加了投資成本，而稅收的存在減少了投資的未來收益及其現值，使得定價誤差在一定範圍內存在而並不能被市場套利力量所消化，在一定程度上產生定價扭曲。而賣空限制和資金約束則使得市場缺乏應有的流動性，導致債券價格偏離其均衡價格，異常利潤的存在無法通過市場套利的力量在短期內消除。但是，由於存在資金約束，存在進入壁壘，投資者也不能無限制地追逐更大的利潤。兩個市場之間的差異無法在套利力量下消失。

隨著市場化進程的推進，逐步取消資金約束、市場進入壁壘，使銀行和交易所國債市場逐步連通，並放鬆對賣空機制的限制，減輕體制性制約，將提高市場效率。同時隨著市場規模的擴大，買賣價差、交易費用等在整個交易規模中所占比例降低，對市場流動性的負面影響也將逐步減少。

4.5.2 銀行間市場的統一趨勢

實證結果表明銀行間的同業拆借利率與債券回購利率之間的差異不明顯，也就表明兩者趨於一致。原因主要是它們都同屬一個市場，交易規則、交易方式之間的共同因素很多。而且，就交易主體看，兩者差異也很小，多數交易者可以同時在同業拆借市場和債券回購市場中參與交易，其對資金的需求和對市場的看法大體一致。而且兩個市場的連通性日益增加，利率具有趨同性。因此，利率差異不顯著。拆借市場作為金融機構之

間融通資金的市場，是貨幣市場的重要組成部分。從拆借市場在整個金融市場的地位來看，拆借市場的利率一般代表了金融機構取得批發性資金的成本，能及時體現資金供求關係。同業拆借市場日交易量的規模巨大。拆借利率同銀行的存款準備金有關。因此，其利率變動頻繁，遠比其他貨幣市場利率變化明顯。同業拆借市場利率能及時準確地反應貨幣市場上資金的供求變化，是最敏感的貨幣市場利率，在整個金融市場的利率結構中具有導向作用。我們的實證分析也證實了這一點，我們利用同業拆借市場中交易最為頻繁的 R007 作為解釋變量，即 7 天期拆借利率來對拆借利率和債券回購利率進行迴歸，發現它可以很好地解釋其他交易品種的到期收益率的變化。

但是，中國銀行間同業拆借市場存在制度缺陷，從市場參與主體看，中國金融市場雖經過了十餘年的高速發展，主體類型與數量大為增加，但國有商業銀行在整個金融體系中始終佔據著優勢地位，特別是四大國有商業銀行所佔據的市場份額遠遠高於其他各類金融機構的總和。現階段中國的貨幣市場仍屬於寡頭壟斷市場，市場規模相對較小，很容易出現市場價格或利率被人為操縱的情況，從而導致市場的價格發現功能無法真正實現，降低了市場利率信息的可信度。

此外，由於數據的限制，我們的實證分析沒能提供銀行間市場的連通性是否隨利率市場化改革而增強的有關信息。對於交易所國債市場和銀行間市場之間連通性是否增強，我們也沒有提供其動態發展的相關信息。

4.5.3　政府政策的影響

從我們的實證分析的結果來看，當考察三個市場的時候，政府政策的影響並不顯著。但是，當我們單獨考察交易所國債市場時，卻發現了政府政策的顯著影響。其中，我們考察了兩種方式來表徵政府政策，一是用一年期存款利率，另一個是用表徵政府政策的虛擬變量。由於中國目前階段還沒有完全放開

存款利率，那麼，一年期存款利率的變化則在一定程度上反應了政府對經濟的看法，所以可以從一個側面反應出政府的政策取向。該變量的符號為正，表明當政府降低一年期存款利率的時候，交易所國債的收益率也下降。從某種意義上講，一年期存款可以看作是交易所國債的替代品。因此，交易所國債利率與存款利率同升同降。另外一個是表徵政府政策的虛擬變量。當政府有關於利率的政策出抬，其取值為1。因此，該虛擬變量也可以在一定程度上反應政府政策對交易所國債收益率的影響。實證分析表明其影響是顯著為負的。這就是說，隨著政府放寬對利率的管制，國債收益率逐漸降低。考慮到中國的國債市場利率高於銀行存款利率的現實，我們認為這可能表示隨著利率市場化的深入，國債收益率正在向銀行利率下降靠攏。還有一個原因是在我們所考察的階段，政府總的政策取向是降低利率，所以政府政策的出抬引起國債收益率的下降。政府政策虛擬變量的顯著性也從一個方面表明了中國的市場利率受到了政府政策的影響，表現出一定的跳躍性特徵。

交易所國債市場中政府政策的顯著影響，在考察交易所和銀行間市場時政府政策影響系數卻並不顯著。我們認為，在對三個市場聯合考察的時候，可能是由於考察的時間段過短，政府政策的影響沒能顯現出來，所以其影響不顯著。而在交易所國債市場的情景中，對政府政策的兩個表示方法所得到的系數都是顯著的，說明政府政策的影響確實存在。

4.5.4 推進中國債券市場的進一步發展

從前面的分析可以看出，政府政策對利率的影響是顯著的。現在，中央銀行的調控目標已經由過去的單一基礎貨幣量調控轉向利率與貨幣量雙向控製。在金融市場規模不斷擴大的情況下，基礎利率調控不但可以直接影響經濟、金融市場的走向，而且能調控市場信心。這也是發達國家貨幣政策的主要目標。因此，中國貨幣政策的這種轉變標誌其在不斷發展、成熟。

但是，由於早期交易的國債品種很少，對市場利率的信息反應是不充分的。即便到了最近，交易的國債數量仍然有限。因此，數據所反應的信息與經濟的真實狀況可能存在一定的差距，使用時需要小心。Longstaff（2000）指出，若市場不完備，即使有明顯的套利機會，也無法加以利用。

從利率期限結構所反應出的信息來看，對於今后的市場利率形成而言，政府應該調整目前發行國債的思路，應多發國債品種，不僅要有中長期品種，還要多發行短期品種，豐富利率的品種數量結構。提高發行頻率，這樣有利於形成比較完備的市場利率信息，對利率期限結構的合理構造也是有幫助的。建立和公布利率期限結構，利用利率期限結構的信息作為貨幣政策先行指標的參考，指引政策決策，引導人們的預期。

需要說明的是，在我們實證研究中，沒有考慮名義利率和實際利率的區別，沒有分別對待。一則是因為沒有每日的物價數據，二則是在作者所研究的時間段中，物價相對穩定，因此，實際利率與名義利率的變化模式沒有明顯的差異，在這忽略此問題。

第五章

利率風險結構

上一章對利率的期限結構的討論，考察的是風險狀況相同（無違約風險）的債券，在某一時刻的剩余到期期限與收益率之間的關係。但是，並非所有的債券都是無違約風險的，比如企業債券。這一章我們探討有違約風險的債券，其在某一時刻的收益率與其風險大小、剩余到期期限之間的關係，這就是利率的風險結構。本章和上一章共同構成利率風險管理的基礎。

5.1 利率風險結構文獻回顧

本節先討論利率風險結構的定義，接著討論影響利率的因素，然后探討利率風險結構曲線的作用，最后對利率風險結構的有關文獻進行回顧。

5.1.1 利率風險結構的定義

利率的風險結構可以定義為其他條件相同，而利息和本金支付的不確定性程度不同的金融工具之間的利率差。這些差異是投資者接受有風險的收益率而必須得到的補償。也就是說，風險結構探討的是在某一時刻，其他條件相同而風險不同的金融工具的利率之間的關係。

若用數學坐標軸來表示利率的風險結構，就是考察某一時

刻金融工具利率的橫截面信息，以到期期限為橫軸，以利率為縱軸，那麼，對具有相同到期期限的金融工具（以及其他條件都相同），其利率就會因風險的不同而不同。一般而言，金融工具的利率隨著風險的增加而增加。當然，隨著剩餘到期期限的增加，風險溢價本身也可能增加，但也不盡然。利率的風險結構曲線可能隨到期期限增加而發生扭曲。Houweling 等（2001）對各種信用等級的債券利率的研究所得到的圖中，可以看到信用風險不同等級的債券之間收益率曲線出現了交叉扭曲，信用等級低、風險大的企業債券的利率反倒低於信用等級高的，似乎出現了套利的機會。出現這種情況，如果沒有套利力量將市場中這種倒掛現象消除，則很可能是由於債券自身特定的風險或特別的優惠條件使然。

　　在對利率期限結構的研究中，我們抽象掉了風險因素的影響，考察的是不同到期期限與無風險收益率之間的關係。如果將某一時刻的截面信息反應到坐標軸上，以橫軸為剩餘到期時間，縱軸為無風險利率，則利率期限結構就是一條關於到期期限的函數曲線。若考慮各交易時間的情形，則這些利率期限結構曲線可表現為一個曲面。類似地，有風險的利率也可以表示為這樣的曲面。由於風險因素的存在，風險溢價使得其在無風險利率期限結構所在曲面之上。

5.1.2　影響利率的因素

　　利率風險結構既然是考察期限相同的金融工具利率之間的關係，那麼，利率肯定會受到金融工具的風險的影響。而金融工具的到期期限、流動性、不同的稅收待遇也會對利率產生影響。此外，債券利率還和無違約風險的利率、債券的息票利率、其隱含的某些期權等密切相關。

　　毋庸置疑，金融工具的到期期限的長短，是影響利率風險溢價的一個重要因素。

　　風險大小是另一個影響利率的重要因素。公司可能由於經

營不善或是遭遇突然的外部衝擊，不得不延期支付債券利息，公司甚至可能破產，破產清算所獲得的收益低於銀行應得的本金和利息，這些都構成了公司作為債務人的風險。對債券而言，債券發行人到期不能按時支付利息或者不能清償面值而產生違約風險，交易的另一方必定要求相應的風險補償。因此，違約風險必定影響債券的利率。而政府總是可以通過增加稅收或多印鈔票等方式來清償債務。因此，政府債券幾乎沒有違約風險。這樣，有違約風險的企業債券與無違約風險的政府債券之間的利差，就是風險升水，也就是人們持有可能違約風險的債券需要獲得的補償，額外收益。對風險中性交易者而言，風險越大，所要求的風險補償也越高。對同一個發行者而言，不同債券因其不同的期限、不同的違約可能性，其信用幅差、風險溢價也不同。

流動性也是影響債券利率的一個重要因素。債券流動性的大小，反應了其在短期內的變現能力，以及因變現而可能遭受的損失。債券流動性越大，人們在需要變現的時候越容易出手。同時，流動性大的債券，其交易費用也往往更低。政府債券與企業債券相比，其流動性相對較高。企業債券的交易費用相對政府債券而言應該要高一些。在實際中，也可以清楚看到企業債券的交易量往往比國債的交易量小。因此，企業債券的風險溢價要受到債券流動性的影響。

此外，不同的稅收待遇也會對金融工具的利率產生影響。市政債券和企業債券的差異，其中一個重要原因就是兩者的稅收待遇不同。

5.1.3 利率風險結構曲線的作用

利率風險是整個金融市場中最重要的風險之一。在金融市場中存在大量有各種風險的金融工具，它們的風險對其收益的影響往往是關鍵性的。而利率是可貸資金的價格，匯率、股票和商品的價格皆和利率息息相關。探討利率的風險結構，就是

为了更深刻地瞭解風險是怎樣影響金融工具的收益率的，從而為我們更好地管理風險提供依據。對商業銀行而言，由於信貸關係是銀行與客戶之間最重要的關係，因此，利率風險是銀行經營活動中面臨的最主要的風險之一。

同時，利率的風險結構也是企業債券等許多金融工具定價的基礎，特別是新發行債券的定價。與無風險利率期限模型相似，利率風險結構給我們提供了到期期限相同風險不同的債券的風險補償信息。這些信息可以幫助我們對新發行的債券，按其到期期限和風險大小來定價。

利率期限結構和信用幅差曲線對風險管理也十分重要。例如，在應用歷史模擬方法來計算公司債券組合的在險價值 VaR 時，未來的情景是通過在今天的利率和信用幅差曲線的基礎上，加上其歷史演進的運動變化而得到的。在每一情景中債券組合被重新估價以獲得未來組合價值的實際分佈，以便管理和規避利率風險。若所構造的利率風險結構曲線不精確，則可能誇大在險價值 VaR，從而要求過大的管理資本。

在中國目前的經濟轉型過程中，市場化改革不斷推進，利率市場化也正隨著加入 WTO 而不斷深入推進，利率風險問題正逐漸顯露出來。以存貸款利率為標誌的利率市場化進程不斷推進，但影響利率的市場因素尚未完全顯現，市場中的金融產品還不豐富，利率風險將逐步成為金融業最主要的風險。在這樣的大趨勢下，更應該加強利率風險的研究工作。

5.1.4 利率風險結構的有關文獻回顧

現有的文獻對利率風險結構的研究主要集中在有違約風險的債券的信用風險幅差方面。

從概念上講，信用幅差是相同到期期限的零息公司債券收益與零息國債收益之間的差異，體現了公司債券的信用風險。在實際中公司債券往往是付息的，這就要求估計它的即期利率曲線。為了把握不同的發行者各自的獨特性，最好是對每一個

发行者都估计一个不同的信用幅差。然而数据的约束常使实证研究仅限于各已知信用等级的债券类别，估计的幅差是具有同一信用等级的发行者的平均幅差。

对信用幅差和公司债券定价的实证文献大致分为两类：第一类文献主要考察信用幅差的决定因素。这些文献中，信用幅差是用企业债券与具有相同或类似剩余期限的政府债券的收益率之间的差异来度量的。于是，分析集中在发行者和发行的金融工具的特征上，以解释所观察到的信用幅差。Duffee（1998）在时间序列的框架下探讨了美国的国库券收益和公司债券的利差之间的关系，发现幅差与期限结构的水平和斜率都是负相关的。第二类实证研究的文献分析利用公司债券价格信息来估计信用幅差的期限结构。Elton 等（2001）利用 Nelson – Siegel（1987）的即期利率函数来估计美国企业债券和国债的月度即期收益曲线和隐含的信用幅差。他们的研究表明，估计的信用幅差曲线几乎不交叉，意味着债券定价体现了信用的差异，信用风险溢价是正的，信用评级把握了公司的相关信息。而 Perraudin 和 Taylor（1999）在对英国公司债券市场的分析中发现，各种类别中，大约25%的债券价格与它们的评级不一致。他们利用 McCulloch（1975）的三次样条函数来估计三个不同的信用等级的英国债券的信用幅差的日收益曲线。利用月度数据，Diaz 和 Skinner（2001）分别利用三次样条函数、Vasicek 和 Fong（1982）指数化样条以及 Nelson – Siegel 等三种方法估计了美国政府债券和 AA 级金融债券的期限结构。他们发现把不同等级的公司债券价格的信息合并在一起，并不是相反的影响公司债券的期限结构的估计结果。单独地估计债券和公司债券的期限结构有时可能导致扭曲的幅差曲线，与债券的理论价格模型所预言的平滑曲线形成对比。

对利率风险结构的研究，比较突出的还有 Jarrow 等（1997）的马尔可夫（Markov）链模型。该模型是在 Litterman 和 Iben（1991）、Jarrow 和 Turnbull（1995）的工作的基础上，扩展到对

多重信用評級的情形而得到的。此外，Duffee 和 Singleton（1992）也提出了一個估計利率風險結構的模型。

要討論利率的風險結構，第四章中討論的利率期限結構是一個必要的基礎。Houweling 等（2001）從一個既有政府債券也有公司債券的數據庫中來聯合估計無風險利率期限結構和信用幅差曲線。在此之前，多數文獻所採用的方法，都是單獨針對各種信用風險類別的數據來估計幅差曲線，然后再和相應的無風險利率相減。這種方法可能會導致曲線扭曲，風險大的債券利率反而低於風險小的。Houweling 等（2001）提供的聯合估計避免了這一問題。他們採用樣條函數方法對利率風險結構和期限結構聯合考察，並嘗試降低樣條函數的階數，減少樣條的節點，從而減少了需要估計的參數個數。由於數據的限制，無法得到每天交易的數據，他們將同一信用等級的公司歸為一組。其模型如下：假定有 C 類債券，其中，第 1 類債券就是政府債券，其違約風險為 0，第 2 至第 C 類分別是有風險的。按照信用評級和行業進行分類，然后對每一類別分別估計其信用幅差曲線。他們利用下列模型來聯合估計貼現曲線：$D_1(t) = d(t)$，$D_c(t) = d(t) + s_c(t), c = 2,3,\cdots,C$，其中，$D_1(t) = d(t)$ 表示無違約風險的貼現率，而 $s_c(t)$ 就是各類風險債券的風險調整貼現部分。約束條件為：$D_c(0) = 1$，他們將區間 [a, b] 分為 n 小段，然后對每一小段估計 k 階多項式，要求區間中每一個節點（共 n-1 個）左右兩邊的多項式函數必須滿足 k 個約束條件，相當於 0 到 k-1 階導數相同的。[①] 總共就有 (n-1) k 個約束條件，有 n (k+1) 個系數，因此有 n+k 個自由度。採用現金流貼現的方法將債券價格和貼現函數的系數聯繫起來估計系數。

Roy，Darbha 和 Pawaskar 考察了印度的情形，他們將公司票

---

① 比如 k=3，其含義表示貼現函數分別是連續的、可導的、曲率相同的。

據發行等原始信息匯總，將利率期限結構的一個轉換衝擊和權益指數的變動加入到信用幅差的估計中。每天的信用幅差曲線是利用 2000 年 1 月到 2001 年 2 月的信息生成的。Merton（1974）顯示曲線可能具有不同的形狀，這取決於公司價值與債務的比率以及公司價值的波動性。實證研究已經顯示存在向下傾斜的曲線，抑或是駝峰形的曲線。曲線的形狀具體如何，對等級較次的工具而言，取決於這樣的工具提高等級的可能性。

此外，有一些文獻考察了政府政策對利率風險的影響，考察風險溢價是否具有時變性（隨時間變化而變化的風險溢價），探討這種變化是否是由政府政策所引起的。Grout 和 Zalewska（2006）對此進行了探討，他們希望瞭解政府對經濟的管理是如何影響市場的風險價格的。他們考察的是英國在 1997 年 7 月到 1999 年 7 月之間，英國政府提議要將公用事業單位的利潤與消費者分擔，從而引起市場風險對這一管理舉措的反應。作者考察了該提議之前、之中和之後的行為變化，先以英國本國其他沒有受到該提議影響的行業作為控製組來考察是否該提議具有明顯的影響，然后又與美國同一時期相似的行業做比較，以消除這種提議導致行為變化是由於國際原因導致的可能性。作者先使用單因素方法來判斷，后來又使用 Fama 三因素 FF3F（Fama French 3 Factor）模型，也證實了同樣的結論。Grout 和 Zalewska（2006）指出，該模型增加的兩個因素並未有顯著的解釋力。

5.1.5 小結

總而言之，目前對利率風險結構的研究主要是針對企業債券進行的。由於有一級市場和二級市場的交易數據，同時有信用評級機構給出企業的信用等級，可根據信用等級不同、期限不同、合同條款不同來考慮利率的風險結構。可以考慮同一期限下不同的風險所要求的利率差異，即在無風險利率上的風險幅差，然后考慮不同期限中的風險幅差，得到利率的風險結構。

但是，隨著利率市場化的推進，相同風險所要求的風險補償可能是隨時間推移而變化的。此外，當人們的風險偏好發生變化后，利率的風險價格也會相應變化，但要區分出人們的風險偏好或者利率的風險價格的變化，在實踐中往往是很困難的。在改革進程中，隨著政策變化，金融市場的環境也相應發生變化，這有可能導致風險的價格變化。

總體而言，學術界對利率的風險結構研究相對較少，採用的方法也比利率期限結構的研究方法簡單粗略。主要是通過考察具有相同期限的不同債券的信用風險級別，來確定各信用等級之間的風險溢價問題。就本人涉獵的情況來看，國內對利率的風險結構研究很少，徐明聖（2004）在其博士論文的第一章有所涉及，而相關的實證研究則幾乎難以見到。

實際應用中，企業債券的定價往往是通過在無風險利率的基礎上加上一個相應信用風險等級的風險溢價來確定，這就意味著：

第一，需要有比較完善發達的徵信體系。這在轉型期間的中國，還需要時間來建立健全。

第二，只考慮了信用風險，沒有考慮債券的其他風險。而其他風險也應該體現在相應的利率差異上。

第三，對沒有市場交易的金融產品或服務，考察其利率幅差，則難以應用前述方法來進行。

5.2 利率風險結構的實證分析

本節先設定利率的風險結構模型，然后對中國的企業債券的收益率進行實證分析，發現中國的企業債券具有顯著的正的風險溢價。

5.2.1 模型設定

假定到期收益率與債券價格滿足下列關係（邵宇，2003）：

$$\exp(-R(t)t) = \frac{F(V,t)}{pv} \quad (5-1)$$

可以寫作：

$$R(t) = -\frac{1}{t}\ln\frac{F(V,t)}{pv} \quad (5-2)$$

為了探討利率受到哪些因素的影響，我們考慮如下模型：

$$R(t) = c + \alpha_1 t + \alpha_2 r(t) + \alpha_3 \theta + \alpha_4 X + \varepsilon \quad (5-3)$$

其中 $r(t)$ 是無風險的國債利率，θ 是企業債券的風險，X 為其他需要考慮的因素，ε 為白噪聲。

正常情況下，有違約風險的債券收益率會隨無風險利率的增加而增加。因此，我們在影響因素中考慮了無風險利率。當然，債券本身的風險大小會影響人們對風險的補償要求，因此，若債券的風險越大，其利率也應該越高。與傳統的採用信用評級的方法來考察債券的風險溢價不同，我們選用債券自身的歷史交易價格所反應的信息來度量其風險大小。這樣，對利率風險結構的考察，就不再僅僅限於信用評級所確定的幾個粗略的分類，而是隨著債券自身風險的大小而不同。而且，這樣的方法還包括了比信用風險更豐富的信息，也避開了債券的信用評級資料無法得到的困難。

為了考察具有違約風險的債券的風險溢價受到哪些因素的影響，我們也考慮下列的模型：

$$R(t) - r(t) = c + \alpha_1 t + \alpha_2 \theta + \alpha_3 X + \varepsilon \quad (5-4)$$

5.2.2 數據來源及處理

我們採用《中國債券市場研究數據庫 CBM2006》中提供的交易所交易的企業債券數據。交易數據從 2003 年 2 月 24 日起到 2006 年 4 月 21 日止。

由於中國企業債的品種有限，在該段時間內有一些債券交易數據太少。我們將交易數據較少的品種剔除，結果只選取了 01 廣核債、02 電網 15、99 寶鋼債等 10 種在所考察的期間交易時間較長的企業債券。

我們考察了兩種無風險利率的代理變量，一是如第四章那樣，選擇了一個交易時間長，交易頻繁的國債的收益率，即 96 國債 6 這一品種的收益率。二是考慮了國債指數的收益率。對於風險的估計，我們採用了三個指標來從不同側面反應。第一個就是企業債自己的收益率在過去的交易時期中的波動率。我們採用滾動樣本來計算其波動性，以表徵其風險性大小。第二個就是利用 96 國債 6 的交易價格信息，來估計風險的大小，同樣採用滾動樣本來進行計算。第三個是直接採用國債指數的每日振幅來考察風險的大小。后兩者在一定程度上反應了整個經濟的波動性。同樣，我們也採用了第四章的方法將收益率數據轉換為連續複利。

5.2.3 估計的結果

我們分兩種情況來估計，一是考察影響企業債券收益率的因素。二是考察影響風險溢價的因素，風險溢價是利用企業債券與無風險利率債券之差來計算的。[①]

(1) 考察企業債券的收益率

我們首先把兩種表示無風險利率的信息都納入估計的模型中，估計得到的方程為：

$$R = 4.472,13 + 0.130,79 \times T + 0.073,81 \times X1 + 0.041,43 \times X2 - 2.463,97 \times X3 \quad (5-5)$$

從估計的方程中可以看到，到期期限 T 的系數顯著為正，表明利率隨到期期限的增加而增加，利率的風險結構是向上傾

[①] 由於數據的限制，本來應該考察在各交易日中相同到期期限的企業債券和無風險利率之差，本書的處理有些粗略。

斜的。作為企業債券自身風險的度量指標 X1（即企業債券利率的歷史交易數據的滾動樣本標準差）對企業債券的利率的影響為正，表明風險越大，相應的利率也越高。但就我們所選擇的數據來看，該系數從統計意義上看卻不是十分顯著。而國債指數的收益率的符號與經濟理論的假設也不一致，而且其系數也不顯著。這可能是由於同時考察的兩種表徵無風險收益率的指標之間存在較強的相關性，從而引起多重共線性問題。為此，我們將國債指數收益指標剔除，發現對模型的擬合效果並無顯著影響。將國債指數的波動性指標剔除，發現各系數在統計上都是顯著的。但是，國債指數收益的符號仍為負，表明還可能存在多重共線性問題。從模型中各參數的顯著性來看，所有的解釋變量在統計意義上都是顯著的。單獨考察國債指數的收益率和波動性對債券利率的影響，也得到類似的結論，只是擬合效果略差。

我們發現，債券自身過去一二個交易日的利率對當前收益率具有明顯的影響，而且符號為正，表明企業債券利率包含有未來走勢的信息，過去一二個交易日利率高的話，當前的利率也可能上升。而且，引入滯后交易數據後，模型的擬合效果大大提高。但是，企業債券自身的風險指標卻不顯著，去掉 X1，對結論沒有什麼影響。此時，估計的方程為：

$$R = 0.031,56 + 0.001,76 \times T + 0.845,25 \times R(-1) + 0.141,49 \times R(-2) + 0.006,14 \times X2 \quad (5-6)$$

（2）考察利率的風險溢價的影響因素

實證分析得到的方程為：

$$X6 = -0.7671 + 0.052,15 \times T + 0.671,36 \times R(-1) + 0.7366 \times X4 + 0.3468 \times X5 \quad (5-7)$$

實證檢驗結果表明利率的風險溢價也受到期期限的影響，表示隨企業債券到期期限的增加，其風險溢價會相應增加。也就是，期限長的企業債券較之期限短的企業債券，其高於相應

期限的國債的風險溢價也會大一點。同樣，債券自身的波動性指標對利率的風險溢價也沒有顯著影響，其系數在統計上不顯著。而國債指數收益和波動指標對利率的風險價差的影響是顯著的。這說明所考察的企業債券的利率對自身過去的波動性是不敏感的。而整個經濟中無風險利率在過去時期的變化對企業債券的風險溢價影響更為顯著。

我們對企業債券利率和利率的風險溢價都進行了單位根檢驗，發現兩者都沒有單位根。

我們把對利率風險結構的估計結果列在表 5.1 和表 5.2 中。

表 5.1　　　　中國利率風險結構的實證結果

	方程 5-1	方程 5-2	方程 5-3	方程 5-4	方程 5-5	方程 5-6
常數項	4.3966 (77.14)	4.498 (81.91)	4.472 (82.73)	2.632 (70.16)	3.015 (84.57)	3.127 (91.35)
剩餘到期期限	0.130 (61.48)	0.131 (61.68)	0.131 (61.71)	0.132 (55.96)	0.128 (52.13)	0.130 (52.33)
解釋變量 X1	0.0584 (1.619)	0.072 (1.992)	0.074 (2.043)	0.209 (5.192)	0.189 (4.517)	0.22 (5.223)
解釋變量 X2	0.042 (3.788)	0.036 (3.230)	0.041 (3.785)	0.283 (26.89)		
解釋變量 X3	-2.436 (-42.05)	-2.489 (-43.29)	-2.464 (-43.42)			
解釋變量 X4	-0.035 (-0.616)	-0.147 (-2.681)			0.242 (3.726)	0.051 (0.819)
解釋變量 X5	0.409 (6.453)				0.760 (10.39)	
$\bar{R}^2$	0.531	0.528	0.528	0.410	0.363	0.354
F-統計量	1425.13	1692.7	2112.4	1750.9	1075.2	1378.0
D-W 值	0.039	0.035	0.034	0.028	0.039	0.025
觀測值個數	7549	7549	7549	7549	7555	7555

表5.1（續）

	方程5-7	方程5-8	方程5-9	方程5-10	方程5-11
常數項	0.036 (4.436)	0.032 (4.445)	0.029 (3.573)	0.032 (3.868)	0.027 (3.756)
剩余到期期限	0.002 (4.318)	0.002 (4.509)	0.002 (4.043)	0.002 (4.077)	0.002 (4.705)
收益率滯后1期值	0.985 (503.1)	0.845 (71.61)	0.845 (71.59)	0.849 (71.70)	0.843 (71.45)
收益率滯后2期值		0.141 (11.98)	0.142 (11.99)	0.186 * (11.36)	0.143 (12.08)
解釋變量 X1	0.003 (0.489)		0.004 (0.604)	0.003 (0.472)	
解釋變量 X2	0.005 (2.837)	0.006 (3.301)	0.006 (3.305)	0.006 (3.358)	0.006 (3.342)
解釋變量 X4	-0.040 (-3.938)				
$\bar{R}^2$	0.98	0.983	0.983	0.983	0.983
F-統計量	87,173.2	110,676.2	88,533.5	73,829.6	88,669.2
D-W值	2.203	1.938	1.937	1.956	1.938
觀測值個數	7539	7529	7529	7519	7529

表5.2　　　　　　　對風險溢價的估計

	方程5-13	方程5-14	方程5-15	方程5-16
常數項	4.397 (77.20)	-0.745 (-14.92)	-2.918 (-43.99)	-0.767 (-17.56)
剩余到期期限	0.130 (61.57)	0.052 (17.97)	0.013 (5.53)	0.052 (22.21)
收益率1期滯后值		0.679 (58.74)	0.942 (76.90)	0.671 (58.20)

表 5.2（續）

	方程 5-13	方程 5-14	方程 5-15	方程 5-16
解釋變量 X1	0.059 (1.623)	0.030 (0.716)		
解釋變量 X2	-0.958 (-85.98)			
解釋變量 X3	-2.441 (-42.15)		2.485 (40.90)	
解釋變量 X4	-0.035 (-0.616)			0.737 (11.28)
解釋變量 X5	0.411 (6.48)			0.346 (4.70)
$\bar{R}^2$	0.66	0.526	0.613	0.534
F-統計量	2438.8	2795.6	3974.3	2164.5
D-W 值	0.038	0.059	0.086	0.088
觀測值個數	7547	7544	7538	7544

註：括號內表示各參數的 t-值。

5.3 對利率風險結構實證結果的分析

5.3.1 關於利率的風險結構

我們利用證券交易所的企業債券的信息來考察中國的利率風險結構。企業債券相對於無風險國債是有一定的風險的，這種風險不僅僅是由於企業的信用水平差異造成的，因此我們試圖用它們過去的交易信息來估計其波動性，作為其風險的測度。

對企業債券的風險收益率的實證研究表明，第一，企業債券收益率曲線是向上傾斜的，到期期限 T 的係數都是顯著為正

的，表明到期期限長的企業債券，其利率也相應高。第二，企業債券利率引入其滯后 2 階值后，擬合效果最好。表明企業債券利率具有一定的持續性，可以利用利率自身的信息對今后的利率進行短期的預測。而且，實證結果表明，利率滯后值的系數是顯著為正的，表明其在前一個交易日的收益率若較高，可能意味著今天的利率也高。第三，國債收益率顯著為正的，表明如果相應的無風險的國債收益率增加，則企業債的收益也會水漲船高。這是符合直覺的。第四，企業債券自身的波動性並不能很好地說明收益率，即所考察的企業債對其自身風險不很敏感，利率的風險溢價不顯著。而對國債收益率或國債指數的波動性有著比較高的敏感性。究其原因，可能是我們考察的這些企業債都是信用很高的，它們的收益率與無風險的國債利率具有很高的相關性。在中國目前的企業債券市場，只有信用極高的企業才被允許發行企業債。國債的波動性在一定程度上反應了市場波動性。因此，企業債券利率受整個經濟形勢的影響比其自身獨特的風險因素影響可能大得多。所以才會表現出這樣與經濟理論相背離的狀況，具體原因如何，尚需深入研究。

在對利率風險結構的實證檢驗中，為了避免風險曲線出現明顯扭曲，即有違約風險的企業債券的利率卻比同樣條件的國債利率低的情況，我們把無風險國債的利率期限結構納入了我們的考慮範圍，主要考察了反應整個國債市場狀況的國債指數的日收益率，和具體到某一個有一定代表性的國債品種的收益率。而不是直接根據前面一節估計的利率期限結構得到的相應到期期限的無風險利率作為國債收益率的代表，這樣的處理略微有一些粗糙。但是，鑒於中國目前債券市場的發展狀況，我們選取的國債品種的收益率和國債指數的收益率仍具有一定的代表性，不失為一種次優的辦法。

從風險溢價的影響因素來看，債券的剩余到期期限對風險溢價的影響也是顯著為正的。這表明，風險溢價隨到期期限的增加而增加，這種關係表現出一定的穩定性。即在不同的方程

中，期限對風險溢價的影響都顯著為正。而前一個交易日的收益率對風險溢價的影響也是顯著為正的，表明前一交易日的信息在一定程度上可以對當前的風險溢價進行解釋。前一交易日的利率越高，則當前的風險溢價也可能會更高，表現出風險溢價的水平效應。國債的收益率的系數為負，表明國債收益率越高，這樣的風險價差越小。這和前面關於中國企業債和國債市場相關性密切的解釋是一致的。因為企業債和國債收益率有較強的相關性，當國債收益率增高時，企業債券的收益與企業債券的風險溢價減少，表明兩者此時有走向一致的趨勢。對我們所選的具有某種代表性的國債，其收益的波動在不同的方程中對企業債券的風險溢價給出了不同的符號。說明我們所選的該種債券自身獨特的信息在不同的方程中的作用是不同的。但是，國債指數的波動性對企業風險溢價的影響是顯著為正的。這表明，當國債指數的波動性增加時，企業所要求的風險溢價也相應增加。也就是說當發現經濟中國債指數越是不穩定，越是希望企業債券有更高的風險溢價作為補償。

5.3.2　中國的利率風險結構的立方圖

從立方圖中可以清楚地看到，企業債券的收益率比相同期限的國債收益率高，表明中國的利率風險溢價基本是正的，由於企業債券風險增大而期望得到的風險報酬更高。需要說明的是，因中國企業債的品種和交易數據的限制，我們所選取的企業債券很有限，只有10個品種，所以圖中看到的企業債券收益率的系統性略差，其收益率隨到期期限而增加的趨勢在圖中不太明顯。

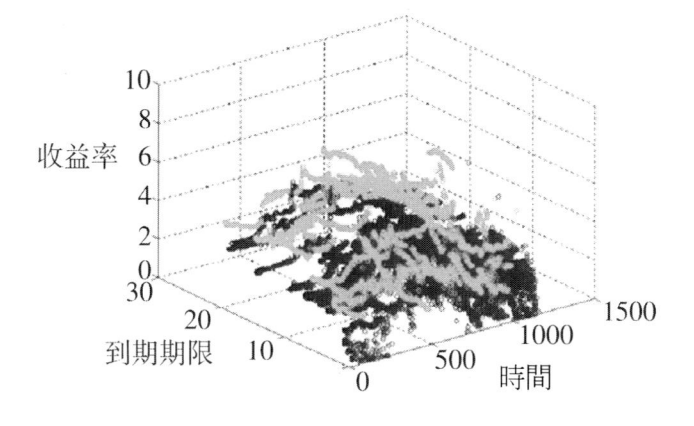

图 5.1　中國的利率風險結構立方圖

註：企業債到期收益率與國債收益率的比較。其中，淺色的表示企業債券收益率，深色的表示國債收益率。交易時間是從 2003 年 2 月 24 日到 2006 年 4 月 21 日。在時間坐標（X 軸）表示日曆時間，1 表示 2003 年 2 月 24 日，2 表示 2003 年 2 月 24 日算起的第 2 天，即 2003 年 2 月 25 日，以此類推，如 1000 表示 2005 年 11 月 19 日。

5.3.3　關於利率風險結構的一點說明

需要指出的是，中國的企業債券上市流通的都是信用級別比較高的，我們沒有考察風險較高的債券，沒有低信用級別債券的交易信息，這樣度量的風險溢價應該說是不全面的。所以就我們估計的利率風險溢價模型，要說明整個利率的風險結構，需要謹慎。今后應多發行企業債券，作為企業間接融資的一種手段，也為利率的風險價格提供更多的交易信息。不過，這需要市場比較成熟，需要市場參與者具有理性投資觀念和掌握高超的風險管理技術，才能根據市場交易所反應的信息來進行風險管理，得到利率的風險結構，不能一蹴而就。

儘管還有待市場的發育，我們提供的方法對估計利率風險結構還是有一定幫助的。利用我們得到的利率風險結構的有關信息，可以為其他沒有市場交易的金融工具（如貸款）的定價提供參考。

第六章

利用利率結構的信息對貸款定價

本章利用第四章和第五章得到的關於利率結構的信息，對貸款定價進行研究。在考察 RAROC 模型對貸款定價的基礎上，借鑑債券定價的 OAS 模型的思想，將兩者結合起來對商業銀行的貸款進行定價。RAROC 模型主要考慮貸款的風險，OAS 模型則主要考慮其中隱含的期權對利率的影響。而在實際的貸款業務中，往往既要考慮貸款的風險，又要考慮其隱含期權的影響。因此，本章嘗試將兩者結合起來，以便對貸款更為準確地定價。

6.1 作為商業銀行主要業務的貸款

6.1.1 商業銀行的主要業務——貸款

雖然近年來中國商業銀行的中間業務和表外業務得到了快速發展，但是，作為商業銀行主要的收入來源的，仍然是貸款。中國商業銀行目前的利息收入占到總營業收入的相當比重，即便是在金融與經濟都高度發達的香港地區，其利息收入在銀行總營業收入中也占到 65%。[1] 國有銀行最大的利潤來源是存貸

---

[1] 王虹. 利率市場化進程中商業銀行的利率風險管理. 四川大學學報: 哲學社會科學版. 2003 (1): 18-22.

差，屬於壟斷利潤，國際金融界平均只是1.5%～3%，而中國則達到3.5%～5.5%，是國際平均標準的2～3倍。①

因此，貸款對於商業銀行而言，不僅是生存的基礎，也是發展的保障。貸款本息是否能按時足額回籠，是商業銀行必須關注的問題。而貸款定價是否合理，既關係到銀行的利潤大小問題，也涉及到貸款本息能否按時足額收回的問題，商業銀行莫不對此高度重視。

相對於商業銀行資金的其他投放渠道(比如債券投資或者在同業拆借市場的放款)而言，銀行發放的貸款是不容易在市場中進行交易的，因此缺乏相關的市場定價信息。作為商業銀行資產負債表中資產一方的主要部分，貸款的流動性相對較差。通常，銀行不能要求借款人提前償還所借資金，以增加銀行資產的流動性。資產證券化是一種提高銀行貸款流動性的方法，有許多文獻對此進行研究，本書在此不做深入探討。因此，在缺乏貸款的市場定價信息的情況下，銀行往往需要根據自身所掌握的信息來對貸款定價。

隨著中國利率市場化改革的深入推進，央行放寬了貸款利率浮動空間。目前，貸款利率的上限已經完全放開，存在的限制是貸款利率的下限和存款利率的上限。因此，商業銀行有了相當大的定價自主權。但是，在實際操作中，商業銀行並不能隨意定價。因為定價過高，則可能會驅使客戶從事高風險的經濟活動，增加道德風險，可能導致逆向選擇問題。或者抑制了客戶的借款需求，或者將潛在的客戶拱手讓給競爭對手，這是銀行所不願看到的。如果定價太低，銀行將無法實現盈利目標，使銀行面臨虧損的危險而難以為繼。因此，科學合理的貸款定價對銀行有著十分重要的意義。

---

① 譚祝君，鄧坤. 從利率市場化談中國商業銀行的利率風險管理. 天府新論，2005（5）.

6.1.2 當前通行的貸款定價方法

國際銀行業從20世紀80年代中期開始關注貸款的科學定價問題，將合理定價作為銀行資產負債管理的重要內容。在利率市場化程度較高的西方發達國家，商業銀行的貸款定價主要有以下模式：

（1）成本導向型

貸款價格在資金成本的基礎上加上目標利潤而成。貸款價格＝資金成本＋貸款費用＋風險補償費＋目標利潤。

這種定價模式從銀行自身的角度出發，考慮了銀行的籌資成本，相關經營費用和業務所帶來的風險，有利於商業銀行補償成本，實現其目標利潤。但是，在實際操作中，資金成本的歸集和相關費用的分配卻比較難於執行，往往帶有很大的主觀成分。而對違約風險等相關的風險估計也難以精確量化。此外，這種定價方法忽略了客戶的需求以及同業競爭，也未考慮當前資金市場的一般利率水平。可能因為自身的低效率而收取偏高的貸款價格將潛在客戶趕走。

（2）市場導向型

市場導向型，首先選擇某種基準利率，然后針對貸款項目的違約風險以及貸款期限，來確定相應的風險溢價，在基準利率上加上風險溢價點數，得到具體貸款項目的利率。貸款利率＝基準利率＋風險溢價點數。基準利率通常選擇LIBOR，而風險溢價點數主要考慮客戶的違約風險和期限溢價。中國目前的境內外資銀行外匯貸款的定價，一般就是以國際同業拆借市場利率為基礎加一定利差的方法，以反應銀行成本、貸款風險和客戶的綜合效益以及市場競爭等因素的影響。

這一定價模式與成本導向型相比，反應了市場的一般利率水平，同時也考慮了市場的競爭狀況，易為借貸雙方所接受。

（3）客戶導向型

採取客戶導向型貸款定價的銀行在為每筆貸款定價時，全

面考慮客戶與銀行各種業務往來的成本和收益。來源於某客戶的總收入要高於為該客戶提供服務的成本＋銀行的目標利潤。具體而言，在確定貸款利率的時候，可以根據下列關係來得到：

貸款額×貸款利率×貸款期限×（1－營業稅及附加率）＋中間業務收入×（1－營業稅及附加率）≥為該客戶提供服務所發生的成本＋銀行的目標利潤。

成本導向型和市場導向型定價模式都是針對單一貸款產品的定價方式，而客戶導向型定價模式則首先考慮與客戶的整體關係，比較為客戶提供所有服務的總成本和總收入（包括中間業務收入），並根據銀行的目標利潤來定價，體現了「以客戶為中心」的經營理念。

在中國目前的商業銀行的經營管理水平下，要施行客戶導向型定價還需要做很多基礎性工作。

6.2 貸款的風險及隱含期權模型

商業銀行的貸款業務除了受到國家指導性宏觀經濟政策的影響外，貸款自身的風險以及有關的貸款合同條款所賦予合同雙方尤其是借款人的隱含期權價值對貸款定價都有重要的影響。關於貸款業務的風險和貸款合同中隱含期權的價值對貸款收益的影響，我們分別用 RAROC 模型和 OAS 模型來考察。

6.2.1 RAROC 模型

RAROC（Risk－Adjusted Return on Capital）是指經風險調整的資本收益率。該模型自美國信孚銀行（Bankers Trust）在20世紀70年代末提出來以後，經過不斷完善，在銀行業得到越來越廣泛的認同，被國際上許多大型的商業銀行所採用。

目前，世界發達國家的銀行和其他金融機構都開發了各種

RAROC 模型，提高金融機構自身的績效，並且用於金融機構內部的不同行業和不同的業務部門，使跨行業、跨部門的比較成為可能。

(1) RAROC 模型的基本思想

傳統的衡量企業盈利能力的指標普遍採用的是股本收益率（ROE）和資產收益率（ROA）等指標。但是，這樣的指標只考慮了企業帳面盈利而忽略了風險因素的影響。RAROC 作為經風險調整的績效測量（RARM）技術的一部分，充分考慮了風險因素對資本收益率的影響，受到越來越多銀行界人士的青睞。

RAROC 模型的基本思想是：將預期的損失進行量化，以壞帳準備等方式從利潤中剔除，同時考慮風險因素而採用風險資本或經濟資本來衡量經風險調整后的資本實際使用效益。所以有時也稱為風險調整資本的風險調整收益。

它與傳統資產收益率的區別在兩個方面：一是收益方面（即原算式中的分子），在傳統的收益中剔除掉預期的損失，進行風險調整；二是資產或股東權益方面（即原算式中的分母），考慮風險而改用經濟資本或風險資本。因此，RAROC 考慮了風險而從收益和資本兩方面對傳統指標進行了調整。這樣，就使銀行的收益與所承擔的風險直接掛勾，與銀行最終的盈利目標相統一，為銀行各個層面的業務決策、績效考核、目標設定等多方面的經營管理提供重要的、統一的標準和依據。RAROC 方法改變了過去銀行主要以權益收益率或股東回報為中心考察經營業績和進行管理的模式，更深入更明確地考察風險對商業銀行的巨大影響。

(2) RAROC 模型的計算方法

RAROC 的計算公式如下：

$$RAROC = \frac{R - OE - EL}{CAR} \qquad (6-1)$$

其中，R 為收入，OE 為經營成本，EL 為預期損失，CAR 為風險資本，也稱為經濟資本。整個公式衡量的是經濟資本的

使用效益，RAROC 的值較大時比較好。在 RAROC 計算公式的分子項中，風險帶來的預期損失被量化為當期成本，直接對當期盈利進行扣減，以此衡量經風險調整后的收益；在分母項中，則以經濟資本或非預期損失代替傳統 ROE 指標中的所有者權益。

不同風險類型的預期損失有不同的計量方法，但它的要素有四個方面：違約率（PD）、違約損失率（LGD）、違約風險值（EAD）和期限（M）。

風險資本 CAR 的計算類似於在險價值 VaR，但它是從資本的角度來考察的，也就是經風險調整的資本。具體算法和在險價值相似，只是以資本作為計算的基礎。比如，考慮在 99%（當然也可以考慮 95% 或其他的值）的置信水平下一年期的風險資本 CAR，其計算公式為：

$$CAR = A \times \sigma \times \alpha_{0.01} \quad (6-2)$$

其中，A 是所使用的資本額，σ 是其一年期的標準差，而 $\alpha_{0.01}$ 是標準正態分佈的左分位點。如果是每週的標準差 σ_w，還要調整為一年的，即：

$$CAR = A \times \sigma_w \times \sqrt{52} \times \alpha_{0.01} \quad (6-3)$$

其他的數據如每天的標準差，也可以採用類似的方法進行調整。

信孚銀行還考慮了稅率的影響，即他們採用的公式為：

$$CAR = A \times \sigma_w \times \sqrt{52} \times \alpha_{0.01}(1 - t_r) \quad (6-4)$$

t_r 為稅率。

非預期損失的計算方法也有很多種，Sunders 等（2003）給出了計算貸款定價中的非預期損失的兩種近似替代方法：

一是利用企業債券市場的信息來估計。他們從久期模型中得到啓發，採用類似的思想，利用債券市場信息來估計非預期的損失。在久期模型中，貸款的市場價值變化百分比是和它的久期以及利率衝擊的強度 $\frac{\Delta r}{1+r}$ 有關係的：$\frac{\Delta L}{L} = - D_L \frac{\Delta r}{1+r}$。將

久期的概念應用於非預期損失的計算,有:

$$\Delta L = - D_L \times L \times \gamma \qquad (6-5)$$

其中 γ 是由於信用變化可能導致的最大信用風險溢價,或者貸款的風險因子。Sunders 等(2003)採用與該借款人(或資產)信用等級相同的交易債券的信息,計算各債券收益率與相應久期的國債收益率的利差,取利差中的最大者。或者為了避免極端值的影響,將利差按順序排列后,取位於第 99%(當然也可以是別的數,比如 95%)的位置那個利差,除以 $(1+r)$(即 $\frac{\Delta r}{1+r}$),得到貸款的風險因子 γ。比如,如果該借款人是 AAA 級的(這個信用等級可以採用信用評級資料),則計算所有 AAA 級債券的收益率與具有相應久期的國債收益率之差,選取最大的那個利差作為 Δr 的估計值(或者為了避免極端值的影響,比如 400 個 AAA 級債券中選利差最大的 4 個債券作為最糟糕的那 1% 的風險溢價),然后計算 $\gamma = \frac{\Delta r}{1+r}$,最后得到非預期損失的估計值。

二是利用商業銀行自身以前的歷史信息來估計。採用未預期到的違約率與違約發生時貸款損失比例來計算未預期損失。考慮到貸款自身的風險特徵,而對實際能收到的貸款收益率進行計算,其計算公式為:

$$\text{RAROC} = \frac{L_r}{d_u \times \kappa} \times 100\% \qquad (6-6)$$

其中 L_r 是每一元資金在一年內收到的貸款收益,包括貸款利息與其他收費。d_u 是未預期到的違約率,κ 是貸款違約發生時的損失比例。

在《金融風險管理者手冊》中介紹了計算 RAROC 的三個步驟:[1]

---

[1] 參見 Financial Risk Manager Handbook, Third Edition, pp. 595–601.

第一步，風險度量。這要求度量組合的風險暴露、波動性和各風險因素間的相關性。

第二步，資本配置。這要求選擇一個置信水平和度量 VaR 的時間長度，即將資本轉化為經濟資本。

第三步，業績測度。這要求對風險資本的業績表現作調整。

因此，將 RAROC 定義為：

$$\text{RAROC} = \frac{EVA}{C} = \frac{R - (C \times k)}{C} \qquad (6-7)$$

其中 EVA 表示經濟增加值，R 表示利潤，C 表示資本，而 k 表示折扣率（discount rate）。式（6-7）表示單位經濟資本的風險調整收益率。

(3) RAROC 模型的應用

RAROC 模型在商業銀行經營管理中有著十分廣泛的用途。其主要的目標就是建立一個基準以評估商業活動的經濟收益。RAROC 還和股東價值和經濟增加值等概念相聯繫。

RAROC 的一個重要應用就是全面風險管理。因為它將所有的業務，各個層面的活動，都通過將其收益經風險調整，然後除以經濟資本（也就是經風險調整的資本額，而不僅僅是所運用的資本，也即 VaR 概念對應於資本的 CAR），將收益調整為風險調整收益率。這樣，各種業務都可以進行比較，其對於經濟資本的配置具有重要意義，可以增加 RAROC 高的資本配置，減少 RAROC 低的項目。這就是所謂的全面風險管理體系。

就貸款而言，RAROC 可用於貸款決策，通過計算經風險調整的貸款收益率，可以與某一預先設定的標準進行比較，以便做出貸款發放與否的決策，或者對相應的合同條款、合同利率進行調整。RAROC 可以用於貸款定價。RAROC 模型由於操作簡便，易於理解，並且對涉及金額較大的貸款，可以有效地反應貸款中的風險因素，因此得到國際大型銀行的青睞，被廣泛用於對大客戶的貸款收益率的計算、貸款定價和金融決策中。

在實際應用中，可以在（相應期限上的）無風險利率的基

礎上，考慮貸款的期限，直接和間接費用，貸款風險，貸款的目標利潤率等進行貸款定價。而資金成本（實際存款利率的平均數）、經營成本、預期的信用風險成本以及稅收成本，這些都可以用基點的方式來表示。對於我們的定價模型，則需要考慮將預期的風險成本轉換為用 RAROC 模型來度量的風險溢價所確定的基點。此外，對貸款定價有影響的還有貸款的方式：信用貸款、保證貸款、抵押貸款和質押貸款。

國內有一些文獻探討了 RAROC 模型的應用，如袁桂秋（2003），趙家敏等（2005），李彩虹和高軍平（2006）等。

關於 RAROC，我們主要關注的是它可以提供有關貸款的風險信息，不僅僅是信用風險。因此，單純計算信用風險來估計確定 RAROC 是不夠的，需要全面綜合地考慮一筆貸款給商業銀行帶來的風險與收益，經風險調整的收益率。可以用 $RAROC = \frac{R - OE - EL}{CAR} = \frac{EVA}{CAR}$ 來度量因貸款風險所需要的風險補償，以求得貸款利率在對應期限的無風險利率基礎上所需增加的基點數。

6.2.2 期權調整利差 OAS 模型

在利率市場化背景下，商業銀行的貸款業務也具有高度的利率敏感性，利率風險是商業銀行等金融機構管理者最關注的風險之一。在商業銀行的利率風險管理中，傳統的缺口管理方法忽略了期權的存在，沒有考慮這些隱含期權對貸款定價的影響。

根據中央銀行關於人民幣存貸款利率管理政策的規定，城鄉居民和單位人民幣活期存款均是每年結息一次，並以結息當日掛牌公告活期存款利率計付利息；對定期存款，則按存單開戶日所定的利率計付利息，不管期間利率是否進行調整。對貸款利息，均是一年一定的辦法，短期貸款（一年以下）則不調整，按合同利率計息。因此，定期存款、貸款對當前利率不敏感。儲戶在利率調高時希望將原有存款取出，以新的利率再次

存入。其實就是儲戶執行提前支取的隱含期權。而是否執行，則一般會取決於原定期利率與提前支取所按活期利率之差（作為提前支取的損失）和新舊定期利率之差（提前支取的收益）。同樣，對貸款而言，當利率下降時，借款人希望以新的低利率作為還款計息基礎。因此當利率下降時就可能執行提前還款的隱含期權。而是否會執行該期權，則取決於提前還款可能遭受的各種變相的罰金（或者銀行所稱違約金）和新、舊貸款利差。當貸款利率提高的時候，客戶可能會發現貸款成本增長過大，超過其承受能力，從而將投放在其他渠道的資金抽回，提前還貸。也就是執行貸款中所隱含的提前還款期權。對銀行而言，這些隱含期權的執行會使其現金流出現異常變化而受損。另外，銀行對利率的調整時間（重定價）存在滯后，也可能因此遭受潛在的損失。此外，銀行資產和負債的期限不匹配，也是銀行可能遭受潛在損失的原因。

1997 年，巴塞爾委員會公布的《利率風險管理原則》中明確指出：一種日益重要的利率風險是隱含在銀行資產負債中的期權風險，銀行除了直接從事利率期權交易之外，許多未在市場中交易的資產和負債中往往隱含著期權，而銀行則是這些隱含期權的多頭持有者，承擔著很大的期權風險。因此，需要對這些隱含的期權定價以在貸款合同利率的確定中體現出其影響。債券定價中考慮隱含期權的 OAS 模型可以對我們有所啟發。

（1）OAS 模型的含義

期權調整利差 OAS（Option－Adjusted Spread）模型本來是用於考察具有隱含期權的債券定價模型，是一種重要的、應用日益廣泛的利率風險度量方法。OAS 是指在根據隱含期權調整未來現金流之后，為了使債券未來現金流的貼現值之和正好等於債券當前的市場價格，基準利率期限結構需要平行移動的幅度。

期權調整利差 OAS 是相對於無風險利率的幅差，通常用基點（basis points, bps）表示。它使一系列不確定的未來現金流

的理論價格等於市場價格，通常可以看作是投資者承擔了各種風險（比如流動性溢酬、違約風險和模型風險）而得到的補償，減去任何隱含期權成本的淨值。

(2) OAS 模型的計算

模擬計算 OAS 的基本做法是：

第一步，利用當天不含權債券的市場價格確定當日的基準利率期限結構，根據歷史信息或相應利率期權的隱含波動率構建一條利率波動率期限結構。

第二步，運用適當的隨機過程描述利率動態變化，採用合適的模擬方法生成未來利率變化的各種可能路徑。

第三步，根據債券隱含期權的性質，沿每一個可能的利率變化路徑調整和計算該情形下的未來現金流。

第四步，計算 OAS。其計算公式為：

$$p = \frac{1}{N} \sum_{n=1}^{N} \sum_{t=1}^{T} \frac{CF_t^n}{\prod_{i=1}^{t}(1 + r_i^n + \text{OAS})} \quad (6-8)$$

可以反覆調整 OAS，直到計算得到理論價格等於實際價格。其中，N 是模擬得到的利率路徑的數量，i 是進行模擬時設定的時間步長的分隔點，r_i^n 是每個時間步長中的基準利率水平，CF_t^n 是第 n 條利率路徑下經過期權調整后未來 t 時刻的現金流。也就是說，計算 OAS 是在每一條利率路徑中，對未來時刻的經期權調整的可能現金流貼現，對各條路徑的現值，計算其平均值，得到債券的理論價值 V，對基準利率進行調整（加上 OAS），使得 V 等於市場價格 p，這個調整的部分就是 OAS。

(3) OAS 模型的應用

期權調整價差 OAS 技術可以被用於計算經期權調整的盈餘價值，即用經期權調整的資產價值減去經期權調整的負債價值。可用於分析對沖技術，該技術可以對期權調整余下的價值部分免疫。可以計算期權調整的久期（對利率變化引起的價格的敏感性測度）和期權調整的凸性（利率變化引起的經期權調整的

久期的變化)。還可以用於收益分佈和用於對資產/負債現金流的免疫。

OAS 的一般應用有：第一，對利率敏感性固定收益證券定價。第二，用於資產比較。第三，可用於利潤分析。比如保持 OAS 為常數，考察價格怎樣隨各種因素的變化而變化。或者，保持價格不變而看各種因素怎樣影響 OAS。第四，可用於產品定價。比如，當對利率敏感性現金流進行貼現的時候，要高於無風險利率多大的價差才可以對產品風險予以補償。第五，公司價值評估或業務帳面價值評估。

運用 OAS 模型，可以對隱含期權的影響進行量化，對利率風險進行管理。OAS 模型可以為風險管理者提供資產負債結構調整的有用信息，可以對商業銀行的預期利潤率提供一個衡量指標。而且，利用 OAS 還可以計算出資產負債的有效久期和有效凸性，對久期管理中未考慮不確定性現金流的缺陷進行改進，有效提高資產負債之間的匹配性，提高利率風險管理的績效。OAS 方法可以將貸款中所隱含的各種複雜的期權用一個數值表現出來，便於決策人員和風險管理者在實際中的操作應用。

當然，OAS 模型也有缺陷：第一，該測度依賴於模型質量和假設；第二，市場價格可能找不到；第三，只有那些具有相似的隱含期權的債券，其 OAS 才可以比較；第四，需要計算很多個未來狀態，這可能是耗時的；第五，OAS 是一個理論上的平均數字，從它的計算中可以看出它假定每條路徑上的 OAS 都是一樣的，這顯然不符合現實；第六，OAS 無法反應某些非利率風險驅動因素的影響。

OAS 模型的基本思想是通過在無風險利率的基礎上增加一個差額（Incremental spread）來表現由於債券具有的隱含期權對債券價格的影響。它並不是直接運用期權定價的原理來為隱含期權的金融工具定價，度量隱含期權金融工具的利率風險。而是通過模擬其影響而確定出一個具體的值。OAS 模型考慮到了利率期限結構並非水平直線的實際。而且，對於具有隱含期權

的債券，該模型還考慮到由於將來利率變動引起的隱含期權價值變化從而影響未來現金流的變化。

借助 OAS 的思想，我們可以考察貸款中隱含期權的價值的影響，以將其反應在貸款定價上，體現在貸款合同的利率確定上。商業銀行的貸款業務其實可以看作是基本貸款和隱含期權的組合，見表 6.1。

表 6.1　　　　商業銀行存貸款業務中隱含的期權

	貸　　款			存　　款
隱含期權	提前償還	推遲償還	違約	提前支取
期權分解	基本貸款+贖回權	基本貸款+延遲期權	基本貸款+回售期權	基本存款+回售期權
銀行在期權上的頭寸	看漲期權空頭	看跌期權空頭	看跌期權空頭	看跌期權空頭

註：基本貸款表示按照貸款合同規定正常履行並得到預期現金流的貸款。基本存款是指不能提前支取的那種假想的存款。

貸款中所包含的期權是複合期權，關於複合期權的定價，可以參考有關的複合期權定價的文獻。但是，我們主要關心的不是貸款中複合期權的具體價值的計算，而是考慮這些隱含在貸款合同中的複合期權對貸款價格（即貸款利率）的影響。

在實際中，如何將貸款中所隱含的期權價值用 OAS 方法明確計算出來，是一個值得深入探討的問題。首先因為貸款通常是不進行市場交易的，這就沒有直接可觀察的市場價格信息。其次是不能很好地通過未來現金流來計算理論上的隱含期權價值。

我們認為，其實這些隱含的期權都是與貸款密切聯繫的，其現金流可以看作是基本貸款加上一些期權得到。因此，我們可以在有交易的市場中，找到利用這些隱含期權的債券價格所推導出來的 OAS，用它來代替貸款定價中的因隱含期權影響所需要加的基點數。一句話，就是用市場中交易的數據來處理貸

款定價中的 OAS 的估計問題。當然，要找到有類似的隱含期權的債券可能並不容易。另外一個方法就是直接根據貸款的隱含期權的特點進行模擬，得到隱含期權對貸款利率的影響，求得 OAS 的估計值。

關於 OAS 的含義，有觀點認為 OAS 是剔除了隱含期權的影響後的其他因素如風險等的價差，我們認為這樣的理解是欠妥的。其原因在於：首先，如果是剔除了期權的影響，那麼就意味著不同的期權不會影響 OAS，因為此時的 OAS 已經與隱含期權無關，其影響已被剔除。其次，事實上，從 OAS 的計算過程中，就可以清楚地看到，隱含期權的影響體現在未來現金流的模擬中，CF 正是受到了隱含期權的影響而發生變化，也正是這個原因，該現金流稱為經期權調整的現金流。最后，如果期權的影響被剔除了，不在 OAS 中，那麼，OAS 究竟是指什麼呢？按照陳蓉等人的理解，OAS 可能反應了以下兩個方面的結合：其一，在剔除期權影響之後投資者所承擔風險的相應報酬；其二，證券被錯誤定價的程度。可是，需要注意的是，我們所考察的不是無風險的國債收益率麼？而具有隱含期權的債券價格之所以不等於無風險國債的價格，不就是因為其具有隱含期權麼？如果剔除期權的影響，投資還承擔什麼風險呢？何來風險報酬？當然，按照利率期限結構的風險溢價理論，可能有流動性風險，但這樣的風險可以在所選的基準利率期限結構中予以考慮。進一步分析，如果說 OAS 還包括證券被錯誤定價的部分，且不說在一個有效的市場中，這樣的錯誤定價會被套利力量所消除，即便真有錯誤定價，這樣的錯誤定價可能在所有的債券中出現，並不單是具有隱含期權的債券所獨有，為何要歸於經期權調整的債券中呢？因此，我們認為 OAS 應該包括期權的影響，是隱含期權的影響在利差上的體現。如果說債券有什麼風險，那也只是流動性風險，我們可以在基準的利率期限結構中包含這樣的風險溢價，這時，OAS 就是隱含期權在利差上的綜合體現。之所以說是綜合體現，是因為債券可能隱含多種期權，

而 OAS 只是這些期權綜合作用之下對利差的影響。

6.2.3 影響貸款收益率的因素

對貸款收益率的影響因素有很多，大致包括貸款期限、貸款的基礎利率、風險補償情況、貸款合同中隱含的各種期權以及貸款的相關費用。

①貸款的期限。貸款期限的長短反應了資金的時間價值以及未來不確定性因素的影響。一般而言，貸款期限越長，銀行要求的貸款收益率也越高。

②貸款基礎利率。它反應了銀行發放一筆貸款時的加權資本成本或邊際籌資成本。可以用相應期限的無風險利率代替，這可以根據利率期限結構求出來。

③貸款的風險補償。主要是根據借款人的信用風險狀況而定。這方面，利率的風險結構可以作為計算的基礎。

④貸款合同中的隱含期權。銀行作為貸款中隱含的各種期權的空頭持有者，面臨著相當大的潛在風險，所以貸款中隱含期權價值的大小，會影響銀行的收益率。

⑤貸款的相關費用。貸款相關費用主要是指貸款申請費用。

⑥其他非價格條款。比如補償性存款餘額，即在貸款中實際上不能供借款人使用而必須保留在銀行帳戶中備用的那部分資金，這實際上是變相的提高貸款利率的一種手段。還有銀行按規定必須計提的準備金，也對貸款收益率有影響。

6.2.4 貸款定價的模型

對於貸款而言，銀行當然希望在簽訂合同之前就將所有能控製管理的風險進行處理，以便合理確定貸款價格。考慮到貸款中的風險和隱含期權的影響，我們可以將 RAROC 模型和 OAS 模型結合起來，把銀行的貸款利率表示為：

$$1 + r(t) + f(\gamma) + \text{OAS} \qquad (6-9)$$

其中，$r(t)$ 是相應到期期限的無風險利率，也就是貸款的基

礎利率，該信息可以通過對利率期限結構的考察得到，可用對應到期期限的收益率來表示。$f(\gamma)$ 表示由於貸款風險而要求得到的風險補償，以利差基點表示。具體而言，它受到 RAROC、貸款風險大小、期限和預期損失等因素的影響，可以表示為：

$$f(\gamma) = r_a \times \sigma_t \times \sqrt{t} \times \alpha_{0.01} + c_o + El \qquad (6-10)$$

其中，r_a 表示要求的經風險調整的收益率，而 $\alpha_{0.01}$ 表示其收益率分佈的在置信水平為 99% 的分位點（當然我們也可以選 95% 或其他的置信水平）。c_o 表示每一元貸款所需要的營運成本，El 表示單位貸款額的預期損失。OAS 則是考慮到貸款中隱含的各種期權而對貸款利率所做的調整。

這裡，我們假定貸款的風險補償與貸款中所隱含的期權價值是相互獨立的，具有可加性。一筆貸款能不能發放，就要看經風險調整的資本收益率 r_a 能否達到銀行所設定的標準。在實際發放貸款的過程中，銀行則可盡量追求 RAROC 最大化，在根據貸款項目所隱含期權特徵確定出 OAS 補償之后，盡量讓 RAROC 最大。

6.3 貸款定價的應用——對住房抵押貸款定價

本節將前面所討論的貸款定價方法應用於對住房抵押貸款的定價中。首先簡單回顧中國住房貸款的發展，其次探討現在通行的貸款方式，其避險的方法可能存在的問題，最后提出我們的抵押貸款定價模型。

6.3.1 個人住房抵押貸款定價中存在的風險及其管理

（1）中國住房貸款的發展

中國建設銀行 1992 年開辦的住房貸款是中國最早的住房貸款。1998 年，中國實施了新的個人住房分配政策，取消了福利分房，實行貨幣化分房。隨著改革開放后社會經濟環境與廣大

城鎮居民收入水平的增長、消費觀念的變化，1998年以后中國實施的一系列刺激內需的住房投資政策，廣大城鎮居民對住房的需求日益增加。住房改革促使了房地產市場的迅猛發展，個人商品房的購買呈快速增長的態勢，房地產價格不斷上升，單位平方米的房價從三位數達到四位數，有的地方甚至達到了五位數。一套房屋的售價已經達到了居民年收入的幾十倍。居民對住房貸款的需求迅速增加。1999年中國人民銀行發布了關於消費信貸的指導意見，個人住房貸款進入了快速發展階段。各地個人住房消費信貸都在不同程度的急速增長。四大商業銀行個人住房貸款的余額也呈現出快速增長的勢頭。各商業銀行個人住房貸款余額增長了數倍。個人住房貸款的增長成為個人消費信貸增長的主要動力。

個人住房抵押貸款是指房屋購買者以所購住房為抵押擔保品向銀行申請貸款，然后以所貸的金額作為購房款付給建築開發商，而貸款則以年金的形式按月向銀行償還。當借款者違約時，銀行可將該不動產拍賣以使損失降低到最低程度。個人住房抵押貸款的目的是為了減輕購房者的支付壓力，讓更多的中低收入者可以購買住房。其借貸期限較長，一般為二三十年。

通常，銀行認為個人住房貸款風險低、利潤穩定、不良貸款率低。個人住房貸款成為各家銀行力爭的對象。

（2）中國個人住房抵押貸款的現行做法

現行的住房抵押貸款發放中主要考慮貸款限額，並根據借款人的相關資料所反應出的還款意願和還款能力等方面的信息，在國家規定的基準利率的基礎上適當調整貸款利率。在實際操作過程中，目前主要是根據國家的有關政策和銀行內部制定的一些規則來決定是否發放貸款和貸款的限額，即決定可貸幾成購房款。而對貸款利率，信貸人員通常都會採取比較優惠的利率來爭取客戶，在某種意義上形成了一種倒逼定價機制。

商業銀行決定發放貸款與否、發放貸款的限額如何，除了國家和銀行內部的有關規定外，銀行在考察借款人方面，則主

要收集借款人的下列信息：借款人基本情況、借款人收支情況、借款人資產表、借款人現住房情況、借款人購房貸款資料、擔保方式、借款人聲明等要素。且不說這些信息的真實性如何，單就其掌握的信息來看，銀行實際上主要考察的是借款人的還款能力方面的信息。即便是在這方面，許多銀行對借款人負債方面的信息掌握得還是較少，沒有掌握借款人總的資產和負債信息，更不用說其潛在的支出義務了。

對於還款意願方面，這些所收集的借款人信息提供的資料比較有限。由於徵信制度尚未建立健全，個人和銀行之間存在嚴重的信息不對稱。個人無法傳遞有關自身守信的信息，銀行也不能充分瞭解借款人的資信狀況，只能根據社會平均的信用狀況來決定貸款的條件。這樣可能導致逆向選擇的問題。雖然銀行也可以進行內部的信息調用，以考察借款人在本銀行中的信用記錄及相關信息。但是，就目前銀行所掌握的信息來看，這樣的信息往往是相對較為缺乏的，而且不同銀行間缺乏信息共享，可能會給信用不良的借款人以可乘之機。

對於利率方面，現行住房貸款則幾乎沒有對借款人做明顯的區分。沒有根據借款人不同信用、風險級別等在利率上做相應的調整。由於徵信體系提供的信息有限，銀行只好按社會平均信用狀況來確定貸款利率。另外，信貸人員為了擴大業務，往往有著向客戶提供最優惠利率的傾向，以爭取更大的業績。這樣，基本上沒有體現出針對借款人個人獨特的信用風險和相關風險對貸款利率的影響。

（3）個人住房抵押貸款中存在的問題

因為個人住房抵押貸款一般都採用房產抵押的方式，房產按揭在抵押的基礎上進行二級擔保。所以，銀行將個人住房抵押貸款看作是安全性最高的信貸業務之一。從國際國內的情況來看，很多銀行都將其定為支柱業務。但是，住房抵押貸款往往涉及以下問題：

第一，資金來源分散而貸款投放集中，住房貸款一旦發放，

往往涉及到大額資金，而這些貸款資金一般都是來自分散的廣大儲戶的儲蓄存款，使得資金從分散的來源集中於某一個借款人手中。銀行作為連接散戶與大宗資金需求者的橋樑，承擔了雙向風險。而一旦銀行發生風險，往往涉及廣大居民的資金安全，影響到居民安定的問題，因而具有特殊風險。

第二，資金來源期限短而貸款投放的期限長。住房抵押貸款的期限一般都較長，貸款週期長達 20～30 年，而存款中的絕大部分是 5 年以下的定期存款或活期存款，而 5 年以上的長期儲蓄存款占的份額極小。銀行在這個「續短為長」的過程中積聚了風險。

第三，資金來源小而資金投放量大。分散的廣大儲戶提供的資金量很小，住房貸款一旦發放，往往涉及幾十萬甚至上百萬元人民幣的貸款。銀行在這個聚少成多的過程中，實際上也承擔了相應的風險。

(4) 個人住房抵押貸款中的風險

隨著個人住房抵押貸款的迅速增加，個人住房的不良貸款率也顯著增加，其潛在風險逐漸顯現。國際經驗表明，住房抵押貸款風險的充分暴露約在貸款發放 3～5 年之後。隨著貸款增加，其潛在的風險也逐漸積聚，到一定程度就會暴露出來。

首先，貸款限額管理提供的風險保障有限。現行貸款發放行為中，主要是通過貸款限額來體現對風險的考慮。如果借款人風險高，則限額就可能很低，甚至可能不予貸款。這樣的做法旨在給作為資金提供者的銀行一個保障。當客戶發生到期不履行還款合約的時候，銀行可以將其所抵押的住房以拍賣等方式進行處置，以收回資金。在其他條件相同的情況下，貸款限額越低，銀行的資金就越有保障。銀行通過這樣的方式保障收回資金，其實隱含一個條件，即當銀行在對客戶所抵押的住房進行處置時，能容易地在市場中脫手，並以不低於客戶所欠償還的資金脫手。但實際上卻未必如此。因為所抵押的房產價值可能出現大幅下滑，尤其是在金融風險導致金融危機的時候，

所抵押的房產價值可能低於未還清的貸款本息和，這時就可能產生借款人違約的危險。如果出現抵押物的處置成本太高，或者出現市場恐慌，銀行根本就沒有辦法脫手變現，銀行就可能被迫成為房東，這樣勢必會給銀行帶來風險。因此，貸款限額這樣的風險防範措施，其作用是有限的。

對貸款限額確定的過程中所依據的借款人信息，在長期中可能發生很大變化。在貸款期間，商業銀行對借款人的經濟狀況難以預測，監控起來難度也很大。對借款人的信譽、品德、工作狀況難以準確及時的掌握，這對貸款資金的安全性構成了潛在威脅。因此，從銀行角度講，個人住房貸款仍然存在較大的風險。其中，信用風險是抵押貸款面臨的最大的風險，也是最難於處理的一種風險。《巴塞爾協議》也將「完全以居住用途的住房抵押貸款」列入「高風險資產」，其風險資產權數為50%。

其次，利率變化會給銀行帶來風險。個人住房貸款業務存在一個資金來源期限短而資金期限長的矛盾，這就使銀行暴露在利率風險下，當利率發生波動，銀行就可能遭受損失。如果利率上升，商業銀行會因為合同的低貸款利率而受損，雖然銀行可以定期根據市場利率調整，但一般而言，銀行並不是立即調整的，這中間有一個時間差。這個利率調整的時間差實際上給銀行帶來了風險。存款方面，利率上升意味著儲戶可能會將資金提前支取並以新的高利率存入銀行，這一隱含期權的風險就轉換為現實的損失。如果利率下降，則貸款人可能從當前資本市場融資而提前還款，從而使銀行預期的收益率得不到實現。如果利率上升太大，借款人可能發現貸款支出比預想的要大得多，可能從其他渠道抽調資金而提前還貸，這在經濟生活中是很常見的。因此，隱含期權可能給銀行帶來潛在的損失。此外，銀行的住房貸款通常都是以名義利率計算的，當發生通貨膨脹以後，可能使銀行產生購買力風險。

最后是政策性風險。住房金融還存在政策性風險，在貸款

的發放上有許多規定，比如關於優惠利率的有關規定。但是，商業銀行發放與否所依據的是當前的政策法規及內部規定，而不是今后可能出抬的政策。如果政策的長期有效性不能保證，則可能存在政策風險。在中國的漸進市場化進程中，利率的生成機制、發展變化模式以及利率變化的幅度與頻率都會發生變化，從而導致相應的利率風險。

住房金融不光是政策性較強，區域性差異也很明顯，宏觀經濟形勢的發展對住房抵押貸款的影響也是一個重要的因素。而住房金融風險的擴散性強，一旦發生危機，會迅速大面積擴散，危及整個金融市場的安全和整個國民經濟的健康發展。

6.3.2 個人住房抵押貸款定價模型

通過前面的分析，我們認為採取貸款限額來保護銀行利益不受損失固然有一定的作用，但準確的貸款利率可能對銀行的風險管理更有幫助。可以把銀行的住房抵押貸款利率表示為：

$$1 + r(t) + c_o + El + r_a \times \lambda + r_{io}$$

$$\lambda = \sigma_t \times \sqrt{t} \times a_{1-\beta} \qquad (6-10)$$

其中，$r(t)$ 是相應到期期限的無風險利率，也可以看作是貸款的基礎利率，可以利用利率期限結構的信息來得到。$1 + r(t)$ 表明了銀行可以將資金用於購買無風險的國債所獲得的利率，也可以看作是貸款的機會成本。c_o 則表示單位貸款所分擔的經營成本，可以通過營業成本與貸款總額之比來計算。El 表示一元貸款所可能出現的預期損失，我們在貸款定價的時候將能預期到的損失考慮進去，這個數據各銀行可以通過既有的貸款信息，結合該筆住房抵押貸款來估計可能出現的預期損失。r_a 表示銀行要求的經風險調整的收益率，也就是 RAROC，表現為基點（bps），這是一個預先設定的基點數，是銀行決定發放貸款與否所依據的標準，在發放每一筆貸款的時候，實際計算的 RAROC 可能比 r_a 高。$\lambda = \sigma_t \times \sqrt{t} \times a_{1-\beta}$ 是風險調整因子，其中，σ_t 表示

貸款價值的標準差，$a_{1-\beta}$ 表示置信水平為 β（如 99%）的分位點的值。在正態分佈假定下，置信水平為 99% 的分位點 $\alpha_{0.01}$ 為 2.33。當然，銀行也可以根據自身掌握的歷史信息來確定風險調整因子。r_{io} 則表示因為貸款中所隱含的期權在貸款利率上的體現，也以基點表示。銀行可以通過採取模擬的方法，模擬貸款利率變化路徑中借款人提前償還或者推遲償還的期權執行情況，來確定隱含期權對利率的影響。需要注意的是，在確定 r_{io} 的時候要將風險因素排除掉。當然，如果無風險的國債市場足夠發達，交易品種足夠多，可以從市場交易中得到相應的隱含期權所體現的 OAS，也可以借用。需要注意的是，這樣的隱含期權的價值並不能完全用 r_{io} 來表示，因為在貸款中隱含的期權是不可以獨立交易的，隱含在貸款中，而貸款本身也通常是不可交易的。

6.3.3 小結

在貸款的定價實踐中，現行的定價方法對借款人的獨特風險考慮得相對不足，我們利用 RAROC 模型來考察風險對貸款利率的影響，然后，針對貸款中可能隱含的期權對未來現金流的影響，我們提出將 RAROC 模型和 OAS 模型結合起來，以便為貸款利率的確定提供一個更精確的方法。這樣既考慮了風險（不僅僅是信用風險），又考慮了隱含期權對貸款收益的影響，將兩者的影響以在無風險利率和經營成本基礎上加上一定的基點的方式，在貸款定價中體現出來，從而提供了一個更為合理的定價方法。

在實際操作中，可以用我們在第四章所討論的利率期限結構提供的信息來確定基礎利率，也可以按照國家的基準利率。而對貸款利率的風險補償，商業銀行可以根據自身所掌握的客戶內部評級資料標準以及違約風險損失等相關信息來確定其風險溢價，也可以參考我們在第五章所研究的利率風險結構提供的信息，確定貸款中的風險溢酬。而期權調整的利差，則可以

根據債券市場的相關信息，通過技術處理獲得，或者銀行自己通過模擬，考察有關利率變化而導致未來現金流變化，進而將隱含期權的影響估計出來。

第七章

利率市場化進程對商業銀行投融資行為的影響

上一章中我們探討了銀行業務中的一個重要的內容——貸款的定價問題。本章則站在全局的角度來研究銀行整個的投融資行為，研究利率市場化進程對商業銀行的影響。

隨著利率市場化改革的深入，銀行的投融資行為將受到利率波動增大的影響。銀行利潤更大的波動性加大了銀行的破產風險，而預算軟約束則減弱了破產威脅對銀行投融資行為的警示作用，使銀行更願意冒自己不能承擔的風險，從而給整個金融系統帶來更高的風險。

1994年，中國建設社會主義市場經濟體制的目標正式確立。隨后，金融領域的市場化改革也積極而穩健地進行。金融自由化的核心是利率市場化，讓利率最終由市場來決定。利率市場化是指金融機構資金的利率水平由市場供求來決定，包括利率決定、利率傳導、利率結構和利率管理的市場化（楊建，2006）。具體而言，利率市場化就是指中央銀行借助市場力量來調節和影響資金供求以及調控和引導市場利率，使市場機制在金融資源配置中發揮主導作用；商業銀行則以中央銀行基準利率為引導，根據資金市場的資金供求變化自主調節並確定可貸資金的價格——利率，達到其自身利益最大化。利率市場化在提高商業銀行決定利率的自主作用的同時，也給銀行帶來了前所未有的風險，對銀行的風險識別與計量技術、風險管理手段

提出新的挑戰。利率市場化給商業銀行帶來的風險日益受到學術界和銀行管理者的重視。黃金老（2001）研究了利率市場化進程中商業銀行風險控製。有的學者研究了國外利率市場化對銀行業的影響以資借鑑，如李勇（2002）、薩奇（1996）、孫韋（2003）、邵伏軍（2004）等。

7.1　利率市場化條件下的銀行投融資行為模型

回顧中國的利率市場化改革進程，利率市場化改革在整個經濟改革的進程中起步相對較晚。但是，利率市場化改革在穩步進行。對商業銀行而言，這既帶來機遇，也帶來了更為嚴峻的競爭。一方面，對優質客戶的爭奪使得銀行爭相降低自己的貸款利率，削弱了自己的利潤空間，同時這種單個銀行的「最優化」行為卻造成整個金融系統內資金密集於所謂的優質客戶，增大了系統風險。正因為如此，管理當局對放開貸款利率的下限持十分審慎的態度。另一方面，保持存款利率基本不變的同時逐步放開貸款利率上限，看似擴大銀行的存貸利差收入，使得銀行可以提供資金給那些具有更高風險的需求者，在一定程度上可緩解中小企業融資難的問題，實際上卻隱含著更高的風險，對銀行的風險管理提出了新的要求。對計劃體制下演進而來的國有商業銀行，這無疑是一個十分痛苦的學習成長期。如果說在利率市場化改革之前，銀行的風險主要是由於體制性原因導致的信用風險的話，那麼市場化進程的推進更增加了商業銀行的利率風險，從而對投融資行為產生重要的影響。利率市場化的下一步計劃將是貸款利率的全面放開，進而涉及長短期存款利率。最終，利率將由市場力量來決定。處於轉型期的中國，四大國有商業銀行在整個銀行業的地位使得忽視其產權制度改革的緊迫性是不恰當的，與此相關的預算軟約束問題自然也必須予以考慮。那麼，結合當前銀行業的預算軟約束問題，

研究步步推進的利率市場化改革對銀行投融資行為的影響，無疑具有重要的理論和現實意義。

但是，目前國內對利率市場化后商業銀行的投融資行為以及由此帶來的風險尚缺乏深入研究。國外有一些文獻進行了相關研究，比如 Lam 和 Chen（1985）研究瞭解除利率管制和資本充足性要求對銀行投資組合的影響。不過，單純研究銀行的資金投放是不夠的，利率市場化對銀行的融資行為的影響也不容忽視。我們將銀行資金投放行為與融資行為結合起來討論，並探討轉型期的中國銀行業所具有的預算軟約束問題對銀行的風險態度的影響，分析預算軟約束下的銀行投融資行為。

假定銀行考慮將資金投放於 N 項風險資產或項目，數量為 A_j，$j = 1, 2, \cdots, N$，其收益率為：R_j，$j = 1, 2, \cdots, N$，為隨機變量。假定銀行的資本結構是：自有資本為 K（自有資本的數量是事先確知的，不是銀行決策的函數，而是約束條件），通過 m 種負債業務來為其融資，D_i，$i = 1, 2, \cdots, m$，其利率分別為 d_i，$i = 1, 2, \cdots, m$，則融資成本為：

$$\sum_{i=1}^{m} D_i d_i \tag{7-1}$$

期末的利潤為：

$$\pi = \sum_{j=1}^{N} A_j R_j - \sum_{i=1}^{m} D_i d_i \tag{7-2}$$

由於每一項資產的收益率為隨機變量，因此，期末利潤也是一個隨機變量，其期望為：

$$E(\pi) = \sum_{j=1}^{N} A_j E(R_j) - \sum_{i=1}^{m} D_i E(d_i) \tag{7-3}$$

但是，銀行的利潤是有風險的，需要剔除風險。採用 Lam 和 Chen（1985）的方法，我們用期末現金利潤的確定性等值作為銀行追求市場價值最大化的目標函數：

$$V = \frac{1}{R} \{ [E(\pi) - \lambda Cov(\pi, w)] - \lambda Cov(\pi, \pi) \} \tag{7-4}$$

使得:

$$\sum_{j=1}^{N} A_j = \sum_{i=1}^{m} D_i + K \qquad (7-5)$$

$$D = \sum_{i=1}^{m} D_i \leq cK \qquad (7-6)$$

其中，$R = 1 + r$ 是無風險利率，λ 是風險的市場價值，$Cov(\pi,w)$ 表示該銀行的現金利潤與其他金融機構現金利潤（即 w）間的協方差，$Cov(\pi,\pi)$ 表示銀行現金利潤的方差，也是各項目的收益率與各種負債業務利率之間的方差—協方差。(7-4) 式表明銀行追求的是期末現金利潤的確定性等值的現值最大化；(7-5) 式表示銀行的資產負債平衡約束；(7-6) 式表示對資本的要求，$c = \dfrac{D}{K}$ 為銀行的存款/資本率，它可以在一定意義上表徵銀行的資本充足性，但和《巴塞爾協議》中的資本充足率並不完全相同。

利用拉格朗日乘數法，有:

$$L = V - \gamma_1 \left(\sum_{j=1}^{N} A_j - \sum_{i=1}^{m} D_i - K \right) - \gamma_2 \left(\sum_{i=1}^{m} D_i - cK \right) \qquad (7-7)$$

即

$$L = \frac{1}{R} \left[E\left(\sum_{j=1}^{N} A_j R_j - \sum_{i=1}^{m} D_i d_i \right) - \lambda Cov(\pi,w) - \lambda Cov(\pi,\pi) \right] - \gamma_1 \left(\sum_{j=1}^{N} A_j - \sum_{i=1}^{m} D_i - K \right) - \gamma_2 \left(\sum_{i=1}^{m} D_i - cK \right) \qquad (7-8)$$

則一階條件為:

$$\frac{\partial L}{\partial A_j} = \frac{1}{R} \left[E(R_j) - \lambda \frac{\partial Cov(\pi,w)}{\partial A_j} - \lambda \frac{\partial Cov(\pi,\pi)}{\partial A_j} \right] - \gamma_1 = 0 \qquad (7-9)$$

其中，$j = 1, 2, \cdots, N$，

$$\frac{\partial L}{\partial D_i} = \frac{1}{R}\left[-E(d_i) - \lambda \frac{\partial Cov(\pi,w)}{\partial D_i} - \lambda \frac{\partial Cov(\pi,\pi)}{\partial D_i}\right] +$$
$$\gamma_1 - \gamma_2 = 0 \qquad (7-10)$$
$i = 1,2,\cdots,m$。

$$\frac{\partial L}{\partial \gamma_1} = \sum_{j=1}^{N} A_j - \sum_{i=1}^{m} D_i - K = 0 \qquad (7-11)$$

$$\frac{\partial L}{\partial \gamma_2} = \sum_{i=1}^{m} D_i - cK \leq 0 \qquad (7-12)$$

由（7-9）式得知：
$$\gamma_1 = \frac{1}{R}\left[E(R_j) - \lambda \frac{\partial Cov(\pi,w)}{\partial A_j} - \lambda \frac{\partial Cov(\pi,\pi)}{\partial A_j}\right]$$
$$j = 1,2,\cdots,N。 \qquad (7-13)$$

表示經風險調整的各項目期望收益現值。

由式（7-9），（7-10）可知：
$$\gamma_2 = \gamma_1 + \frac{1}{R}\left[-E(d_i) - \lambda \frac{\partial Cov(\pi,w)}{\partial D_i} - \lambda \frac{\partial Cov(\pi,\pi)}{\partial D_i}\right]$$
$$i = 1,2,\cdots,m。 \qquad (7-14)$$

即
$$\gamma_2 = \frac{1}{R}\Bigg\{[E(R_j) - E(d_i)] - \lambda\left[\frac{\partial Cov(\pi,w)}{\partial A_j} + \frac{\partial Cov(\pi,w)}{\partial D_i}\right] - \lambda\left[\frac{\partial Cov(\pi,\pi)}{\partial A_j} + \frac{\partial Cov(\pi,\pi)}{\partial D_i}\right]\Bigg\}$$
$$j = 1,2,\cdots,N;\ i = 1,2,\cdots,m。 \qquad (7-15)$$

令 $s_{ij} = R_j - d_i$，表示以負債業務 i 融資而投放於項目 j 的利差，化簡得到：

$$\gamma_2 = \frac{1}{R}[E(s_{ij}) - \lambda Cov(s_{ij},w) - \lambda Cov(s_{ij},\pi)]$$
$$(7-16)$$

r_2 表示銀行的邊際預期收益，它包括三個部分：

① $E(R_j) - E(d_i)$ 表示用來自第 i 種負債業務的資金投放於項目 j 的期望利差；

②銀行的資金投放於有風險的項目會改變銀行的內外風險：

$$\lambda\left[\frac{\partial Cov(\pi,w)}{\partial A_j} + \frac{\partial Cov(\pi,w)}{\partial D_i}\right] = \lambda Cov(s_{ij},w) \quad (7-17)$$

表示銀行外部風險的變化，方括號中的部分其實就是該銀行的利差與其他金融機構之利潤之間的協方差；

③表示相應的內部風險變化。

$$\lambda\left[\frac{\partial Cov(\pi,\pi)}{\partial A_j} + \frac{\partial Cov(\pi,\pi)}{\partial D_i}\right] = \lambda Cov(s_{ij},\pi) \quad (7-18)$$

7.2 利率市場化進程中銀行投融資行為的變化

7.2.1 存款利率管制之下的銀行投資行為

現在我們來考察在貸款利率放鬆管制而存款利率受到約束的條件下，銀行的投資融資行為。

在存款利率未放開之前，銀行的負債業務，比如活期存款、定期存款等利率在相關決策期間是確定的。因此，銀行的負債業務不會影響銀行的內外部風險。所以，有：

$$E(d_i) = d_i \quad (7-19)$$

$$\frac{\partial Cov(\pi,w)}{\partial D_i} = -Cov(d_i,w) = 0 \quad (7-20)$$

$$\frac{\partial Cov(\pi,w)}{\partial A_j} + \frac{\partial Cov(\pi,w)}{\partial D_i} = Cov(R_j,w) - Cov(d_i,w)$$

$$= Cov(R_j,w) \quad (7-21)$$

$$\frac{\partial Cov(\pi,\pi)}{\partial A_j} + \frac{\partial Cov(\pi,\pi)}{\partial D_i} = 2\sum_{k=1}^{N} A_k Cov(R_k,R_j) \quad (7-22)$$

所以，(7-16) 式就變為：
$$\gamma_2 = \frac{1}{R}[E(R_j) - d_i - \lambda Cov(R_j, w) - 2\lambda \sum_{k=1}^{N} A_k Cov(R_k, R_j)]$$
(7-23)

故有：
$$2\lambda \sum_{k=1}^{N} A_k Cov(R_k, R_j) + R\gamma_2 = E(R_j) - d_i - \lambda Cov(R_j, w)$$
$$j = 1, 2, \cdots, N; i = 1, 2, \cdots, m_\circ \quad (7-24)$$

令
$$\mu_{ij} = E(R_j) - d_i - \lambda Cov(R_j, w) \quad (7-25)$$

表示經外部風險調整后的利差，結合 (7-5)、(7-6) 式，可以得到：
$$2\lambda \sum_{k=1}^{N} A_k Cov(R_k, R_j) + R\gamma_2 = \mu_{ij}$$
$$i = 1, 2, \cdots, m; j = 1, 2, \cdots, N \quad (7-26)$$

$$\sum_{k=1}^{N} A_k = (1 + cK) \quad (7-27)$$

注意，(7-26) 和 (7-27) 式共 $Nm + 1$ 個參數，$Nm + 1$ 個方程，但是由

$$\gamma_2 = \gamma_1 + \frac{1}{R}[-E(d_i) - \lambda \frac{\partial Cov(\pi, w)}{\partial D_i} - \lambda \frac{\partial Cov(\pi, \pi)}{\partial D_i}]$$
$$= \gamma_1 + \frac{1}{R}(d_i)$$
$$i = 1, 2, \cdots, m \quad (7-28)$$

可知
$$d_1 = d_2 = \cdots = d_m = d \quad (7-29)$$

既然存款利率未放松管制，管理當局設定利率的上限，因此各種融資方式的利率不是銀行的決策目標，銀行只需確定融資的總額：

$$D = \sum_{i=1}^{m} D_i = \sum_{j=1}^{N} A_j - K \quad (7-30)$$

所以（7-26）可以簡化為：

$$R\gamma_2 + 2\lambda \sum_{k=1}^{N} A_k Cov(R_k, R_j) = \mu_j$$
$$j = 1, 2, \cdots, N \qquad (7-31)$$

其中，$\mu_j = E(R_j) - d - \lambda Cov(R_j, w)$ 為經外部風險調整后的項目利差。寫作矩陣表達式：

$$\begin{pmatrix} 2\lambda A_{ij} & RB \\ B^T & 0 \end{pmatrix}_{(N+1) \times (N+1)} \begin{pmatrix} A \\ \gamma_2 \end{pmatrix}_{(N+1) \times 1} = \begin{pmatrix} u \\ (1+c)K \end{pmatrix}_{(N+1) \times (N+1)}$$
$$(7-32)$$

其中

$$A_{ij} = \begin{pmatrix} Cov(R_1, R_1) & Cov(R_1, R_2) & \cdots & Cov(R_1, R_N) \\ \cdots & & & \\ Cov(R_N, R_1) & Cov(R_N, R_2) & \cdots & Cov(R_N, R_N) \end{pmatrix}_{N \times N}$$
$$(7-33)$$

$$B = \begin{pmatrix} 1 \\ 1 \\ \vdots \\ 1 \end{pmatrix}_{N \times 1} \qquad (7-34)$$

$$A = \begin{pmatrix} A_1 \\ A_2 \\ \vdots \\ A_N \end{pmatrix}_{N \times 1} \qquad (7-35)$$

$$u = \begin{pmatrix} \mu_1 \\ \mu_2 \\ \vdots \\ \mu_N \end{pmatrix}_{N \times 1} \qquad (7-36)$$

可以解得：

$$\begin{pmatrix} A \\ \gamma_2 \end{pmatrix}_{(N+1)\times 1} = \begin{pmatrix} 2\lambda A_{ij} & R \\ B^T & 0 \end{pmatrix}^{-1}_{(N+1)\times(N+1)} \begin{pmatrix} u \\ (1+c)K \end{pmatrix}_{(N+1)\times(N+1)}$$

(7-37)

具體而言：

$$A_j^* = \frac{1}{2\lambda}\sum_{i=1}^N a_{ij}\mu_i - \left[\frac{\frac{1}{2\lambda}\sum_{i=1}^N\sum_{j=1}^N a_{ij}\mu_j - (1+c)K}{\sum_{i=1}^N\sum_{j=1}^N a_{ij}}\right]\sum_{i=1}^N a_{ij}$$

(7-38)

$j = 1, 2, \cdots, N$，其中 a_{ij} 是 A_{ij}^{-1} 第 i 行第 j 列的元素。

可以看出，在存款利率受到管制的情況下，投放在各風險項目的數量 A_j^* 受到風險的市場價格、項目間的方差—協方差、經風險調整的利差、資本充足率以及資金規模等因素的影響。

考察對資本的要求 c，由

$$\frac{\partial A_j^*}{\partial c} = K\frac{\sum_{i=1}^N a_{ij}}{\sum_{i=1}^N\sum_{j=1}^N a_{ij}}$$

(7-39)

可知，式中分式的分母是各項目收益率的方差—協方差的逆矩陣的所有元素之和，因為項目的方差—協方差矩陣是正定的，所以分母為正。但是分子表示方差—協方差的逆矩陣的第 i 行元素之和，則其符號是未定的（注意自有資金 K 是正的）。其含義是：當管理當局對資本充足提出更高的要求（較小的 c）時，銀行可能會將資金投放在更具風險的項目中，這可能與管理當局的初衷事與願違。因此，銀行是否會表現出更具風險性，則需實證分析進行判斷。

而

$$\frac{\partial E(\pi)}{\partial c} = \frac{\partial(\sum_{j=1}^N A_j E(R_j) - cKd)}{\partial c} = \sum_{j=1}^N \frac{\partial A_j}{\partial c}E(R_j) - Kd$$

$$= \sum_{j=1}^{N} (E(R_j) - d) \frac{\partial A_j}{\partial c} \qquad (7-40)$$

表明，即使利差是正的，其符號也是未定的。因此，管理當局提高存款/資本比率時，並不是管理當局所確信的那樣一定會使銀行經營更穩健，增加利潤。

此外，注意到資金規模 K 既出現在最優投資數量的表達式中，也出現在關於資本充足性要求的偏導數的表達式中，表明不同資金規模的銀行，其最佳的風險投資量也是不同的。而對於管理當局的資本充足性要求，不同規模的銀行，其反應也不相同。

7.2.2 利率完全市場化后銀行的投融資行為

當利率市場化之後，存款利率也是隨機變量，所以與之相關的協方差不再為 0，結合 (7-5)、(7-6)、(7-13) 和 (7-15) 式，方程可以化為（具體求解過程比較繁瑣，見附錄 7.2）：

$$AX = U \qquad (7-41)$$

解得：

$$X = \begin{pmatrix} B^{-1} - B^{-1}H(GB^{-1}H)^{-1}GB^{-1} & -B^{-1}H(GB^{-1}H)^{-1} \\ (GB^{-1}H)^{-1}GB^{-1} & (GB^{-1}H)^{-1} \end{pmatrix} \begin{pmatrix} U_{Rd} \\ K_c \end{pmatrix}$$

$$(7-42)$$

考慮管理當局加強對存款/資本率要求（較小的 c），對投資和融資行為的影響，有：

$$\frac{\partial X}{\partial c} = -KB^{-1}H(GB^{-1}H)^{-1} \qquad (7-43)$$

正如 Lam 和 Chen (1985) 所指出的，更為嚴格的存款/資本比率要求並不必然降低銀行對風險項目的投放數量。在利率市場化之后，由於存款利率不確定性的引入，存款利率之間的方差—協方差，存款利率與資金投放的項目收益率之間的方差

—協方差，以及項目之間的方差—協方差使得 $\frac{\partial X}{\partial c}$ 的符號更不確定。因此，管理機構降低存款/資本比率，對融資和投資行為的影響難以定論，也就不一定能降低銀行的風險了。這是與管理當局的初衷不相一致的。實際情況則取決於內外風險的相對大小，需要經驗事實來證明。

7.3 預算軟約束對銀行投融資行為的影響

考慮銀行的破產概率。由切比雪夫不等式可知，銀行破產的概率滿足：

$$P_r(\pi < K) \leqslant \frac{\sigma_\pi^2}{(E(\pi) - K)^2} \qquad (7-44)$$

銀行的期望利潤越大，破產概率的上界就相應地越小。而銀行利潤的方差越大，則破產概率的上界就越大，可以粗略地說，這意味著銀行越有可能破產。而利率市場化之后，銀行的利率波動無疑會更大，而利潤的波動率是否更大，則取決於銀行的經營決策，取決於銀行的融資成本率和各項目的投資回報率之間的波動性大小及其相關係數。注意到資金 K 也對破產概率有著重要影響，K 越大，破產概率就越低，這就是所謂「大則不倒」的道理吧。

考慮到中國目前的商業銀行所有制結構，以銀行為主導的金融結構以及銀行對整個國計民生的重大影響等諸多因素，當銀行出現資不抵債而瀕臨破產時，央行是不可能坐視不管的。銀行業具有嚴重的預算軟約束問題。[①] 可以用 $\max[K - \pi, 0]$ 度

[①] 關於預算軟約束，可以參閱 Kornai 等 (2003) 的文獻綜述。Janos Kornai, Eric Maskin, Gerard oland (2003): Understanding the Soft Budget Constraint. Journal of Economic Literature. Vol. 41, No. 4. (Dec., 2003), pp. 1095 – 1136.

量銀行的預算軟約束的嚴重程度，而管理當局需要對問題銀行進行顯性或隱性擔保的概率則為 $P_r(\pi < K)$。因此，在利率市場化進程中，隨著銀行所面臨的環境越來越複雜多變，銀行利潤的波動越大，銀行就越有可能破產，管理當局就越是可能需要出面支撐銀行體系的正常運行。銀行系統的盈利能力越低，則其預算軟約束的問題就越嚴重。反過來，一旦銀行意識到管理當局在這種情況下將不得不出面穩定整個金融局勢，就會採取更加冒進的態度來對待風險，進一步加大銀行的破產風險。這也是銀行的道德風險問題。預算軟約束減弱了破產威脅對銀行投融資行為的震懾作用，使銀行更願意冒自己不能承擔的風險，從而給整個金融帶來災難性后果。因此，在利率市場化改革的進程中，如何將預算軟約束硬化，是擺在改革者面前的一個必須面對的重要問題。

7.4　結論

隨著利率市場化的逐步深入，銀行的投融資行為更具有不可預測性，資本充足性的要求對銀行行為的影響是不確定的，高標準嚴要求很可能反過來促使銀行採取更為冒險的投融資策略，具體的效應如何，尚需經驗數據支持。銀行的規模也對其投資行為產生影響。而銀行利潤波動性的增加也增大其資不抵債的可能性，在當前銀行業具有的預算軟約束條件下，管理當局有必要採取相關支持措施來支撐銀行業的健康運行，銀行的利潤越低，預算軟約束的問題也就越嚴重。

因此，對資本充足性提出更嚴格的標準並不必然導致銀行採取更穩健的投資策略，而且不同規模的商業銀行對資本充足率要求的反應是有差異的，央行應該密切關注相關政策出抬之後各家銀行的投融資行為，根據具體情況做出不同的政策要求。同時，如何硬化當前銀行業的預算軟約束的問題，也是利率改

革進程中必須要關注的。

附錄7.1 關於 (7-16) 式的推導

事實上，$Cov(\pi,w) = \sum_{j=1}^{N} A_j Cov(R_j,w) - \sum_{i=1}^{m} D_i Cov(d_i,w)$

所以

$$\frac{\partial Cov(\pi,w)}{\partial A_j} = Cov(R_j,w), \frac{\partial Cov(\pi,w)}{\partial D_i} = -Cov(d_i,w)$$

$$\frac{\partial Cov(\pi,w)}{\partial A_j} + \frac{\partial Cov(\pi,w)}{\partial D_i} = Cov(R_j,w) - Cov(d_i,w)$$
$$= Cov(R_j - d_i, w)$$

類似地

$$\frac{\partial Cov(\pi,\pi)}{\partial A_j} = 2\sum_{k=1}^{N} A_k Cov(R_k,R_j) - 2\sum_{k=1}^{m} D_k Cov(d_k,R_j)$$
$$j = 1, 2, \cdots, N,$$

$$\frac{\partial Cov(\pi,\pi)}{\partial D_i} = 2\sum_{k=1}^{m} D_k Cov(d_k,d_i) - 2\sum_{k=1}^{N} A_k Cov(R_k,d_i)$$
$$i = 1, 2, \cdots, m,$$

$$\frac{\partial Cov(\pi,\pi)}{\partial A_j} + \frac{\partial Cov(\pi,\pi)}{\partial D_i} = 2[\sum_{k=1}^{N} A_k Cov(R_k, R_j - d_i)$$
$$- \sum_{k=1}^{m} D_k Cov(d_k, R_j - d_i)] = 2Cov(\pi, R_j - d_i)$$

令 $s_{ij} = R_j - d_i$，表示以負債業務 i 融資而投放於項目 j 的利差，有：

$$\frac{\partial Cov(\pi,w)}{\partial A_j} + \frac{\partial Cov(\pi,w)}{\partial D_i} = Cov(s_{ij},w)$$

$$\frac{\partial Cov(\pi,\pi)}{\partial A_j} + \frac{\partial Cov(\pi,\pi)}{\partial D_i} = Cov(\pi,s_{ij})$$

則 (7-15) 式可以化簡為：

$$\gamma_2 = \frac{1}{R}[E(s_{ij}) - \lambda Cov(s_{ij},w) - \lambda Cov(s_{ij},\pi)]$$

(7-16)

附錄7.2 利率市場化條件下的最優投融資組合

當利率市場化之后，存款利率也是隨機變量，所以與之相關的協方差不再為0，結合（7-5）、（7-6）、（7-13）和（7-15）式，方程可以化為：

$$AX = U \qquad (7-41)$$

其中

$$A = \begin{pmatrix} Cov(R_1,R_1) & Cov(R_2,R_1) & \cdots & Cov(R_N,R_1) & -Cov(d_1,R_1) & \cdots & -Cov(d_m,R_1) & \frac{R}{2\lambda} & 0 \\ \cdots & & & & & & & & \\ Cov(R_1,R_N) & Cov(R_2,R_N) & \cdots & Cov(R_N,R_N) & -Cov(d_1,R_N) & \cdots & -Cov(d_m,R_N) & \frac{R}{2\lambda} & 0 \\ Cov(R_1,d_1) & Cov(R_2,d_1) & \cdots & Cov(R_N,d_1) & -Cov(d_1,d_1) & \cdots & -Cov(d_m,d_1) & \frac{R}{2\lambda} & -\frac{R}{2\lambda} \\ \cdots & & & & & & & & \\ Cov(R_1,d_m) & Cov(R_2,d_m) & \cdots & Cov(R_N,d_m) & -Cov(d_1,d_m) & \cdots & -Cov(d_m,d_m) & \frac{R}{2\lambda} & -\frac{R}{2\lambda} \\ 1 & 1 & \cdots & 1 & -1 & \cdots & -1 & 0 & 0 \\ 0 & 0 & \cdots & 0 & 1 & \cdots & 1 & 0 & 0 \end{pmatrix}$$

$$X = \begin{pmatrix} A_1 \\ A_2 \\ \vdots \\ A_N \\ D_1 \\ \vdots \\ D_m \\ \gamma_1 \\ \gamma_2 \end{pmatrix}, U = \begin{pmatrix} \frac{u_{R1}}{2\lambda} \\ \vdots \\ \frac{u_{RN}}{2\lambda} \\ \frac{u_{d1}}{2\lambda} \\ \vdots \\ \frac{u_{dm}}{2\lambda} \\ K \\ cK \end{pmatrix}。$$

而 $u_{Rj} = E(R_j) - \lambda Cov(R_j,w), j = 1,2,\cdots,N$；$u_{di} = E(d_i) - \lambda Cov(d_i,w), i = 1,2,\cdots,m$

解得：$X = A^{-1}U$。

具體而言：（利用矩陣分塊來計算）

記

$$A = \begin{pmatrix} B & H \\ G & 0 \end{pmatrix}$$

$$B = \begin{pmatrix} Cov(R_1,R_1) & Cov(R_2,R_1) & \cdots & Cov(R_N,R_1) & -Cov(d_1,R_1) & \cdots & -Cov(d_m,R_1) \\ \vdots & & & & & & \\ Cov(R_1,R_N) & Cov(R_2,R_N) & \vdots & Cov(R_N,R_N) & -Cov(d_1,R_N) & \cdots & -Cov(d_m,R_N) \\ Cov(R_1,d_1) & Cov(R_2,d_1) & \cdots & Cov(R_N,d_1) & -Cov(d_1,d_1) & \cdots & -Cov(d_m,d_1) \\ \cdots & & & & & & \\ Cov(R_1,d_m) & Cov(R_2,d_m) & \cdots & Cov(R_N,d_m) & -Cov(d_1,d_m) & \cdots & -Cov(d_m,d_m) \end{pmatrix},$$

$$H = \begin{pmatrix} \dfrac{R}{2\lambda} & 0 \\ \vdots & \\ \dfrac{R}{2\lambda} & 0 \\ \dfrac{R}{2\lambda} & -\dfrac{R}{2\lambda} \\ \vdots & \\ \dfrac{R}{2\lambda} & -\dfrac{R}{2\lambda} \end{pmatrix}_{(N+m)\times 2}$$

$$G = \begin{pmatrix} 1 & 1 & \cdots & 1 & -1 & \cdots & -1 \\ 0 & 0 & \cdots & 0 & 1 & \cdots & 1 \end{pmatrix}_{2\times(N+m)}$$

$$X = \begin{pmatrix} A_1 \\ A_2 \\ \vdots \\ A_N \\ D_1 \\ \vdots \\ D_m \\ \gamma_1 \\ \gamma_2 \end{pmatrix} = \begin{pmatrix} X_{ad} \\ \gamma \end{pmatrix}, \quad X_{ad} = \begin{pmatrix} A_1 \\ A_2 \\ \vdots \\ A_N \\ D_1 \\ \vdots \\ D_m \end{pmatrix}, \gamma = \begin{pmatrix} \gamma_1 \\ \gamma_2 \end{pmatrix},$$

$$U = \begin{pmatrix} \dfrac{u_{R1}}{2\lambda} \\ \vdots \\ \dfrac{u_{RN}}{2\lambda} \\ \dfrac{u_{d1}}{2\lambda} \\ \dfrac{u_{dm}}{2\lambda} \\ K \\ cK \end{pmatrix} = \begin{pmatrix} U_{Rd} \\ K_c \end{pmatrix}, \quad U_{Rd} = \begin{pmatrix} \dfrac{u_{R1}}{2\lambda} \\ \vdots \\ \dfrac{u_{RN}}{2\lambda} \\ \dfrac{u_{d1}}{2\lambda} \\ \dfrac{u_{dm}}{2\lambda} \end{pmatrix}, K_c = \begin{pmatrix} K \\ cK \end{pmatrix}_{\circ}$$

所以:

$$X = \begin{pmatrix} B^{-1} - B^{-1}H(GB^{-1}H)^{-1}GB^{-1} & -B^{-1}H(GB^{-1}H)^{-1} \\ (GB^{-1}H)^{-1}GB^{-1} & (GB^{-1}H)^{-1} \end{pmatrix} \begin{pmatrix} U_{Rd} \\ K_c \end{pmatrix}$$

$$(7-42)$$

第八章

利用價差期權探討商業銀行利率風險管理

由於中國的資本市場尚不發達，金融衍生品市場還未完全建立，利用期貨、期權等衍生工具管理利率風險的條件還不成熟。但是，金融的衍生思想仍然可以給我們的風險管理提供一些借鑑和啟迪。本章是利用金融衍生思想來管理商業銀行利率風險的一個嘗試，主要是考察價差期權在商業銀行利率風險管理中的應用。先回顧了價差期權的研究文獻，接著探討價差期權在商業銀行利率風險管理的應用。

8.1 價差期權的有關研究

8.1.1 價差期權的定義和一般特徵

（1）價差期權的定義

所謂價差期權（spread options），就是一種建立在兩個指數值之差基礎上的期權。這裡，價差（spread）可以理解為任何兩個指數（index）的差。而指數的含義則十分廣泛：可以是企業債券和國庫券的收益；可以是兩種有形商品的價格；可以是兩種貨幣的利率、匯率，甚至是同一商品在不同地點或時間的價格等。因此，我們用指數而不是用基礎資產這樣的概念。

價差期權涉及兩個指數值之差。以兩種資產的價差為例，假定兩種資產在 t 時刻的價值分別為 $S_1(t)$ 和 $S_2(t)$。期權的買方有權在到期日 T，得到兩種資產的價值差 $S(T) = S_2(T) - S_1(T)$，即價差（spread）。為了執行該期權，買方需要在到期時支付預先設定的價格 K，稱為執行價格。換言之，價差期權的到期收益為 $\max[0, S_2(T) - S_1(T) - K]$，即價差大於執行價格的部分。

（2）價差期權的一般特徵

經典的期權是定義在一個基礎資產之上的，而價差期權則可以看作是對經典期權的簡單推廣，定義在兩個基礎資產上。而這兩個基礎資產，可以是任何兩個指數。

價差期權的思想雖然很簡單，但卻可以進行各種擴展，這些擴展對許多實際問題的解決都很有幫助。在貨幣和固定收益市場，價差期權可以是建立在兩種利率或兩種收益之差上的期權。在商品市場，價差期權可以建立在同一商品在不同地點（位置價差）、不同時間（日曆價差），或者是一個生產過程的投入和產出價格差（過程價差）以及同一商品不同等級之間的價格差（質量價差）之上。

實際上，價差期權還可以是推廣到多個基礎資產的情形，即價差期權的基礎資產可以不止兩個，可以為多個。不僅如此，價差期權並不限於基礎資產的差額，還可以將基礎資產擴展到有限個基礎指數的線性組合的情形。

價差在金融市場中是普遍存在的，不管是權益、固定收益債券、外匯，還是商品、能源市場、商業銀行的房地產貸款，都可以將其差異視作價差。本書之前提到的所有價差，都可以作為價差期權的基礎。價差期權可以幫助我們發現其中隱含的價值，從而為風險管理提供更多更有效的工具。

8.1.2 價差期權的定價

價差期權是經典期權的一個簡單擴展，但是要對價差期權

定價卻不是一件容易的事，它實際上涉及現代數理金融學中最艱深的部分之一。就目前而言，要得到封閉形式解，還必須依賴一些比較嚴格的假設。但是，封閉形式解相當重要。如果不能得到封閉解，人們就可能認為你並未求出期權價值，沒有給出答案。而且，對實務工作者而言，封閉形式解可以讓他們瞭解該價格究竟是怎樣計算出來的。他們往往需要瞭解是哪些因素對期權價格產生了影響，如果沒有封閉解，我們就無法計算期權價格對各個參數的敏感性（即某些文獻中討論的那些大寫的希臘字母），這會影響實務工作者對一些問題進行靈活處理。偏微分算子（PDE）、三叉樹、蒙特卡羅模擬是三種最常用的求價差期權近似值的方法。

我們考慮歐式期權的定價。假定兩種基礎工具在 t 時刻的價值分別為 $S_1(t)$ 和 $S_2(t)$，它們是隨時間推移而變化的隨機變量，則價差就是：

$$S(t) = S_2(t) - S_1(t) \quad t \geq 0 \qquad (8-1)$$

該價差在期權到期時刻 T 為：$S(T) = S_2(T) - S_1(T)$，價差其實也是一個隨機變量。假定執行價格為 K，並假定存在風險中性概率測度 Q，則可以將期權價格表示成：

$$\begin{aligned} p &= e^{-rT} E^Q [\max(S_2(T) - S_1(T) - K, 0)] \\ &\triangleq e^{-rT} E^Q [(S_2(T) - S_1(T) - K)^+] \end{aligned} \qquad (8-2)$$

為書寫簡便，我們記 $\max(x, 0) \triangleq x^+$。按照經典的 B-S 期權定價的思想，我們可以將它寫成二重積分的形式：

$$\begin{aligned} p &= e^{-rT} E^Q [\max(S_2(T) - S_1(T) - K, 0)] \\ &= e^{-rT} \iint (s_2 - s_1 - K)^+ f_T(s_1, s_2) ds_1 ds_2 \end{aligned} \qquad (8-3)$$

其中，$f_T(s_1, s_2)$ 是兩個基礎指數 $S_1(T)$ 和 $S_2(T)$ 在到期日的聯合密度函數。

進一步，還可以寫成二次積分的形式：

$$p = e^{-rT} E^Q [\max(S_2(T) - S_1(T) - K, 0)]$$

$$= e^{-rT} \iint (s_2 - s_1 - K)^+ f_T(s_1, s_2) ds_1 ds_2$$

$$= \int [\int (s_2 - s_1 - K)^+ f_{2,T|S_1(T)=s_1}(s_2) ds_2] f_{1,T}(s_1) ds_1$$

$$(8-4)$$

其中,$f_{2,T|S_1(T)=s_1}(s_2)$是第二個指數在第一個基礎指數在到期日的價值為s_1的條件下的條件密度函數。可以這樣對價差期權定價,第一次積分(就是最裡面的那個積分)表示的是當第一個基礎指數的價值為s_1時的期權價值,實際上可以看作是執行價格為$s_1 + K$時的期權價格,然后再對第二個指數求積分。

但是,要得到期權的價格封閉解卻並非易事,需要在一定的假設條件下才能得到。

(1) 基礎指數服從對數正態分佈時價差期權的定價

假定兩個基礎指數是服從對數正態分佈的,則我們可以粗略地假定其價差$S(t)$服從正態分佈。我們進一步假定兩個指數滿足下列微分方程:

$$\begin{cases} dS_1(t) = S_1(t)[\mu dt + \sigma_1 dW_1(t)] \\ dS_2(t) = S_2(t)[\mu dt + \sigma_2 dW_2(t)] \end{cases} \quad (8-5)$$

則定價公式為:

$$p = (m(T) - Ke^{-rT})\Phi(\frac{m(T) - Ke^{-rT}}{s(T)}) + s(T)\varphi(\frac{m(T) - Ke^{-rT}}{s(T)})$$

$$(8-6)$$

其中,$\Phi()$表示標準正態分佈函數,$\varphi()$是標準正態密度函數。其中:

$$m(T) = [S_2(0) - S_1(0)]e^{(\mu-r)T} \quad (8-7)$$

表示價差在到期時的均值,而

$$s^2(T) = e^{2(\mu-r)T}[S_1^2(0)(e^{\sigma_1^2 T} - 1) - 2S_2(0)S_1(0)(e^{\rho\sigma_1\sigma_2 T} - 1) + S_2^2(0)(e^{\sigma_2^2 T} - 1)]$$

$$(8-8)$$

表示價差在到期時的方差。其中,ρ為兩個變量的相關係數。

而價差的變化模式為：

$$S(t) = e^{\mu t}S(0) + \sigma \int_0^t e^{\mu(t-u)}dW_u \quad (8-9)$$

這一方法可以擴展到均值隨時間變化而變化的情形。若假定：$\mu = \mu_t$，則價差的變化模式變為：

$$S(t) = e^{\int_0^t \mu_s ds}S(0) + \int_0^t \sigma_s e^{\int_0^t \mu_u du}dW_s \quad (8-10)$$

我們也可以對日曆價差期權定價，只需要知道同一指數在不同時間的聯合分佈就可以類似地求出。

（2）執行價格為0的價差期權

我們假定 $\mu_t = r$ 是貼現率，進一步假定：

$$E[dW_1(t)dW_2(t)] = \rho dt \quad (8-11)$$

也就是說 ρ 表示兩個指數的相關性，波動率 $\sigma_s = \sigma$ 為常數，則價差期權的價格可表示為：

$$p = S_2(0)\Phi(d_2) - S_1(0)\Phi(d_1) \quad (8-12)$$

其中

$$d_2 = \frac{\ln[S_2(0)/S_1(0)]}{\sigma\sqrt{T}} + \frac{1}{2}\sigma\sqrt{T} \quad (8-13)$$

$$d_1 = \frac{\ln[S_2(0)/S_1(0)]}{\sigma\sqrt{T}} - \frac{1}{2}\sigma\sqrt{T} \quad (8-14)$$

方差為：

$$\sigma^2 = \sigma_1^2 - 2\rho\sigma_1\sigma_2 + \sigma_2^2 \quad (8-15)$$

當執行價格 $K=0$ 時，可以得到封閉形式解。實際上，這也是交換期權的價格。它賦予買方用第一種資產去交換第二種資產的權利而非義務。它表示期權的買方可以無成本（當然要支付期權費了）和另一資產相交換。這樣，期權買方通過支付權費就可確保獲得兩種資產中的最好者。也就是說，如果我們在當前時刻決策錯誤，我們到時可以得到補償，而我們唯一需要花費的就是現在支付的期權費。

我們還可以容易地擴展到這樣的形式：

$$\begin{cases} dS_1(t) = S_1(t)[(r-q_1)dt + \sigma_1 dW_1(t)] \\ dS_2(t) = S_2(t)[(r-q_2)dt + \sigma_2 dW_2(t)] \end{cases} \quad (8-16)$$

其均值為：$\mu_i = r - q_i, i = 1,2$，其中 q_i 是第 i 種基礎指數的分紅，假定為常數。

則執行價 K = 0 的價差期權變為：

$$p = S_2(0)e^{-q_2 T}\Phi(d_2) - S_1(0)e^{-q_1 T}\Phi(d_1) \quad (8-17)$$

其中：

$$d_2 = \frac{\ln[S_2(0)/S_1(0)] - (q_2 - q_1)T}{\sigma\sqrt{T}} + \frac{1}{2}\sigma\sqrt{T} \quad (8-18)$$

$$d_1 = \frac{\ln[S_2(0)/S_1(0)] - (q_2 - q_1)T}{\sigma\sqrt{T}} - \frac{1}{2}\sigma\sqrt{T} \quad (8-19)$$

這一定價公式形式相當簡潔，和經典的 B - S 期權定價很相似。但是，如果執行價 $K \neq 0$，則期權定價沒有那麼簡單。同樣設：

$$\begin{cases} dS_1(t) = S_1(t)[(r-q_1)dt + \sigma_1 dW_1(t)] \\ dS_2(t) = S_2(t)[(r-q_2)dt + \sigma_2 dW_2(t)] \end{cases} \quad (8-20)$$

這一方程可以容易地推廣到定義在期貨合約上的價差期權，只需要取 $q_1 = q_2 = r$ 就可以了。

可以得到價差期權價格的封閉解：

$$p = S_2(0)e^{-q_2 T}\Phi[d^* + \sigma_2\cos(\theta^* + \varphi)\sqrt{T}] - \\ S_1(0)e^{-q_1 T}\Phi(d^* + \sigma_1\sin\theta^*\sqrt{T}) - Ke^{-rT}\Phi(d^*) \quad (8-21)$$

$$d^* = \frac{1}{\sigma\cos(\theta^* - \eta)\sqrt{T}}\ln\left(\frac{S_2 e^{-q_2 T}\sigma_2\sin(\theta^* + \varphi)}{S_1 e^{-q_1 T}\sigma_1\sin\theta^*}\right) - \\ \frac{1}{2}(\sigma_2\cos(\theta^* + \varphi) + \sigma_1\cos\theta^*)\sqrt{T} \quad (8-22)$$

$\rho = \cos\varphi$，即：$\varphi = \arccos\rho$，$\eta = \arccos(\dfrac{\sigma_1 - \rho\sigma_2}{\sigma})$，$\varphi$, $\eta \in [0, \pi]$。

其中，θ^* 是下列方程的解：

$$\dfrac{1}{\beta\cos(\theta+\varphi)}\ln(-\dfrac{\delta k\sin\theta}{\alpha[\beta\sin(\theta+\varphi) - \delta\sin\theta]}) - \dfrac{\beta\cos(\theta+\varphi)}{2}$$

$$= \dfrac{1}{\delta\cos\theta}\ln(-\dfrac{\beta k\sin(\theta+\varphi)}{\gamma[\beta\sin(\theta+\varphi) - \delta\sin\theta]}) - \dfrac{\delta\cos\theta}{2} \quad (8-23)$$

其中

$$\alpha = S_2 e^{-q_2 T}, \beta = \sigma_2\sqrt{T}, \gamma = S_1 e^{-q_1 T}, \delta = \sigma_1\sqrt{T}, k = Ke^{-rT}$$
$$(8-24)$$

可以證明：當 $K = 0$ 時，就是前面的情形了。

(3) 基礎指數具有泊松跳躍的價差期權定價

我們可將價差期權的定價擴展到基礎指數具有泊松跳躍的情形。也就是將泊松跳躍過程納入基礎指數的隨機微分方程，Metorn (1976)，Cox 和 Ross (1976) 在 30 年前就已經做了這項工作。假定基礎指數具有泊松跳躍，滿足：

$$dS_i(t) = S_i(t_-)(r - q_i - \lambda_i\mu_i)dt + S_i(t_-)\sigma_i dW_i(t) +$$
$$S_i(t_-)(e^{J_i(t)} - 1)dN_i(t) \quad i = 1,2 \quad (8-25)$$

這裡，N_1, N_2 是兩個基礎指數相互獨立的泊松跳躍，其相應的發生頻率參數為：λ_1, λ_2，跳躍的幅度為：$S_i(t_-)(e^{J_i(n)} - 1)$，$i = 1,2$，表示為第 n 次跳躍使基礎指數發生的變化，W_1 和 W_2 是相互獨立的幾何布朗運動。$J_1(k)|k \geq 1$ 和 $J_2(k)|k \geq 1$，是兩個相互獨立的高斯 (Gaussian) 隨機變量，其分佈均為正態分佈：$N(m_i, s_i^2)$，$i = 1,2$。則基礎指數的變化模式為：

$$S_i(T) = S_i(0)\exp[(r - q_i - \sigma_i^2/2)T + \sigma_i W_i(T) +$$
$$\sum_{n=1}^{N_i(T)} J_i(k)] \quad i = 1,2 \quad (8-26)$$

最后得到基礎指數具有跳躍性的價差期權價格為：

$$p^J = \sum_i^\infty \sum_j^\infty e^{-(\lambda_1+\lambda_2)T} \frac{(\lambda_1 T)^i (\lambda_2 T)^j}{i!\, j!} p^* \qquad (8-27)$$

其中：
$$p^* = \hat{S}_2(0)e^{-q_2 T}\Phi[d^* + \hat{\sigma}_2\cos(\theta^* + \varphi)\sqrt{T}] -$$
$$\hat{S}_1(0)e^{-q_1 T}\Phi(d^* + \hat{\sigma}_1\sin\theta^* \sqrt{T}) - Ke^{-rT}\Phi(d^*)$$
$$(8-28)$$

類似（8-23），只是：
$$\hat{S}_1(0) = S_1(0)e^{-\lambda_1\mu_1 T + i(m_1 + s_1^2/2)}$$
$$\hat{S}_2(0) = S_2(0)e^{-\lambda_2\mu_2 T + j(m_2 + s_2^2/2)}$$
$$\hat{\sigma}_1 = \sqrt{\sigma_1^2 + is_1^2/T}$$
$$\hat{\sigma}_2 = \sqrt{\sigma_2^2 + js_2^2/T}$$
$$\hat{\rho} = \frac{\rho\sigma_1\sigma_2}{\sqrt{\sigma_1^2 + is_1^2/T}\sqrt{\sigma_2^2 + js_2^2/T}} \qquad (8-29)$$

在利率市場化進程中，利用泊松跳躍可以很好地刻畫利率的運行變化過程。

價差期權還可以應用於基礎資產是有形商品的情形。這時，商品可能具有均值迴歸和季節性。我們可用均值迴歸和泊松跳躍來刻畫其價格的運動，進一步更精確地給價差期權定價。

8.1.3 關於價差期權的應用的文獻回顧

價差期權思想簡單，是對經典期權的簡單推廣，在20世紀90年代初引起人們廣泛的興趣。Goldman Sachs 首先引入價差期權，他提出了好幾個價差期權，比如 SYXURVE 期權，它是定義在收益曲線的斜率上的期權。MOTTO 期權，是定義在抵押品和國庫券基礎上的價差期權。還有 ISO 期權，是定義在外國固定收益證券和其他外國固定收益證券上的價差期權。這些期權在管理不同的風險源時很有用處。由於其基礎資產的含義相當寬泛，利用它來定價相當靈活。價差期權的基礎指數可以是兩種

資產、期貨價格、權益指數或可違約的債券（比如企業債券）收益。有大量這樣的期權及其變化形式在成熟的金融市場中交易。無論是用於投機，化解減輕基準風險，還是資產估價，價差期權的應用十分廣泛。儘管對它的定價及風險對沖的技術還沒有跟上節奏。這些期權可以在交易所裡交易，但更多的則來自櫃臺交易。

　　價差期權可以作為減少風險的重要工具，除應用於利率風險管理外，在許多領域都可以得到應用。已經有大量的文獻對權益市場和固定收益債券市場的價差期權定價。比如，Easterwood 和 Senchack（1986）研究了國庫券和國債之間的價差。Arak, Fisher, Goodman 和 Daryanant（1987）分析了市政債券和國債之間的差異所建立的價差期權在市場中的效率問題。Duan 和 Pliska（1999）則研究了在權益市場中的指數價差期權。Nabil Tahani（2000）利用 GARCH 模型研究了在固定收益債券市場中的信用價差期權。Carmona 和 Durrleman（2003）詳細分析了 3 個月和 6 個月的倫敦同業拆借利率 LIBOR 的利差期權。價差期權在外匯市場也很普遍，價差涉及不同貨幣的利率。一個典型的例子就是標準的交叉貨幣價差期權，在到期日 T，支付數量為 $(\alpha Y_{1T} - \beta Y_{2T} - K)^+$ 的某種貨幣，這裡，α，β，K 都是正的常數。基礎指數 Y_1 和 Y_2 是不同貨幣的互換利率，甚至是與支付的貨幣幣種不同的兩種貨幣。在商品市場中，Wahab, Cohn 和 Lashgar（1994）研究了不同商品（金銀的價差）價差期權。Mbanefo（1997）等研究了爆裂價差（crack spread）期權。還有一種稱為壓榨價差（crash spread）期權，比如大豆壓榨價差期權。之所以叫壓榨價差期權，是因為大豆的處理過程是通過壓榨形成豆油和豆粕的。大豆壓榨價差是通過每一普式爾（bushel）大豆中榨取的豆油和豆粕的價值減一普式爾（bushel）大豆的價值得到的。大豆壓榨價差給市場參與者提供了關於大豆加工過程的毛利潤的一個指示信息。有利於規避相關的現金頭寸風險，也可用於投機。Shimko（1994）對壓榨價差期權進行了

研究。在能源市場中，由於能源（比如電力）所表現出來的不可儲藏性和價格的均值回復特徵，人們也開發出相應的價差期權來管理其價格風險，稱為火花價差（spark spread）期權。Pilipovic 和 Wengler（1998）、Deng（1999）對能源市場中的價差期權進行了探討。人們對價差期權在實物期權（real options）領域中的應用也有很深入的考察，以對沖公司的生產風險（Trigeogis, 1996）。比如，廠商可以在使用燃油還是煤作燃料之間進行選擇，若廠商在當前時刻不知道未來究竟哪種燃料更經濟，他就可以選擇其中一種，同時購買這樣的價差期權，該期權賦予廠商在未來可以在不同燃料之間進行轉換的權利。還有一些研究將價差期權應用於資產價值問題。在中國，房地產市場的迅猛發展，商業銀行在房地產市場的業務收入進行顯著增加，而房地產市場的風險也顯著增加。比如房地產貸款，其中暗含了許多期權，包括提前償付期權、違約期權等。我們可以利用價差期權的思想來管理房地產市場中的風險。

儘管價差期權的應用十分廣泛，但是，對價差期權的價格和對沖的數學程序還比較難於看到，對相關理論框架還沒有一個一致的看法，對各種有形商品的情形更是如此。一些研究者針對有形商品的特點，將隨機因素和便利收益加入到模型中，比如 Gibson 和 Schwartz（1990）以及 Miltersen 和 Schwartz（2000）等的研究。對價差期權的定價研究還有待深入。

8.2 價差期權在商業銀行利率風險管理中的應用

價差期權在本質上非常簡單，可以看作是定義在兩個基礎指數之差的期權。這樣的差異在對商業銀行利率風險管理中具有很廣闊的應用。它可以提供一個檢驗的母本，檢驗我們對市場參與者的行為和相關金融基礎理論的理解。價差期權可以幫助我們進行金融決策，也可以幫助我們對金融工具中所隱含的

期權有更深入的認識。商業銀行的經營管理過程中,很多業務都具有一定的價格差異,都可以用價差期權來重新審視,為利率風險管理服務。

8.2.1 利率風險管理的久期和凸度方法與價差期權

(1) 久期

利用久期模型來度量和管理利率風險,就是假定當利率發生一個微小變化時,引起金融工具(如資產和負債)發生的價值變化。利用久期免疫的思想就是通過對資產負債的管理,消除其影響,使最終的價值(比如商業銀行所有者權益)的淨變化量為0。久期的一個重要缺點是假定所有到期期限的金融工具,資產和負債的相應利率(或收益率)發生同樣的變化。但事實上,即便短期利率發生了變化,長期利率仍可以不變,甚至變化方向相反。如果從數學的角度來看,久期就是度量各金融變量關於利率的彈性,討論的是當貼現率變化1%時,金融變量的市場價值的變化的百分數。而久期模型的風險管理主張就是要使商業銀行的總價值函數(可以看作是利率的函數)關於利率的一階導數為0。其經濟含義就是通過利率風險管理,調整資產負債的組合以及表外業務,最終使商業銀行的總價值不變,達到免疫的效果。

(2) 凸度

久期模型考慮的是利率微小變化而導致金融變量的價值變化。但利率不一定是連續變化的,當利率發生離散變化時,久期模型實際上是用金融變量價值關於利率的一階近似來刻畫其價值的實際變化。當利率的變化較小時,這樣的近似是合理的。但是,當利率的變化發生較大跳躍的時候,僅僅靠利率的一階近似就是有問題的,所以人們考慮到了用二階近似來刻畫,即用凸度來進行利率風險管理。事實上,當利率發生跳躍變化足夠大時,還可以用利率的三階、四階導數等來刻畫金融工具價值的變化。

久期和凸度管理利率風險的基本思想是力圖保持其資產負債缺口為0以達到對利率變化的免疫。但是，價差期權告訴我們，我們其實可以保持利率變動對商業銀行總價值有利的一面，而將利率變化對商業銀行總價值的負面影響控製在一個合理的範圍。我們通過一系列的合約或對沖手段使商業銀行最終成為價差期權的多頭，只享受總價值上升的好處，而將風險控製在一定的範圍內。如果我們預期利率會上升，則可以保持久期缺口為負，或者經凸度修正的缺口保持為負，以得到利率上升所帶來的利益，同時利用價差期權避免利率下降的風險。

8.2.2 四種基本的利率風險管理工具與價差期權

從第二章我們可以知道，管理利率風險的現代方法包括遠期利率協議、利率期貨、利率期權和利率互換四種基本衍生工具，這些工具隨著金融工程的發展，出現了複合以及交叉利用的情況，比如互換期權、期貨期權等形式。我們主要是關注這四種基本的利率風險管理工具，討論它們之間的關係。

（1）四種基本的表外利率風險管理工具之間的關係

理論上講，將不同的基本衍生工具組合在一起，可以創造出許多更為複雜的衍生工具。每一種衍生工具都可以用其他基本衍生工具的形式表達出來。期貨合約可視為一系列標準化的遠期合約的組合，因為期貨合約的價值在每個交易日結束後都進行確認。因此，可以將期貨合約看作是一系列每天簽訂的，第二天結算的遠期合約。

利率互換其實可以看作是一系列遠期利率協議的組合。互換多頭就是指支付固定利率而收到浮動利率的交易者，而空頭就是收到固定利率而支付浮動利率的交易方。

遠期利率合約可以看作是看漲期權多頭和看跌期權空頭的組合。投資者以賣出看跌期權收到的期權費來為買入看漲期權融資。

而期權則可以看作是動態的投資組合。一份看漲期權可以

通過不斷調整一個投資組合來得到。該投資組合包括國庫券（T-bill）以及期貨、遠期或者是互換合約，其中關鍵的是隨著基礎資產價格（遠期價格、期貨價格或互換價值）的上升，投資到國庫券中的資產價格下降，與此同時，投資到遠期、期貨合約或互換中的資產價格會相應地上升。當基礎資產的價格下降，則出現相反的情況。同樣，一份看跌期權可以用同樣的策略構造出來。

對於利率上限和利率下限期權，可以類似地考察。若其執行利率相同，則雙限合約就等於利率互換。

(2) 從價差期權的角度看這四種基本的利率風險管理工具

從理論上講，通過不同的期權多頭和空頭的組合，可以構造出這四種基本的利率風險工具。因為對價差期權的買方而言，他可以買進$S_2(t)$而賣出$S_1(t)$。如果他已經擁有了$S_1(t)$，當執行價格 K=0 時就表明，價差期權的多頭方在將來有權獲得兩者之中的最佳者。如果他又是同樣條款的空頭方，那到期日他則必定要將$S_1(t)$換成$S_2(t)$（也就是支付或收到兩者之差）。

首先考察遠期利率協議。遠期利率協議是由交易雙方商定在將來某一特定日期按照確定的貨幣、金額和期限進行的協定利率和市場利率差額的支付。作為一種場外交易的利率衍生品，它的條款相當靈活，可以針對銀行的獨特風險而量體裁衣地設計出相應的利率風險管理工具。從價差期權的角度來看，因為到約定的日期交易雙方必須進行協定利率和市場利率差額的支付，就相當於同時擁有價差期權的多頭和相同執行價的價差期權空頭的組合。當浮動利率高於固定利率時，他執行價差期權，付出固定利率得到浮動利率；當浮動利率比固定利率低時，作為價差期權的多頭，他將不執行期權，但作為空頭方，他將不得不因為交易對手執行期權而收到浮動利率而支付固定利率。實際上，他可以將作為空頭方所獲得的價差期權費來支付作為多頭方的期權費。通常而言，這兩個期權費並不相同，在協定利率時可以考慮到此差異而將其消除掉。

利率互換。利率互換是一系列固定利率和浮動利率之間的交換。利率互換多頭支付固定利率得到浮動利率，通常浮動利率是在某種基準利率(比如LIBOR)之上加上一定的基點。在結算的時候，通常並不真正交換兩者，而是支付兩者之間的價差就可以了。因此，利率互換從價差期權的角度來看，就是同時擁有一系列價差期權的多頭和相同條款(執行價格相同)的空頭的組合，因為利率互換可以看作是一系列遠期利率協議的組合。實際上，他可以將作為空頭方所獲得的價差期權費來支付作為多頭方的期權費。通常而言，空頭所獲得的期權費與多頭所需支付的期權費也是不等的，似乎存在一個期權費的差額，但利率互換通常是在簽訂的時候價值為0。這樣的差額實際上體現在利率互換中浮動利率所加的基點上。對利率互換而言，這個基點在買賣利率互換合約時就已經明確了。因此，從價差期權的角度也可以對利率互換的定價提供參考。

利率期貨合約。期貨合約是一種在交易所內交易的標準化合約。期貨合約採取每日盯市，實際上相當於一系列連續簽訂的標準化的利率協議。因此，從價差期權的角度看，就相當於在當前時刻買進了一系列期限為1天的利率價差期權而成為多頭方，同時賣出了一系列相同條款的價差期權而成為空頭方。

而利率期權則可以直接看作是價差期權。對上限期權而言，期權買方有權在市場利率超過預先設定的利率時得到超過的部分從而將利率鎖定在一個不超過設定利率的範圍。從價差期權的角度來看，這就相當於價差期權的買方以市場利率去交換設定利率。即相當於價差期權所有者現在擁有市場利率，但是他有權將市場利率與設定的利率上限相交換，即擁有以市場利率減設定利率的差額。當市場利率高於設定的上限利率時，他可以執行價差期權，得到市場利率高過設定利率的部分，從而將利率上限鎖定。對於下限期權，可以類似地討論。價差期權的所有者有權得到設定的下限利率減去市場利率的差額，當市場利率下降到低於下限利率時，期權的所有者有權獲得設定利率

減去市場利率部分，從而將利率鎖定在設定利率之上。雙限期權則是兩者的結合體。期權所有者同時擁有將設定的市場利率換為設定的上限利率和設定的下限利率的權利。當市場利率高於設定的上限利率時，他可以用市場利率交換設定的上限利率，當市場利率低於設定的下限利率，他可以用市場利率去交換設定的下限利率，從而將利率鎖定在利率上下限之間。

所以，可以用價差期權的視角來重新認識遠期利率協議、利率互換、利率期貨和利率期權，從而為我們進行利率風險管理提供新的思路。

8.2.3 利用商業銀行業務中的利率差異進行風險管理

（1）商業銀行的業務

商業銀行的業務可從資金來源和資金運用兩方面來考察。從銀行的資金來源方來看，大致包括吸納的存款和貨幣市場融資。從銀行的資金運用方來看，大致包括銀行貸款和貨幣市場投放的資金。除了存貸款利率有差異之外，銀行的各項業務之間的利率也不相同，可以借助價差期權的思想來管理其中的利率風險。

關於人民幣存貸款利率。存款大致可以分為活期存款和定期存款兩類，目前單位和個人的人民幣活期存款的利率是以每年結息時當日掛牌公告活期存款利率為準；對定期存款，則按存單開戶日所定的利率為準，不管期間利率是否進行調整。對貸款利息，均是一年一定的辦法，短期貸款（一年以下）則不調整，按合同利率計息。因此，存款、貸款不僅利率不同，結算時間也不一樣。

商業銀行可在貨幣市場進行投融資活動。貨幣市場利率與存貸款利率水平通常不相等。貨幣市場利率較之存貸款利率，其變化則頻繁得多。這些利率之間的差異，都可以看作是利差，可以作為價差期權管理利率風險的基礎。

（2）利用價差期權的思想來管理利率風險

在西方成熟的市場經濟中，某些價差期權可以在市場中直

接交易。但是，對於在中國這樣的轉型經濟國家中，期權交易市場的開放可能還需時日。不過，這並不妨礙我們利用價差期權的思想來設計風險管理策略，進行風險管理。價差期權的定價給我們了一個價差期權的具體價值，這一價值在市場中可能沒有交易價格，但是卻可以為我們決策提供幫助。下面分別就幾種情形來進行探討。

①存貸款利率差。商業銀行的主要收入來源是存貸款利差。這種存款利率和貸款利率之間的價差，可以作為價差期權的基礎資產。我們可以將銀行的吸納存款、發放貸款看作是以存款利率為輸入變量、貸款利率為輸出變量的過程，可以用過程價差期權的思想來管理其中的風險。而期權的執行價 K 則可以看作是銀行的營運成本，大致可以看作一個常數。這樣，銀行實際上就擁有了一個過程價差期權。假定考察期為一年，隨著利率市場化改革的推進，在考察期間存款利率和貸款利率將是隨機變化的，則存貸利差就是一個價差，也是隨機波動的。在當前利率漸進市場化進程中，我們可以用基礎指數服從泊松跳躍和隨機遊走的模型來刻畫存貸款利率的運動變化過程。銀行在當前時刻決定是否吸納存款以及發放貸款的時候，實際上就可以將其視為擁有這樣的價差期權，當銀行觀察到存貸款利率差已達到合理的水平而決定吸納存款和發放貸款，它實際上就執行了這個期權。否則，銀行發現存貸款利差過小，則可以等待一段時間，暫不行動。

利用價差期權的思想，我們可以從另一個角度來看待銀行的投融資行為。對每一時刻應考察需要支付的義務和獲得收益的權利，同時考察將來每一時刻到期應支付的利息和收到的收益。這時，當前決策就可以看作是對價差期權的執行與否。比如，考慮發放一筆貸款，只要我們當前為該筆貸款融資的單位成本比貸款利率足夠低，存貸款利差足夠大，能夠彌補經營成本，然后再考察該筆貸款以後的收益與為其融資的成本的利差在今后保持足夠大，則可以發放該筆貸款。換言之，從價差期

權的角度來看，只要當前的存貸款利差足夠大，而今后的價差期權的當前價值為正，則可以考慮進行籌資而發放貸款。

②存款與銀行間市場的利率差。從商業銀行的負債角度來考察，我們可以將負債業務大致分為兩類：一是吸納存款，支付存款利率；二是到銀行間市場融資，支付同業拆借利率或債券回購利率。吸納存款的行為可以看作是被動融資的行為，而同業拆借和債券回購等業務則可視為商業銀行的主動融資。通常，拆借、回購期限要短於存款的到期期限，而且拆借利率與存款利率也是各自變化，不相等的。這樣，就可以把這兩種方式的利率差異視為價差，利用價差期權的思想來管理利率風險。銀行可以根據同業拆借利率與存款利率之間的差異來實現融資成本的最小化。而且，銀行在同業拆借市場上既可以作為資金的供給方，也可以成為資金的需求方，而利用價差期權的價值可幫助銀行決定是否做這樣的轉換。這時的價差期權相當於執行價格 K 為 0 的情形。利用主動融資和被動融資之間的利率差異，銀行可以在兩者之間作選擇。

此外，由於銀行間市場利率和存款利率隨時而變，可以分別將其視為日曆價差。不過，要利用這樣的價差期權來管理利率風險，需要將其期權價值計算出來，而這又依賴於銀行間市場利率與存款利率的跨時分佈函數。

③不同收益資產之間的轉換。類似地，銀行的資產業務也可以用價差期權的思想來管理其利率風險。銀行不同形式的資產，其收益率是不一樣的，可以把它們之間的差異看作是價差，利用價差期權的思想來管理利率風險，實現不同資產收益之間的轉換。當資產之間的轉換無須支付其他費用的時候，就相當於 $K=0$ 的價差期權的情形，即置換期權，我們可以方便地將一種資產置換成另一種資產。假定商業銀行打算將資金投放於兩種資產 S_1 和 S_2 之中的某一種。而目前的信息並不能告訴銀行誰將來的價值更高，銀行也對兩者無特殊偏好。但銀行希望在將來某個到期時刻能擁有兩者之中最好者。這就可以用價差期權

來管理，從而達到價值最大化的目的。

對商業銀行的貸款業務，也可以利用價差期權的思想來管理其利率風險。當利率大幅度上調時，借款人可能為了避免過高的利息支出而傾向於提前還款。當前，一些商業銀行要麼不允許提前償還，要麼收取一定的違約金。這樣的做法讓借款人難以理解，也難以接受。如果用價差期權的思想來看，實際上是銀行給予了借款人一種權利，即前面所說的隱含期權。隱含期權可看作是新舊利率差的價差期權。銀行作為該期權的空頭方，可以通過明確的計算該價差期權的當前價值，將其納入貸款利率中，自然不擔心借款人提前還款而執行該期權了。或者，銀行也可以在貸款合約中事先明確規定需要支付多少費用方可提前還款，這個金額相當於價差期權的執行價格 K。

用價差期權來給這樣的隱含期權定價，則一方面可以給出一個更準確的期權費的信息，另一方面還可以通過比較現在各銀行對提前還款的處理中不合理的地方，進行套利活動。

④不同地方資金的轉換。隨著利率市場化的深入，不同地區之間的利率也可能出現差異。從價差期權的角度看，也就是同一種指數在不同地方價格不同，可利用位置價差期權來管理利率風險，實現利潤最大化。而中國目前銀行業組織形式所採取的總分行制度為價差期權管理利率風險提供了便利。總行可以在各分行之間調動資金，這類似於 $K=0$ 的價差期權。銀行利用各地利率差異牟利，從價差期權的角度看，就是執行位置價差期權。它所支付的期權費，可能並不像期權交易那樣支付一個明確的數值，而是以各種面目出現。我們可以站在價差期權的角度將其看作是為獲得價差期權而支付的期權費。銀行有時甚至連期權費都不用支付，它可能就隱含在銀行的經營決策中。在當前的總分行制度下就賦予了銀行這樣的權利，不同地區的資金可以方便地進行調撥，銀行可以充分利用這一點。但是，由於其他方面的原因，也不能把資金利用率相對較低的地區的資金悉數調走。

前面的分析為我們利用價差期權的思想來管理利率風險提供了一種啟示，但要真正運用於實際的投資融資決策，利用不同期限、不同位置、不同方式之間的價差來牟利，還需要對這些價差期權的具體價值進行較為精確的測算。而這，既需要市場的充分發展為我們提供更多更真實的信息，提供更多管理利率風險的手段，又需要我們對利率價差期權有更深入的認識。

　　就目前中國的利率市場化改革進程發展的階段來看，價差期權還不大可能在市場中直接交易，儘管中國的金融衍生品市場已經起步，2005年5月開始進行債券遠期交易試點，2006年2月又開始進行人民幣利率互換交易試點。中國目前的金融衍生品交易市場還很不發達，尚處於初級水平。不過，這並不妨礙商業銀行利用價差期權的思想來管理利率風險，實現利潤最大化。第一，商業銀行可以利用價差期權價值，對一些項目總的經濟價值重新認識，也許會使原來以為不具可行性的項目變得可行。第二，各商業銀行可以針對自身的優勢，設計出利用價差期權價值的合約，進行場外交易，管理利率風險。不過，如果是場外交易的話，需要注意交易對手的風險。第三，商業銀行可以利用價差期權的估價技術，為其經營業務提供更為精確的定價，幫助銀行更科學地決策，從而達到規避風險，獲得盈利的目的。

8.3　結論

　　在西方發達國家，價差期權已被廣泛應用於各種市場，如固定收益市場、貨幣與外匯市場、商品期貨市場。有相當多的研究考察了固定收益債券市場中的價差期權問題。價差期權在本質上相當簡單，然而，如何對價差期權定價，則涉及到當今數理金融領域內某些最為複雜艱深的問題。關於價差期權，已有一些文獻探討如何應用它們來減輕風險，比如在能源市場中的應用。價差期權在實際應用中具有強大的適應能力，隨著人

們對其本質的認識加深，其應用範圍將越來越廣泛，其形式也會變得更具多樣性。

在本章中，我們回顧了價差期權的思想，如何給價差期權定價以及現有的應用。關於價差期權的定價，我們針對基礎指數的運行變化特徵考察了三種特殊情形。當執行價格 K 為 0 時，價差期權實際上就相當於置換期權。這種期權在實際中具有很直接的應用。而基礎指數具有泊松跳躍的價差期權，其定價公式較為複雜。但在經濟生活中，尤其是在利率市場化的漸進改革進程中，它可以描述很多經濟變量的運行變化模式，包括有形商品的價格和能源價格。因此，在利用價差期權進行風險管理時也具有十分廣泛的用途。

在對價差期權的定價和應用文獻回顧的基礎上，我們嘗試根據商業銀行實際業務中可能存在的價差，利用價差期權的思想來探討利率風險的管理。首先是存貸款利率差，這是銀行最基本的利率差，利用價差期權思想可以幫助我們科學地進行投融資決策。對不同的資產和負債業務，也可以根據它們之間的利率差異來管理利率風險，採取最經濟合理的融資手段，減少成本，提高效益。雖然在中國目前還不具備直接利用價差期權來管理利率風險的條件，但我們可以利用價差期權的思想來進行合約設計，達到管理利率風險的目的。

第九章

結束語

9.1 主要結論

本書站在商業銀行的角度，探討中國利率市場化改革進程中獨特的發展道路，對利率的形成機制和利率的風險溢價進行了研究。文章以利率漸進市場化改革為背景，探討了利率風險管理方法的發展歷史和現實狀況。通過對利率市場化改革的規律探討及發展歷程的分析，力圖發現其發展歷程中的特點，並對今后利率市場化改革的發展路徑進行展望。這樣的發展路徑必定會對利率的期限結構和風險結構產生獨特的影響。研究發現，中國利率市場化改革具有政府主導的特徵，政府出於穩定等多目標的考慮，採取漸進式的謹慎改革之路。這樣的道路還將在近一段時間內持續下去。但是，對於改革速度，我們認為在條件成熟的時候，在某些方面的改革並不排除可能採取突進的方式進行，以減少期間的摩擦成本。漸進式改革的路徑在利率的期限結構和風險結構上也有所體現。關於利率的期限結構，當我們考察的時期足夠長，可以清楚地看到政府政策對利率具有重要的影響。而在短期中這樣的影響還不顯著。通過對利率期限結構的實證研究，我們看到交易所國債市場和銀行間市場的利率表現出各自的特徵，呈現出顯著的分割狀態，這也是中

國利率市場化進程的階段性特徵。說明在當前許多文獻對交易所國債市場和銀行間市場中利率分別予以考察,也是有其合理性的,但單獨考察可能沒有充分考慮到市場一體化進程的影響,對其他市場中的利率信息利用不夠,也與當前交易所國債市場與銀行間市場逐漸統一的趨勢不符合。

在考察利率期限結構的基礎上,我們考察了利率的風險結構。通過對企業債券收益率的實證分析,我們發現企業債券的收益率明顯高於國債,表現出正的風險溢價。國外通行的做法是將不同信用級別的企業債券的信息歸為一類,探討其風險溢價。而中國的企業債券市場相對欠發達,只有資質最好的企業可以發行企業債券。因此,如果把中國的企業債券都看作是一類的,比如AAA級,那麼正的風險溢價就是它們的風險價格。本書認為企業債券的利率差異,應是其綜合風險的價格體現,而不僅僅是信用風險的價格。我們嘗試利用債券自身過去的交易信息來提取各企業債券的獨特風險,考察這樣的風險價格如何。但是,實證結果表明,企業債券自身的交易價格、收益率所表現出來的波動性對其到期收益率的影響,還不如整個市場中的風險對其到期收益率的影響顯著。也就是說企業債券的到期收益率更多的是受到市場風險變化的影響。無論如何,風險對企業債券的到期收益率是有顯著影響的。

對利率的期限結構和風險結構的探討,實際上為我們利用利率的基礎信息管理商業銀行的利率風險提供了一個基礎。在此基礎上,我們嘗試用這樣得到的利率基本信息來考察商業銀行貸款定價問題。我們將影響貸款利率的因素大致分為兩類:一類是貸款項目的風險;另一類是貸款項目中隱含的期權。分別用RAROC模型來考察項目的風險對貸款利率的影響,借用期權調整價差OAS模型來考察隱含期權對貸款利率的影響,將兩者結合,提出了一個更精細的貸款定價方法。

在考察商業銀行單個業務的利率風險管理的基礎上,我們在第七章中考察利率市場化進程的逐步推進對商業銀行的投資

融資決策的影響。我們發現隨著利率市場化的步步推進，商業銀行面臨的生存環境也在發生變化，這些變化會對商業銀行的投融資行為產生影響。在第八章中，我們嘗試用價差期權的思想來探討商業銀行利率風險管理，分別考察了存貸款利率差異，資產業務之間的利率差異和負債業務之間的利率差異，嘗試用價差期權的思想對其中的利率差異加以利用，管理利率風險。在當前中國的衍生品市場尚未建立健全的情況下，利用價差期權來管理，不是直接對價差期權進行交易，而是將其思想用於利率風險管理的實務中，用於對某些金融工具的定價、投資決策或者對相關的合約條款的設計等。

9.2　需要進一步探討的問題

儘管我們對中國利率市場化進程中一系列問題進行了嘗試性的探討，但許多問題還需要繼續深入研究。一方面，這是由於中國市場化的階段性特徵的約束，造成了金融環境的限制，數據的缺乏，使得實證檢驗的工作沒能做得更深入。另一方面，市場的發育程度，使得對新的利率風險管理工具、手段和管理理念的接受和實際應用，還需要一段時間去完善。文章對利率風險管理的新手段，還只停留在觀念的介紹階段，沒有深入到銀行的風險管理實踐中進行理論探討和實證研究，這是今後繼續研究的一個方向。

此外，匯率制度的變革和利率市場化改革的交互作用，使得匯率水平的變化和利率的變化息息相關。目前中國的外匯儲備連年猛增，人民幣升值壓力等因素對利率的走勢以及商業銀行的利率風險管理必然有影響。但是，文章並沒有將匯率制度改革對利率風險管理的影響納入研究的視野，這將是今後對利率風險管理進行研究必須探討的問題。

參考文獻

［1］陳蓉，郭曉武．期權調整利差 OAS 及其應用研究．統計研究，2005(8)．

［2］陳雯，陳浪南．國債利率期限結構建模與實證．世界經濟，2000(8)．

［3］陳典發．利率期限結構的一致性．系統工程，2002(1)．

［4］戴根有．中國利率市場化改革的「路線圖」．www.sina.com.cn.

［5］範龍振．廣義仿射模型在上交所債券市場的實證分析．系統工程學報，2004(12)．

［6］範興亭，方兆本．隨機利率條件下可轉換債券定價模型的經驗檢驗．中國管理科學，2001(6)．

［7］傅曼麗，董榮杰，屠梅曾．國債利率期限結構模型的實證比較．系統工程，2005(8)．

［8］傅強，蔣安玲．國債即期利率期限結構研究．金融與經濟，2005(3)．

［9］賀國生．商業銀行利率風險度量模型與管理模式研究．西南財經大學博士生論文，2005.

［10］賀書婕．美國銀行業的利率風險管理實踐．全球瞭望，2007(11)．

［11］黃國平，汪荔．利率市場化進程中的風險控製與防

範.銀行家,2006(3).

[12] 黃華莉.商業銀行利率風險和匯率風險管理.西南財經大學碩士論文,2002.

[13] 黃金老.利率市場化與商業銀行風險控製.經濟研究,2001(1).

[14] 李彩虹,高軍平.RAROC及其在商業銀行經濟資本配置中的運用初探.財經界,2006(9).

[15] 李和金,李湛,李為冰.非參數利率期限結構模型的理論與實證研究.數量經濟技術經濟研究,2002(2).

[16] 李勇.利率市場化與銀行危機的防範——經驗教訓以及對中國的啟示.武漢金融,2002(2).

[17] 李志慧.關於穩步推進利率市場化改革的思考.經濟問題,2006(10).

[18] 李仲飛,汪壽陽,鄧小鐵.摩擦市場的利率期限結構的無套利分析.系統科學與數學,2002(7).

[19] 林海.中國利率期限結構及應用研究.廈門大學博士生論文,2003.

[20] 林海,鄭振龍.中國利率動態模型研究.財經問題研究,2005(9).

[21] 劉剛.利率市場化與中國商業銀行利率風險管理.企業經濟,2006(7).

[22] 劉賽紅.利率市場化與商業銀行經營管理.系統工程,2003(7).

[23] 馬曉蘭,潘冠中.單因子利率期限結構模型的廣義矩估計及對中國貨幣市場的實證檢驗.數量經濟技術經濟研究,2006(1).

[24] 孟建華.金融企業性質、法人治理與貸款定價——對農村信用社貸款利率浮動政策執行效果的實證分析.金融研究,2006(4).

[25] 潘冠中.單因子利率期限結構模型參數估計的數據選

擇．數量經濟技術經濟研究，2004(9)．

[26] 潘冠中，邵斌．單因子利率期限結構模型的極大似然估計——對中國貨幣市場利率的實證分析．財經研究，2004(10)．

[27] 任兆璋，彭化非．中國同業拆借利率期限結構研究．金融研究，2005(3)．

[28] 薩奇．利率市場化與利率關係的國際經驗．國際金融研究，1996(1)．

[29] 孫葦．利率市場化的探討與國外實踐的借鑑．求實，2003(11)．

[30] 邵伏軍．利率市場化改革的風險分析．金融研究，2004(6)．

[31] 邵宇．微觀金融學及其數學基礎．北京：清華大學出版社，2003．

[32] 宋逢明，石峰．基於 Hull - White 模型的債券市場利率期限結構研究．運籌與管理，2006(6)．

[33] 史敏，汪壽陽，徐山鷹，陶鑠．銀行同業拆借市場利率期限結構實證研究．管理科學學報，2005(10)．

[34] 沙振林．對股份制商業銀行利率管理模式的探討．金融研究，2005(6)．

[35] 商勇．利率模型的新發展——市場模型．經濟經緯，2005(5)．

[36] 粟建平．農村信用社利率風險實證研究．金融研究，2004(10)．

[37] 世界銀行．1989 年世界發展報告．北京：中國財政經濟出版社，1989．

[38] 譚祝君，鄧坤．從利率市場化談中國商業銀行的利率風險管理．天府新論，2005(5)．

[39] 唐齊鳴，高翔．中國同業拆借市場利率期限結構的實證研究．統計研究，2002(5)．

［40］唐文進，陳勇．利率期限結構研究新進展．經濟學動態，2006(4)．

［41］［美］安東尼·G. 科因，羅伯特·A. 克蘭，杰斯·萊德曼．利率風險的控製與管理．唐旭等，譯．北京：經濟科學出版社，1999.

［42］王春峰，楊建林，蔣祥林．含有違約風險的利率風險管理．管理科學學報，2006(4)．

［43］王國松．中國的利率管制與利率市場化．經濟研究，2001(6)．

［44］王虹．利率市場化進程中商業銀行的利率風險管理．四川大學學報(哲學社會科學版)，2003(1)．

［45］王媛，管錫展，王勇．利率的期限結構與經濟增長預期．系統工程學報，2004(2)．

［46］文忠橋．國債定價的理論與實證分析．南開經濟研究，2004(5)．

［47］吳雄偉，謝赤．連續時間利率期限結構模型統一框架的演變及其改進．系統工程理論方法應用，2002(9)．

［48］向力力．城市商業銀行利率風險管理及風險預警系統構建．湖南社會科學，2005(5)．

［49］謝赤，鄧藝穎．基於擴散模型的銀行間債券市場回購利率動態的實證分析．系統工程，2003(7)．

［50］謝赤，吳雄偉．跳躍—擴散過程下的利率期限結構模型．數量經濟技術經濟研究，2001(11)．

［51］謝赤，吳雄偉．基於 Vasicek 模型和 CIR 模型中的中國貨幣市場利率行為實證分析．中國管理科學，2002(3)．

［52］徐明聖．利率市場化進程中的金融機構利率風險管理，東北財經大學博士學位論文，2004.

［53］吳璟桉．中國利率市場化改革的路徑選擇邏輯．復旦大學博士學位論文，2004.

［54］姚長輝，梁躍軍．中國國債收益率曲線的實證研究．

金融研究,1998(8).

[55] 楊寶臣,李彪. 基於廣義息票剝離法的國債收益率曲線的估計. 中國管理科學,2004(12).

[56] 楊春鵬,曹興華. 中國國債收益率曲線的實證研究. 投資與證券,2002(10).

[57] 楊大楷,楊勇. 關於中國國債收益率曲線的研究. 財經研究,1997(7).

[58] 楊建. 利率市場化及商業銀行的應對策略. 經濟師,2006(8).

[59] 袁桂秋. RAROC 原理下的信用風險度量. 商業經濟與管理,2003(2).

[60] 趙家敏,陳慶輝,彭崗. 全面風險管理模型設計與評價——基於 RAROC 模型的分析. 國際金融研究,2005(3).

[61] 張仕龍,黃德斌. 有交易成本的利率期限結構的分析. 應用數學與計算數學學報,2005(12).

[62] 鄒宏元. 金融風險管理. 西南財經大學出版社,2005(1):117－119.

[63] 朱峰. 零息國債收益率變化特徵的因素分析. 中國青年經濟學者論壇,2002.

[64] 朱世武,陳健恒. 交易所國債利率期限結構實證研究. 金融研究,2003(10).

[65] 鄭振龍,林海. 中國利率期限結構的靜態估計. 中國青年經濟學者論壇,2002.

[66] 中國金融年鑒,1996—2006 年各期.

[67] 中國人民銀行統計季報,各期.

[68] Andrew Jeffrey, Oliver Linton, Thong Nguyen (2006): Flexible term structure estimation: which method is preferred? Metrika (2006) 63: 99－122. DOI 10.1007/s00184－005－0017－8.

[69] Ang, Andrew, Monika Piazzesi and Min Wei (2002): What does the yield curve tell us about GDP growth? Working paper,

UCLA.

[70] Anthony M. Santomero (1995): Commercial Bank Risk Management: an Analysis of the Process. 95-11-c.

[71] Asish Saha, V. Subramanian, Sanjay Basu, Alok Kumar Mishra (2009): Networth exposure to interest rate risk: An empirical analysis of Indian commercial banks. European Journal of Operational Research 193. (2009) 581-590.

[72] Authony Sunders and Marcia M. Cornett (2003): Financial Institutions Management. McGraw-Hill, 2003. pp. 289-291.

[73] Bansal, R. and H Zhou (2002): Term structure of interest rates with regimes shifts. Journal of Finance, 2002.

[74] Bennett T. McCallum (2005): Monetary Policy and the Term Structure of Interest Rates. Federal Reserve Bank of Richmond Economic Quarterly. Volume 91/4 Fall 2005.

[75] Bliss R (1997): Testing term structure estimation methods. Adv. Futures Options Res. 9: pp. 197-231.

[76] Brace, A., Gatarek, D., Musiela M. (1997): The market model of interest rate dynamics. Mathematical Finance. 7, pp. 127-154.

[77] Campbell, John Y. and Robert Shiller (1991): Yield spreads and interest rates: A bird's eye view. Review of Economic Studies 58. pp. 495-514.

[78] Cecilia Mancini (2004): Estimation of the characteristics of the jumps of a general Poisson-Diffusion Model. Scand. Actuarial J. 2004, 1, pp. 42-52.

[79] Chan KC, Karolyi GA, Longstaff FA, Sanders AB (1992): An empirical comparison of alternative models of the short-term interest rate. Journal of Finance 47 (3): pp. 1209-1227.

[80] Chambers DR, Carleton WT, Waldman DW (1984): A new approach to estimation of the term structure of interest rates. Journal of Quant. Anal. 19. pp. 233 – 269.

[81] Chun H Lam, Andrew H. Chen (1985): Joint Effects of Interest Rates Deregulation and Capital Requirements on Optimal Bank Portfolio Adjustments. Journal of Finance. Vol. 40, No. 2. (June 1985), pp. 563 – 575.

[82] Clifford Winston (1993): Economic Deregulations: Days of Reckoning for micro economists. Journal of Economic Literature. Vol. 31. No. 3 (Sep. 1993), pp. 1263 – 1289.

[83] Cochrane, John H. and Monika Piazzesi (2002): Bond risk premia. Working paper. Chicago GSB and UCLA.

[84] Cochrane, John H. and Monika Piazzesi (2002): The Fed and interest rates: High – frequency identification. American Economic Review. 92, pp. 90 – 95.

[85] Cook, Timothy, and Hahn, Thomas (1989): The effect of changes in the Federal Funds Rate target on market interest rates in the 1970s. Journal of Monetary Economics 24, (November). pp. 331 – 351.

[86] Copzier B, Tkacz G (1994): The term structure and real activity in Canada, Bank of Canada Working Paper, 1994.

[87] Cox J., Ingersoll J., Ross S (1985): A theory of the term structure of interest rates. Econometrica, 53: pp. 385 – 406.

[88] Dai, Q., K. Singleton and W. Yang (2003): Regime shifts in Dynamic term structure Model of the U. S. Treasury Bond Yields. Working paper, Stanford University.

[89] David H. Pyle (2004): Bank Regulation and Monetary Policy; Comment. Journal of Money, Credit and Banking. Vol. 17, No. 4, Part 2, Monetary Policy in a Changing Financial Environment

(1985). pp 722 – 724.

[90] Deng S. (1999): Stochastic models of energy commodity prices and their applications: mean – reversion with jumps and spikes. Working paper, Georgia Institute of Technology. October.

[91] Diaz, Antonio and Frank S Skinner (2001): Estimating Corporate yield curves. Journal of Fixed Income, September, pp. 95 – 102.

[92] Dotsey M. (1998): The predictive content of the interest rate term spread for future economic growth. Federal Reserve Bank of Richmond Economic Quarterly, 1998, 84. pp. 31 – 45.

[93] Duan, J. C. and S. R. Pliska (1999): Option valuation with co – integrated asset prices. Working paper, Department of Finance, Hong Kong University of Science and Technology, January.

[94] Durham, G. B. (2002): Likelihood – Based specification analysis of Continuous – Time Models of the Short – Term interest rates. University of Iowa working paper.

[95] Durham, G. B. and A. R. Gallant (2002): Numerical techniques for Maximum Likelihood Estimation of Continuous – Time Diffusion Process, University of Iowa working paper.

[96] Elton, Martin Gruber, Deepak Agrawal and Christopher Mann (2001): Explaining the rate spread on corporate bonds. Journal of Finance, 2001, 56, pp. 247 – 278.

[97] English, W. (2002): Interest rate risk and bank net interest margins. BIS Quarterly Review (2002, December), 67 – 82.

[98] Estrella A, Hardourvelis GA (1991): The term structure as a predictor of real economic activity. Journal of Finance. 1991, 46 (2), pp. 555 – 576.

[99] Estrella A, Mishkin F S. (1997): The predictive power of the term structure of interest rates in Europe and the United States:

implications for the European Central Bank. European Economic Review, 1997, 41, pp. 1375 – 1401.

［100］Estrella A. (2005): The yield curve and recessions. International Economy, 19 (3), pp. 8 – 38.

［101］Fama, E. F. (1984): The information in the term structure. Journal of Financial Economics, 13; 509 – 528.

［102］Fama, Eugen F. and Robert R. Bliss (1987), the information in long – maturity forward rates. American Economic Review 77. Pp. 680 – 692.

［103］Fama, Eugene F. (1990): Term – structure forecast of interest rates, inflation, and real returns. Journal of Monetary Economics. 25, pp. 59 – 76.

［104］Financial Risk Manager Handbook, Third Edition, pp. 595 – 601.

［105］Fisher M, Nychka D, Zervos D (1995): Fitting the term structure of interest rates with smoothing splines . Working Paper 95 – 1, Finance and economics discussion series, Federal Reserve Board.

［106］Flannery, M. (1981): Market interest rates and commercial bank profitability: An empirical investigation. Journal of Finance 36, 1085 – 1101.

［107］Flannery, M. (1983): Interest rates and bank profitability: Additional evidence. Journal of Money, Credit and Banking 15, 355 – 362.

［108］Flannery, M. , James, C. (1984): The effect of interest rate changes on the common stock returns of financial institutions. Journal of Finance 39, 1984a. 1141 – 1153.

［109］Flannery, M. , James, C. (1984): Market evidence on the effective maturity of bank assets and liabilities. Journal of Money,

Credit and Banking 16, 1984b. 435 -445.

[110] Francis A. Longstaff (1990): Time Varying Term Premia and Traditional Hypotheses about the Term Structure. The journal of Finance. Vol. XLV. No. 4, September 1990. pp. 1307 -1314.

[111] Fry, M J. (1980) : Saving, Investment and Growth, and the Cost of Financial Repression. World development, 1980 Aug.

[112] Gelb. Alan H. (1989): Financial Policies, Growth, and Efficiency. World Bank Research Papers No. 202. June1989.

[113] Gregory W. Brown and Klaus Bjerre Toft (2002): How Firms Should Hedge. 2002.

[114] Hamilton, James D. and Dong Kim (2002): A re - examination of the predictability of the yield spread for real economic activity. Journal of Money, Credit, and Banking 34, pp. 340 -360.

[115] Hardouvelis, G. A (1988): The predictive power of the term structure during recent monetary regimes. The Journal of Finance, 43 (2): 339 -356.

[116] Harvey C. R (1988): The real term structure and consumption growth. Journal of Financial Economics . 1988, 22 (2), pp. 305 -333.

[117] Haubrich J G, Dombrosky A M. (1996): Predicting real growth using the yield curve. Federal Reserve Bank of Cleveland Economic Review. 1996. 32, pp. 26 -35.

[118] Heath D, Jarrow R, Morton A (1992) Bond pricing and the term structure of interest rates: a new methodology for contingent claims valuation. Econometrica 60: pp. 77 -105.

[119] Hull J, White A. (1990): Pricing interest rate derivative securities. Rev Finac Study 3 (4): pp. 573 -592.

[120] Jamshidian, F. (1997): LIBOR and swap market mod-

els and measures. Finance and Stochastics. 1, pp. 293 – 330.

[121] Janos Kornai, Eric Maskin, Gerard Oland (2003): Understanding the Soft Budget Constraint. Journal of Economic Literature. Vol. 41, No. 4. (Dec., 2003), pp. 1095 – 1136.

[122] Jarrow, R. A., Lando, D., Turnbull, S. M. (1997): A Markov model for the term structure of credit spreads. Review of Financial Studies 1997, 10 (2), pp. 481 – 523.

[123] Jarrow, R. A. Turnbull, S. M. (1995): Pricing derivatives with credit risk. Journal of Finance 1995, 50 (1), pp. 53 – 85.

[124] J. C. Cox and S. A. Ross (1976): The valuation of options for alternative stochastic processes. Journal of Financial Economics. 4 (1976), pp. 145 – 166.

[125] J. C. Easterwood and A. J. Senchack. Jr. (1986): Arbitrage opportunities with T – bills/T – bonds combinations. Journal of Futures Markets, 6 (1986), pp. 433 – 442.

[126] John C. Cox, Jonathan E. Ingersoll, Jr. Stephen A. Ross (1979): Duration and the Measurement of Basis Risk. Journal of Business, Vol. 52. No. 1. (Jan.., 1979), pp. 51 – 61.

[127] John Y. Campbell and Robert J. Shiller (2002): A Simple Account of the Behavior of Long – Term Interest Rates. The American Economic Review. (May) 1984. Vol. 74, No. 2.

[128] K. R. Miltersen and E. S. Schwartz (2000): Pricing of options on commodity futures with stochastic term structure of convenience yields and interest rates. Journal of Financial and Quantitative Analysis. 2000.

[129] Landen, C. (2000): Bond pricing in a hidden Markov Model of the short rate. Finance and Stochastics 4. 371 – 389.

[130] Linton O, Mammen E, Nielsen J, Tanggaard C (2001): Estimating yield curves by kernel smoothing methods. J Econ. 105

(1): pp. 185 – 223.

[131] Litterman, Robert and Jose Scheinkman (1991): Common factors affecting bond returns. Journal of Fixed Incomes. 1, pp. 54 – 61.

[132] Litterman, R., Iben, T. (1991): Corporate bond valuation and the term structure of credit spreads. Journal of Portfolio Management, 1991, pp. 52 – 64, Spring.

[133] Lynchi. D. (1996). Measuring Financial Sector Development: A study of Selection Asia – Pacific Countries. Development Economics. Vol. 34.

[134] M. Arak, P. Fisher, L. Goodman and R. Daryanant (1987): The municipal – treasury futures spread. Journal of Futures Markers, 7 (1987), pp. 355 – 371.

[135] Maes, K. (2004): Interest Rate Risk in the Belgian Banking Sector. Financial Stability Review, National Bank of Belgium, June 2004, pp. 157 – 179.

[136] Mahshid, D., Naji, M. (2004): Managing Interest Rate Risk: A Case Study of Four Swedish Savings Banks. School of Economics and Commercial Law. Goteborg University.

[137] Mbanefo, A. (1997): Co – movement term structure and the valuation of crack energy spread options. In Mathematics of Derivatives Securities. M. A. H. Dempster and S. R. Pliska, eds. Cambridge University Press, pp. 89 – 102.

[138] McCulloch JH (1971): Measuring the term structure of interest rates. Journal of Business. 44pp. 19 – 31.

[139] McCulloch JH (1975): The tax – adjusted yield curve. Journal of Finance 30, pp. 811 – 830.

[140] Mishkin Frederic S. (1990a): What dose the term structure tell us about future inflation?. Journal of Monetary Eco-

nomics, 25, 77-95.

[141] Mishkin Frederic S. (1990b): The information in the longer maturity term structure about future inflation. The Quarterly Journal of Economics, Vol. 105, No. 3 (Aug. 1990), pp. 815-828.

[142] Modigliani, F., and R. Sutch (1966): Innovations in interest rate policy. American Economic Review, 56 (1966), 178-197.

[143] Musiela M. and M. Rutkowski (1997): Martingale methods in financial modeling, Springer-Verlag, Berlin Heidelberg.

[144] M Wahab, R. Cohn, and M Lashgar (1994): The gold-silver spread: integration, cointegration, predictability and ex-ante arbitrage. Journal of Futures Markets. 14 (1994), pp. 709-756.

[145] Nabil Tahani (2000): Credit spread option valuation under GARCH. Working paper 00-07, July 2000. http://www.hec.ca/gestrondesrisques/papers.html.

[146] Nelson C R. Siegel A F (1987): Parsimonious modeling of yield curves. Journal of Business. 1987, 60: pp. 473-489.

[147] Oldfield, G. and A. Santomero (1997): The Place of Risk Management in Financial Institutions. Sloan Management Review, Summer 1997。

[148] Patnaik, I., Shah, A. (2004): Interest Rate Volatility and Risk in Indian Banking. IMF Working Paper No. WP/04/17. International Monetary Fund, January 2004.

[149] Patrick Houweling, Jaap Hoek, Frank Kleibergen (2001): The joint estimantion of term structures and credit spreads. Journal of Empirical Finance 8 (2001), pp. 297-323.

[150] Paul A. Grout, Anna Zalewska (2006): the impact of regulation on market risk. Journal of Financial Economics 80

(2006), 149 – 184.

[151] Purnanandam, A., 2005. Interest Rate Risk Management at Commercial Banks: An Empirical Investigation, May 2005.

[152] Pilipovic, D. and J. Wengler (1998): Basis for boptions. Energy and Power Risk Management, December, pp. 28 – 29.

[153] Plosser C I, Rouwenhorst K G (1994): International term structures and real economic growth. Journal of Monetary Economics, 1994, 33, pp. 133 – 155.

[154] Powell, M. J. D. (1981): Approximation, Theory and Methods. Cambridge University Press, Cambridge.

[155] Quemard, J., Golitin, V. (2005): InterestRate Risk in theFrenchBanking System. Financial Stability Review, Banque de France. June 2005, pp. 81 – 94.

[156] Ralph C. Kimball (2000): Failures in Risk Management. New England Economic Review, January/February 2000.

[157] R. C. Merton. (1976): Option pricing when underling stock return are discontinuous, Journal of Financial Economics, 4 (1976), pp. 125 – 144.

[158] R. Carmona and V. Durrleman (2003): Pricing and Hedging basket Options in a Log – Normal model. tech. report, Department of Operations Research and Financial Engineering, Princeton University, Princeton, NJ, 2003.

[159] Rene Carmona Valdo Durrleman (2003): Pricing and Hedging Spread Options. SIMA Review Vol. 45, No. 4, pp. 627 – 685. 2003 society for Industrial and Applied Mathematics.

[160] R. Gibson and S. Schwartz (1990): Stochastic convenience yield and the pricing of oil contingent claims. Journal of Finance, 45, no. 3, 959 – 976.

[161] Schlogl, Erik and D. Sommer (1997): Factor models

and the term structure of interest rates. Discussion Paper of University of Bonn.

[162] Seung H. Han, James E Diekmann, Young Lee, and Jong H. Ock (2004): Multicriteria Financial Portfolio Risk Management for International Projects. Journal of Construction Engineering and Management MAY/JUNE 2004. pp. 346 – 356.

[163] Shimko, D. C. (1994): Options on futures spreads: hedging, speculation, and valuation. The Journal of Futures Markets 14 (2), pp. 183 – 213.

[164] Shu Wu and Yong Zen (2005): The term structure of interest rates under regime shifts and jumps. 2005.

[165] Staikouras, S., 2003. The interest rate risk exposure of financial intermediaries: A review of the theory and empirical evidence. Financial Markets, Institutions and Instruments 12, 257 – 289.

[166] Staikouras, S., 2006. Financial intermediaries and interest rate risk: II. Financial Markets, Institutions and Instruments 15, 225 – 272.

[167] Stock, James and Mark Watson (2001): Forecasting output and inflation: The role of asset prices. Working paper, Princeton University.

[168] Sudipta Dutta Roy, Gangadhar Darbha and Vardhana Pawaskar: The risk structure of interest rates: estimates for the Indian corporate bond market.

[169] Trigeogis, L. (1996): Real Options – Managerial Flexibility and Strategy in Resource Allocation. MIT Press, Cambridge, Mass.

[170] Vasicek, O. (1977): An Equilibrium Characterization of the Term Structure of Interest Rates. Journal of Financial Econom-

ics, 1977, Vol, 5, pp. 177 – 188.

[171] Vasicek OA, Fong HG (1982): Term structure modeling using exponential splines. Journal of Finance, 37, pp. 339 – 348.

[172] Wetmore, J., Brick, J. (1998): The basis risk component of commercial bank stock returns. Journal of Economics and Business 50, pp. 67 – 76.

附　錄

歷史上的重大經濟風險事件

1. 1637 年的鬱金香狂潮。Dutch 為了鬱金香而發狂，一個鬱金香樣本可以等於一個人一生的積蓄，當時市場為之爆炸，鬱金香的價格上漲 5900%，許多人因此傾家蕩產。當時的情形與俄羅斯的 GKO 市場崩潰不無相似之處。

2. 1720 年南海泡沫。英國南海股份公司散布虛假利好消息，導致其股票價格一漲再漲，並形成了一股投機狂潮，席捲全國。當這一切崩潰的時候，倫敦股票市場便一蹶不振，直到一百年后才恢復到泡沫前水平。

3. 1963 年色拉油醜聞。Finacler Tony De Anglles 宣稱在新澤西州的煉油廠擁有巨大的色拉油儲備，而獲取了巨額貸款。事后查明沒有這樣的色拉油供應量存在，一家美國快遞公司因而遭受巨額損失。

4. 1988 年 ZZZ Best 的銅醜聞。ZZZ Best 公司是由被媒體稱為商界天才的 16 歲少年 Barry Mankow 創立的。他在 1986 年將他的地毯清潔公司上市，公司的 IPO 上宣稱其 86% 的業務與保險儲備有關，但后來調查發現根本沒有那樣的合約存在，而且公司的一個主要人物被查明曾違背了證券法、參與洗錢和詐欺，Barry Mankow 最終被判處 25 年監禁。

5. 1989 年 S&L 危機。Charles Keating 於 1984 年購買了林肯公司並改變了它的經營性質，將原來的家庭抵押貸款轉為股票和證券投資。管理當局后來發現該公司已經超過法律所允許的

規定，多投了 6 億多美元的直接投資。該公司 1989 年被查獲。

6. 1991 年所羅門兄弟公司證券醜聞。所羅門兄弟公司的高官，包括主席 John Gufreund 涉及的證券醜聞。

7. 1991 年 BCCI 醜聞。BCCI（Bank of Credit and Commercial International）銀行被起訴非法控製在華盛頓最大的銀行控股公司——第一美國股份（First American Bankshares）的主要股份。

8. 1994 年 Kidder Peabody 虛假利潤。Kidder Peabody 的一個交易員 Joseph Jett 被起訴在 1991—1994 年間虛構了高達 3.5 億美元的利潤。

9. 1995 年巴林銀行的證券醜聞。巴林銀行的交易員 Nick Leeson 的交易活動使巴林銀行遭受到 13 億美元的證券損失，最終使巴林銀行倒閉。

10. Sumitomo 銅交易醜聞。在 Sumitomo 的一個交易員被起訴未經授權而進行銅交易達 10 年之久，損失達 18 億美元。

11. 1997 年 Natwest hale Natwest Markets 宣布其有五千萬英鎊的虧空。

12. 1997 年 Bre – X 醜聞。在多倫多證券交易所上市的 Bre – X 公司的執行官宣布在印度尼西亞發現世界上最豐富的金礦。隨后的開採被證明是不值的，花掉了股東 30 億美元。

13. 1997 年 Smith Barney 醜聞。Smith Barney 公司的一位前顧問被指控欺騙投資者 4000 萬美元。該筆款項從來就沒有投資，而是分別存入紐約化學銀行等的帳戶中。

14. 東京三菱銀行。東京三菱銀行曾由於模型錯誤而導致衍生品損失達 8300 萬美元。

15. 1997 年 UBS。UBS 由於模型錯誤而造成 4.12 億美元的衍生品損失。

16. 1998 年 Griffin 交易。Griffin 公司的一個交易員在德國證券期貨交易中損失了 800 萬美元。

17. 1998 年俄羅斯證券違約。俄羅斯在其政府外債償付時，不能按規定支付，從而引起恐慌，導致國際上對俄羅斯證券大

量拋售。

18. 1998長期資產管理公司的模型失敗。長期資產管理公司是由John Meriwether——前所羅門證券交易員——創立的套保基金。由一支精英隊伍管理，包括諾貝爾經濟學獎獲得者Myron Scholes和Robert Merton。發生的損失達到其資產的44%。聯儲最終介入，制訂了一個營救計劃，一些國際投資銀行接管該基金。聯儲主席格林斯潘因為捲入這場營救行動而一度成為熱點人物，他認為執行該計劃是必要的，對保證市場的穩定性相當重要。

此外，還有包括Gibson Greetings, Procter and Gamble, Bankers Trust（銀行信託），Daiwa（日本），Metallgesellschaft AG（德國）和橙縣（美國的加州）等在衍生品交易中遭受巨大的損失。

國家圖書館出版品預行編目(CIP)資料

利率市場化進程中商業銀行利率風險管理 / 樊勝 著. -- 第二版.
-- 臺北市 : 崧博出版 : 財經錢線文化發行, 2018.10
　面 ；　公分

ISBN 978-957-735-587-4(平裝)

1.商業銀行 2.風險管理

562.5　　　　　107017188

書　　名：利率市場化進程中商業銀行利率風險管理
作　　者：樊勝 著
發 行 人：黃振庭
出 版 者：崧博出版事業有限公司
發 行 者：財經錢線文化事業有限公司
E-mail：sonbookservice@gmail.com
粉絲頁　　　　　　　網　址：
地　　址：台北市中正區延平南路六十一號五樓一室
8F.-815, No.61, Sec. 1, Chongqing S. Rd., Zhongzheng Dist., Taipei City 100, Taiwan (R.O.C.)
電　　話：(02)2370-3310　傳　真：(02) 2370-3210

總 經 銷：紅螞蟻圖書有限公司
地　　址：台北市內湖區舊宗路二段 121 巷 19 號
電　　話：02-2795-3656　傳真：02-2795-4100　網址：
印　　刷：京峯彩色印刷有限公司（京峰數位）

　　本書版權為西南財經大學出版社所有授權崧博出版事業有限公司獨家發行電子書及繁體書繁體版。若有其他相關權利及授權需求請與本公司聯繫。
定價：400元
發行日期：2018 年 10 月第二版
◎ 本書以POD印製發行